当代传媒实训教程

DANGDAI CHUANMEI SHIXUN JIAOCHENG

朱晓凯◎主编

安徽师范大学出版社

ANHUI NORMAL UNIVERSITY PRESS

·芜湖·

图书在版编目（CIP）数据

当代传媒实训教程／朱晓凯主编.—芜湖：安徽师范大学出版社,2024.1
ISBN 978-7-5676-5734-2

Ⅰ.①当… Ⅱ.①朱… Ⅲ.①新闻学—传播学—教材 Ⅳ.①G210

中国国家版本馆CIP数据核字(2023)第138776号

当代传媒实训教程

朱晓凯◎主编

责任编辑：阎　娟　　　　责任校对：王　贤
装帧设计：张　玲　汤彬彬　责任印制：桑国磊
出版发行：安徽师范大学出版社
　　　　　芜湖市北京中路2号安徽师范大学赭山校区
网　　　址：http://www.ahnupress.com/
发 行 部：0553-3883578　5910327　5910310(传真)
印　　　刷：江苏凤凰数码印务有限公司
版　　　次：2024年1月第1版
印　　　次：2024年1月第1次印刷
规　　　格：787 mm×1092 mm　1/16
印　　　张：20
字　　　数：380千字
书　　　号：ISBN 978-7-5676-5734-2
定　　　价：58.00元

凡发现图书有质量问题,请与我社联系(联系电话:0553-5910315)

前　言

当前我国新闻传播事业飞速发展，社会对新闻传播人才的需求大量增加，全国许多高校新闻与传播各专业方向硕士研究生报考形势日趋火爆。新闻传播学是一门应用性很强的学科，一向被称为人文学科里的"工科"。重视对学生实践操作能力的培养，使他们能最大限度地贴合与满足将来职业发展的需要，这是新闻与传播各专业方向硕士研究生培养的题中应有之义。

长期以来，我国高校开设的新闻与传播类各专业方向硕士研究生课程普遍存在着实践性严重不足的问题。在教学过程中，课堂讲授时常重理论轻实践，专业实习也不乏重过程轻质量，学生实操能力不足，动手能力较差。随着媒介融合趋势的加快，一个全新的媒体生态环境正在形成，传统新闻传播人才专业技能的培养方式已经远不能满足新时代发展的需求，探索新的专业教学路径刻不容缓、迫在眉睫。

要想切实提升新闻与传播各专业方向硕士研究生的实操能力，加紧编写一本能够贴近当下媒介融合发展形势、具体指导学生从事新闻与传播实践的实用性教材，不失为一个有效的抓手。组织编写这本教材正是基于这样的考虑，也可谓是进行新闻与传播各专业方向硕士研究生培养的一个有益尝试。

本教材的特色主要体现在：

首先，按照互联网时代对新闻传播人才的实际需求，从媒体融合的角度，对于当前常见的传媒实操流程进行"动作分解"，由点到面，详细讲解具体要领，这在新闻与传播硕士研究生教材编写上具有一定的创新性。

其次，本教材将实用性和可操作性放在首位，特别注重培养学生掌握切实、可用的实操技能，尤其强调在媒介融合的大背景下，使各专业方向硕士研究生都能够较好地掌握新闻传播的新技术，增强互联网传播的水平，在面对新业务、新趋势和新情况时，实操能力能得到有效的提升。

本教材基本涵盖了融媒体环境下新闻传播的主要实训技能，各章节内容均由安徽师范大学新闻与传播学院学有专攻，并具有一定媒体从业经验的教师进行编写，因此针对性和指导性较强；同时本教材编写还力求条理清晰，通俗易懂，使学生一看就能明白，一学就能上手。

　　希望本教材的编写能在一定程度上修补当前新闻与传播各专业方向硕士研究生教育的培养短板，对有效提升媒体融合背景下新闻传播人才的培养水平能起到积极的推动作用。

朱晓凯

2023 年 6 月于安徽师范大学

目 录

第一章　融媒体背景下的采访与写作

第一节　当代新闻采访与写作价值及时代变革

一、新闻采访与写作的价值

（一）新闻采写工作是整个新闻传播活动的基础环节

当代社会中，新闻报道是记者通过新闻采访认识客观事实，并通过文字、图片、视频等多媒体及融媒体形式将其呈现出来的过程。其中，新闻采访与写作包含着新闻报道的两个重要环节，采访关系到记者对于事实的认识程度，而写作体现了记者对于事实的展现力度。因此新闻采访与写作决定着新闻传播活动能否有效进行，从而奠定了整个新闻报道活动的基础。

2016年《新京报》的报道《悬崖上的村庄》，首次将"悬崖村"——这个位于四川凉山彝族自治州境内，通往外界需顺着断崖攀爬17条藤梯的村落带入了公众视野。"悬崖村"的发现者——新京报记者陈杰连续四年九探这个大山里的村落，推出"悬崖村"的系列报道，持续关注当地村民的出行路、学生们的上学路以及村庄的脱贫路。这一报道产生了广泛的社会影响，当地政府已经将"悬崖村"大部分村民易地搬迁到昭觉县城集中安置点。在这一报道案例中不难看出，记者将深入采访与扎实写作贯穿于新闻传播活动之中，从而让新闻作品产生了广泛的社会影响。

（二）新闻采写工作是新闻记者职业素养的综合体现

（1）记者通过对事实的研判，展现了对政治环境的敏锐感知与深刻把握。2016年习近平同志在党的新闻舆论座谈会上强调：在新的时代条件下，党的新闻舆论工作的职责和使命是高举旗帜、引领导向，围绕中心、服务大局，团结人民、鼓舞士气，成风化人、凝心聚力，澄清谬误、明辨是非，联接中外、沟通世界。新闻工作者这一光荣的使命，需要通过新闻采写工作来具体实现。经济日报社总编辑艾丰曾经勉励过记者要"想总理想的事情"，从中不难看出新闻采写工作中记者具有全局观和大局观的重要性。

长篇通讯《东方风来满眼春》就充分体现了《深圳特区报》记者陈锡添高度的政治敏锐性。1992年1月19日到23日邓小平同志到深圳视察，这也是他退休后第一次到外地视察。毕业于中国人民大学新闻系的陈锡添作为随行文字记者，发现邓小平同志在深圳发表的讲话，回答了当时全党全国人民正在思考的一系列重大问题，对于进一步解放思想，推进改革开放意义重大。陈锡添说稿件刚落笔时，就想好了用唐代诗人李贺的诗句——"东方风来满眼春"——作为题目。他认为邓小平同志正值早春时节来到深圳，给人们带来了春天的消息，也定将在全国掀起改革开放的滚滚春潮。3月26日，《深圳特区报》刊发了这篇题为《东方风来满眼春》的通讯，真实记录了邓小平同志在深圳视察时所作的重要谈话内容，成为当时思想解放运动中的重大标志性事件。

（2）新闻工作有着内在规律性，选择怎样的报道角度进行报道，采用何种受众喜闻乐见的方式将其呈现出来，充分体现了记者的专业能力。在采写过程中，每一位记者或多或少都会面对这样或者那样的问题，例如找不到合适的选题，选题的素材不够，素材找不到合适的逻辑工具，采访过程如何让他人说出真相，写作过程中如何用细节去还原和验证真相等，这些都是对记者能力的综合考验。2015年《工人日报》的记者贺少成、车辉在一个全国各地记者微信交流群中获得关于白血病人安宁急缺救命药的求助信息，随后多地媒体联动，为这位病人找到了一种2元一支的廉价救命药。贺少成针对这一事件，展开深入追踪报道，剖析廉价药难觅的"老大难"现象背后的原因并寻求解决之道。记者运用脑力、体力、眼力及笔力，将这一报道不断推向深入。

（3）记者在新闻报道中会面对大量的新情况、新问题、新趋势以及新发现，需要具有丰富的学识与视野。俗话说记者既是"杂家"也是"专家"，所谓"杂家"

意味着记者需要有各个方面的知识储备，涉及人文科学、自然科学等各个领域。同时也要保持积极学习、终身学习的态度，具备在最短时间内掌握新知识的能力，从而及时对新鲜的事实进行报道、解读和分析。所谓"专家"则需要记者对某一领域有深入的了解甚至是研究，成为这一领域的专家记者，从而将报道内容引向深入。尤其是近些年来，我国正在从科技大国迈向科技强国，科技实力正在从量的积累迈向质的飞跃，科技创新取得新的历史性成就，无论是基础研究和原始创新还是民生科技应用均取得重大进展，需要懂科学知识、了解科学发展的记者进行采写，才能推出优秀的新闻作品。例如第三十一届中国新闻奖获奖作品《"九章"问鼎全球最快计算机》报道了我国"九章"量子计算机问世，并跻身量子计算的世界领先地位。记者长期关注中国科学技术大学量子团队科技进展，积累了丰厚的背景资料。记者从中国科学技术大学获悉最新进展的新闻线索后，立即提前采访了科研团队主创人员，获得权威内容。该成果在《科学》杂志凌晨发表后，记者反应迅速，第一时间深夜发稿，当日即在重要版面推出专题报道。

"九章"问鼎全球最快计算机
——我国达到"量子计算优越性"里程碑（节选）

本报讯　国际学术期刊《科学》12月4日凌晨在线发表我国科学家量子计算研究进展，76个光子的原型机"九章"问鼎全球最快计算机，这使得我国成功达到"量子计算优越性"里程碑。

中国科学技术大学教授潘建伟、陆朝阳等组成的研究团队与中科院上海微系统所、国家并行计算机工程技术研究中心合作，构建了76个光子的量子计算原型机"九章"，实现了具有使用前景的"高斯玻色取样"任务的快速求解。该量子计算系统处理"高斯玻色取样"的速度比目前最快的超级计算机日本"富岳"快一百万亿倍，等效地比去年美国谷歌公司发布的53个超导比特量子计算原型机"悬铃木"快一百亿倍，并且它的量子计算优越性不依赖于样本数量，克服了谷歌53比特随机线路取样实验中量子优越性依赖于样本数量的漏洞[①]。

[①] 陈婉婉：《"九章"问鼎全球最快计算机——我国达到"量子计算优越性"里程碑》，《安徽日报》，2020年12月4日。

（三）新闻采写体现主流媒体的社会功能

媒体的首要社会功能是向受众提供并告知信息，美国社会学家塔奇曼在《做新闻》一书中指出，新闻是人们了解世界的窗口……它替代了旧时走街串巷向公众通告消息的人，其功能是告诉我们想知道、需要知道以及应该知道的消息。而新闻采写恰恰提供了那些与经济、公众和社会生活密切相关的重要新闻，满足了受众了解信息、感知环境的需要。美国社会学家赖特在拉斯韦尔的基础上，补充了媒介的第四种功能——娱乐。该功能的目的在于调节身心，给人们提供喘息的机会和轻松的时间。在新闻采写工作中，趣味性既是指记者努力发掘那些内容新奇曲折，富有情趣的新闻，使受众普遍感到有趣；同时也指记者写作形式和表现方式的生动活泼，使新闻具有吸引力。《900吨"吃"出来的垃圾 散发着重庆久违的人间烟火味》就是一篇从城市垃圾增长的独特视角看城市如何恢复活力的优秀报道。记者从市城市管理局了解到一段时间以来全市主城区餐厨垃圾收运处理量成倍增长。这些"吃"出来的垃圾背后，又隐藏着餐饮行业以及市民需求怎样的变化呢？记者带着这样的思考从一个充满烟火气的侧面展现了重庆这座城市恢复生机的情况。

900吨"吃"出来的垃圾 散发着重庆久违的人间烟火味（节选）

第1眼记者从市城市管理局了解到，近段时间以来，全市主城区餐厨垃圾收运处理量成倍增长。这些垃圾可都是"吃"出来的！背后又隐藏着疫情防控向好以来，餐饮行业以及市民需求怎样的变化呢？

餐厨垃圾收运处理量成倍增长。

晚上8点过，在解放碑商圈八一路好吃街的餐厨垃圾收集点，环卫工人何云西正忙个不停，给桶消毒、拉桶上车、监管卸料、规整现场，为了将垃圾收运对市民的影响降到最小，他要在10分钟之内迅速完成这个点上所有餐厨垃圾的收集，然后，再去邻近的几个收集点作业。

环卫工人何云西告诉第1眼记者，英利大融成、白象街和中兴路以及临江门一带，整个片区都由他负责收运，简单换算一下，他的工作量是60个桶。

作为这个片区的收运老手，餐厨垃圾量的多少，老何最清楚不过，他告诉第1眼记者，尽管由他负责收运的餐厨垃圾桶总数没变，但是，最近这一周来，桶里的垃圾量却有了明显的变化。

第1眼记者从渝中区环卫中心固废运输所了解到，八一路好吃街在3月20号恢复运营，恢复初期，每天产生的餐厨垃圾量仅有100多斤。随着疫情防控逐渐向好，目前，这里的餐厨垃圾量已经超过800斤。

据市城市管理局介绍，从疫情发生到现在，全市主城区餐厨垃圾收运处理量从最低时每天100吨左右，目前已经回升到每天900多吨，呈现了成倍的增长趋势[①]。

美国著名作家马克·吐温将记者描述成最有魅力的职业，能够在报道中结识那些平常环境下你不可能结识的人，有在位的国王，也有监狱里的囚犯，认识不同的人、见识不同的社会风情、探访奇闻逸事。记者就是社会的千里眼、顺风耳，通过采写向社会与公众提供信息，起到承载文化、监督政府与服务社会的功能。

二、融媒体背景下新闻采访与写作面对的机遇与挑战

（一）社会发展

现阶段我国社会的主要矛盾是人民日益增长的美好生活需要和不平衡不充分的发展之间的矛盾。随着改革进入深水区，经济面临新常态，地区之间、城乡之间以及不同利益群体之间的利益格局也发生了明显的变化。在这样的社会背景下，新闻反转现象时有出现，有学者甚至认为我们进入了"后真相时代"。"后真相"一词源于美国，社会评论家基斯用这个概念概括了当代美国社会的各种文化病灶，例如诚信下降而使撒谎变得日常，语言操纵和形象管理成为艺术从而使得叙事胜过事实等。后来该词被引申为现代传播语境中，情绪的传播往往要快于真相，人们往往关注那些激发强烈情绪的事件，但忽略了对于事件真实性的关注。

在互联网的信息大潮中，记者及媒体可以提供更充分、更精确、更可信以及更适用的信息，即为不同视角下的意见阐发者们提供他们共同倚赖的事实陈述。此外，记者还可以通过采写工作传递不同观点和意见，并促进它们彼此间的交流。因而，记者在采写过程中既要有直面不同群体利益矛盾、探索真相的勇气；同时也要有客观冷静的立场，将事实讲清楚说明白，发挥社会减压阀的作用。

---

① 蔡强、肖洁、李臻：《900吨"吃"出来的垃圾 散发着重庆久违的人间烟火味》，第1眼新闻，2020年4月22日。

（二）技术变革

随着自媒体、社交媒体等网络新兴媒体的出现，人人手上都有麦克风，传统的专业生产与泛社会生产之间产生矛盾。网络媒体在话题设置、社会动员方面的能力日渐增强，大量社会热点在网上迅速生成、发酵、扩散，传统媒体的传播阵地面临挑战。此外，网络时代的碎片化阅读打破了传统媒体的深度解读，传统新闻相关的社会场景正在发生巨变。与关注文本形式、话语方式、传播主体思想的传统新闻叙事不同，网络时代的表达更多包含用户（受众）自身的感受、思想与参与，在一个开放的语境中，传播主体与用户共同建构了新闻叙事的话语系统。"新的移动界面不仅改变了我们如何筛选和访问新闻，也改变了我们如何进行沟通和塑造社交空间"①，因此适应新媒体平台需要的不仅仅是重新利用现有媒体产品，而是对新闻传播过程、传播内容及传播形式的重塑，例如人机交互互动叙事、用户画像精准叙事、多元主体协同叙事、融合共享叙事等丰富了新闻产品的表现形式。

在具体的采访与写作实践中，也出现了新的形式和内容。例如美国学者谢尔·以色列在《微博力》一书中指出，媒体融合构成了传统媒体、公民新闻和社会性媒体三条绳索组成的新闻生态。"辫子新闻"就是将传统媒体、公民新闻、用户回应等三种或多种文本整合成一篇新闻，首先社会公众自发获取信息并通过网络平台进行发布，随后具有采访权的新闻媒体进行事实的核查和信息的溯源工作，并与负责处置事件的相关部门进行认证，从而使得新闻内容更加真实准确。另外，结合网络无处不在的"4A属性"（Anyone、Anywhere、Anytime、Anything），新闻产品进一步展现为广泛的、异步的、轻便的以及永远在线的融媒体新闻生产与传播形式，能够使得人们"保持让新闻和事件始终围绕他们的心智状态"②。

第三十届中国新闻奖获奖作品《2019对话1949：时代变了　初心未变》就是一篇优秀的融媒体交互式新闻产品，采编人员创新性地打造了"平行世界""隔空对话"的媒介体验，通过小学生、职场女性、即将就业青年与革命志士进行隔空对话，构建起沉浸式的故事场景，同时也深刻阐释了"时代变了，初心未变"的主题，呼应了共产党人的初心使命。

---

① 陆晔、周睿鸣：《新闻创新中的"协作式新闻布展"——媒介融合的视角》，《新闻记者》，2018年第9期。

② 杨瑞春、张婕编：《南方周末特辑手册》，南方日报出版社，2012年，第278页。

（三）国际形势

网络时代时空被无限压缩，世界成为地球村。习近平同志提出要构建具有鲜明中国特色的战略传播体系，着力提高国际传播影响力、中华文化感召力、中国形象亲和力、中国话语说服力、国际舆论引导力。

新闻采访与写作实践首先立足于讲好中国故事，向世界展示真实、立体、全面的中国。2021年，十余头野生亚洲象走出云南西双版纳，一路向北迁徙数百公里，不仅引发国人"全民观象"的行动，还吸引了全世界的目光。包括BBC、CNN、NBC、纽约时报、华盛顿邮报、朝日新闻在内的众多外媒都对这一事件进行报道，给予了中国好评。其实发掘这一新闻的中新社驻地记者早在2020年12月就得知了这一线索。当时，从"老家"西双版纳国家级自然保护区勐养子片区出走的"断鼻家族"象群首次造访普洱市墨江县。反常出新闻！记者凭借着新闻敏感度，在持续关注事情动态的同时，注重多方位、多侧面、多角度挖掘事件本身，聚焦事件本身、背后原因、背后故事，挖出新闻的深度、广度和细致度。尤其是记者围绕"亚洲象迁移是否因为栖息地遭受严重破坏"这一热点争论问题展开调查，采访有关专家分析亚洲象在西双版纳分布极为不均匀、目前大部分亚洲象栖息在保护区之外、亚洲象的部分原生栖息地因为森林郁闭度增加导致部分林下可采食植物减少等现状，同时也陈述了西双版纳并未发生保护区内森林资源被严重破坏的情况。记者借由亚洲象北移，展示了我国动植物保护工作的力度。

其次，新闻采访与写作也正致力于展示全球视野中的中国立场。在全球重大事件发生时，发出中国自己的声音，正成为中国新闻工作者的重要工作。喀布尔时间2021年8月15日下午，塔利班兵临城下。中央电视台中东总站立刻对最新局势研判并形成报道预案，并迅速调集全片区喀布尔、利雅得、德黑兰等多个站点记者，第一时间搭建起经验丰富、分工明确的报道团队，这是一支经过一次次国际重大突发事件报道淬炼而成的"精锐部队"。19日，中国国际电视台主持人田薇独家专访了塔利班发言人苏海尔·沙欣，中央电视台也成为第一个独家专访沙欣的中国媒体。在喀布尔变局一周之内，报道团队发自阿富汗的独家报道被CNN、BBC、FOX以及日本NHK、美联社、路透社、法新社等全球1687家主流媒体累计转发和引用30696次。

第二节　新闻采写的基本原则与理念

一、真实与客观是新闻采访与写作的基本原则

新闻采写过程中，记者需要尊重事实，真实、全面、客观地采集、处理及呈现新闻信息，这是新闻本质的体现也是新闻记者的职业要求。记者通过对于现实世界的反映，提供给公众尽可能接近事实的真相，能够为公众了解事件的发展轨迹提供"镜子"，能够成为公众掌握社会变动的"搜索器"，能够给公众提供全面解读社会问题的"减压阀"。

（一）新闻采写实践中的真实性

1.如何理解真实性

马克思主义唯物观认为世界统一于物质、物质决定意识。陆定一同志在《我们对于新闻学的基本观点》中指出，新闻本源是事实，是对事实的报道。我们在长期的新闻实践中逐渐形成了对于新闻真实性的系统性认知。延安整风运动时期，由《晋绥日报》发起的反"客里空"运动就是在解放区新闻界开展的反对一切不真实的新闻报道和报道中的弄虚作假的新闻作风的改革运动，强调需真实地反映解放区生机勃勃的群众生产生活，这也是我党群众路线的体现。刘少奇同志在对华北记者团的讲话中也曾反复提到，"你们的报道一定要真实，不要加油加醋，不要戴有色眼镜……第一是真实，不要过分，再就是全面、深刻"①。

2.如何实践真实性

（1）基本事实的真实，即新闻与其所反映的客观现实必须相符。

首先，新闻内容要保证确有其事，真实发生。美国学者李普曼认为，事态的发展必须表现出一种确凿肯定的状况，甚至某些方面已经成为既成事实，新闻才从大量可能的事实中分离开来。

其次，基本要素要真实，新闻报道中涉及的时间、地点、人物、事件、原因以

---

①《刘少奇选集》上卷,人民出版社,1981年,第402—403页。

及怎么样等"5W+H"的新闻要素要反复核实，做到准确而真实。

再次，新闻中的背景资料也要再三确认其真实性，人物和事件的来龙去脉、前因后果需要准确。

此外，新闻人物的语言行为、心理活动，在报道中也要尽可能地不要想当然。记者可以通过采访，获得采访对象直接的情绪表达，也可以在采访过程中经由采访对象同意，挖掘书信往来、社交平台的发言等。此外，记者还应注意挖掘采访对象的语言、动作、神态，以对其心理进行侧面的展现。

（2）新闻采写呈现事件真相，即深刻而全面地展现事物的内在与外在，局部与全貌的情况。

美国新闻自由委员会曾经指出记者和媒体"真实、详尽、有见地的日常报道，需要同时提供有关的背景材料使报道不孤立——仅仅是真实地报道事实已经不够了。如今有必要报道'有关事实的真相'"[①]。新闻是一种以人的观察和发现为中介的事实报道，因此新闻采访与写作要努力从时间与空间维度接近真相。

首先，新闻采访与写作可以在时间维度上呈现事实发展链条的有机性。事实本身在发展，人们对这个事实的认识也在发展，人们对事实认识到什么程度，新闻才可能真实到什么程度。因此哥伦比亚新闻学院将新闻分为三个报道层次，动态新闻是对主体新闻事实的报道；调查性报道涉及主体新闻事实背后的更为深层的原因和实质；解释性报道是在调查性报道基础上作出解释的报道形式，并借此展现人们对于事物认识的过程性。

《十八洞村这五年》是第二十九届中国新闻奖获奖作品。2013年11月3日，习近平总书记到湘西十八洞村视察，首次提出了"实事求是，因地制宜，分类指导，精准扶贫"的重要论述。记者对这一精准扶贫的首倡地进行了长期持久性的关注，在长达5年的时间里，真实记录了扶贫过程中村民、基层组织以及扶贫干部所经历的矛盾、挫折、煎熬、冲突、抉择，对这·工作的性质、问题、难点以及意义有了更加透彻的展现，并为中国的精准扶贫工作提供一个以资借鉴的典型。

其次，新闻采访与写作要在空间维度展示事实延伸链条的平衡性。要真切地观察一个事物，单一视点永远是片面的，而立体化呈现的最低要求是设置三个以上的观察维度。古人说"不识庐山真面目，只缘身在此山中"，跳出单一视角的局限，才能在更广阔的空间中展示事实的面貌。

---

① （美）新闻自由委员会著，展江等译：《一个自由而负责的新闻界》，中国人民大学出版社，2004年，第12页。

（二）新闻采写实践中的客观性

1.如何理解客观性

客观性强调新闻工作者要有向公众客观地、不带偏见地报道事实，而且相信能够把事实和关于事实的价值（对事实的评价）分开的观念。唯物主义将新闻采访作为沟通客观事物与新闻报道的中介而存在，新闻报道是新闻工作者特有的认识和把握客观事物的活动。而唯心主义从意识是第一性的角度出发，认为新闻报道只是人们借助客观来表现属于主观的意识、精神活动，新闻报道不需要从实际出发，只要按照某种特定的框框，寻找或者制造几个事例就可以。从辩证法的角度出发，新闻采访作为人类一种特殊的认识和把握客观事实的活动，新闻报道不仅尊重事实，强调客观性，而且有明显的主观能动性。从形而上学的角度出发，在客观事实面前，新闻记者只能"纯客观地记录事实""纯客观地报道事实"。因此，从辩证唯物主义的角度出发，承认新闻报道没有绝对的客观，即使真诚地采取客观的态度，也可能会无形中受到历史与现实的各种因素影响。但另一方面作为一种可望但不完全可及的目标理念，客观性原则应当成为一种新闻职业的追求，一种评判新闻工作水平的标准，是新闻工作者不断努力的方向。

2.如何实践客观性

习近平同志在全国新闻舆论工作座谈会上对新闻工作做出了新的阐述："要适应国内外形势发展，从党的工作全局出发把握定位，坚持党的领导，坚持正确政治方向，坚持以人民为中心的工作导向，尊重新闻传播规律，创新方法手段，切实提高党的新闻舆论传播力、引导力、影响力、公信力。"[①]

在具体的采写实践中，首先，要将事实和意见分开，以超脱情感的中立观点表述事实（中立词），避免记者的过度主观倾向；不以个人价值观和兴趣影响对事实的描述；以事实叙述表达判断；避免个人感情流露。

其次，要努力做到公平和平衡，为事实涉及的各方提供应答的机会。接触各种信息来源，给各种信源以平等表达的机会，提供各种信源的确切陈述，记者在矛盾冲突性事件中尽力保持新闻传媒的客观立场。

---

①《习近平谈治国理政》第2卷，外文出版社，2017年，第331页。

二、以人民为中心是新闻采写的价值导向

中国共产党的根本宗旨是全心全意为人民服务，党的新闻工作者在新闻采写中要坚持以人民的利益为根本出发点和着眼点。毛泽东同志在《对晋绥日报编辑人员的谈话》中，强调报纸的作用和力量，它能使党的纲领路线、方针政策、工作任务和工作方法，最迅速最广泛地同群众见面。

（一）传递有用、有效及有价值的信息

（1）新闻采访报道要深入群众，深入实际，记者要主动沉到社会生活第一线去，要与群众广交友，关注与普通人息息相关的信息，关注他们的困难，关注他们的喜怒哀乐。20世纪70年代末北京市突然买不到酱油，而酱油恰恰是千家万户离不开的生活必需品，因此记者急群众之所急，积极对这一事件的幕后展开调查，了解实际情况，使这一问题得到了解决。

北京酱油为啥脱销

前些天，北京的街头巷尾都在议论：酱油为啥突然脱销？我们走访了北京第二大酱油厂———宣武区酱油厂。

宣武区酱油厂多年失修。1974年经有关部门鉴定，应停产修建。厂里立即向商业局报告，商业局又向市级机关打报告，3年之间，写了22次，根本挂不上号。直到1977年底，市里才批准建新酱油厂，并给50亩地。指标下到区里，一位书记把地转给了产值高的汽车配件厂等单位。经力争，区委才从煤建管理处要出9亩地给了酱油厂。

计划批准后，只给钱，不拨料。酱油厂派人上下跑几百趟，二商局打报告13次，结果，划圈的多，办事的少，拖了两年，材料还没凑齐。

今年9月，老厂房险情严重，被迫切断电源，停止生产。宣武区酱油厂停产，1月少上市50万公斤酱油。因而，使全市酱油脱销半个多月，直接影响了居民的生活。

脱销后，市里有关部门采取紧急措施，日夜修缮老厂，并从郊区调酱

油进城，这才使供应情况稍有好转①。（本报记者　段心强）

（2）记者报道老百姓的事情时，要说老百姓听得懂的话，多一些"沾泥土""带露珠""冒热气"的文章。我们党历来将改进新闻文风作为提高新闻报道质量、加强新闻传播力的抓手，1942年，毛泽东在《反对党八股》的讲话中一针见血地指出："党八股这个形式，不但不便于表现革命精神，而且非常容易使革命精神窒息。要使革命精神获得发展，必须抛弃党八股，采取生动活泼新鲜有力的马克思列宁主义的文风。"②同时他指出："我们的许多同志，在写文章的时候，十分爱好党八股，不生动，不形象，使人看了头痛。也不讲究文法和修辞，爱好一种半文言半白话的体裁，有时废话连篇，有时又尽量简古，好像他们是立志要让读者受苦似的。"③在新闻报道实践中要少一些结论和概念，多一些事实和分析；少一些空泛说教，多一些真情实感；少一些抽象道理，多一些鲜活事例。例如《光明日报》对农民沈昌健全家35年植根杂交水稻研究的报道，记者用生动朴实的语言讲述了普通农民的前赴后继与执着守望精神。

听油菜花开的声音——农民沈昌健全家研究超级杂交油菜的故事

从湖南省常德市临澧县杨桥村采访归来，那一块与众不同的油菜地时常出现在记者的梦境中。地里每一株油菜的每一个分枝上都挂着标记。这是杨桥村农民科学家沈昌健全家的"圣地"——超级杂交油菜科研基地。

这块土地诠释着沈昌健全家人的前赴后继与执着守望。那是35载的花谢花开啊！④

（二）记录人民群众的伟大创举

新闻采访与写作中要能够努力挖掘广大人民群众的新发现、新趋势、新实践。历史是人民群众创造的，人民群众的力量在推动历史发展的各种力量中最强大、最有决定性意义。1978年底党的十一届三中全会召开后，一些地方的农村开始扩大生

---

① 段心强：《北京酱油为啥脱销》，《北京日报》，1979年12月15日。

②《毛泽东选集》第3卷，人民出版社，1991年，第840页。

③《毛泽东文集》第6卷，人民出版社，1999年，第467页。

④ 唐湘岳：《听油菜花开的声音——农民沈昌健全家研究超级杂交油菜的故事》，《光明日报》，2013年6月17日。

产队自主权，放宽对农民生产活动限制，对这些做法有人感叹："辛辛苦苦几十年，一夜倒退到从前。"到底如何看农村的改革？时为《辽宁日报》农村部记者的范敬宜带着这些问题到田间炕头和牛圈马棚去向农民调查了解情况，他召集村里的干部群众开座谈会。范敬宜根据所见所闻写出了《莫把开头当"过头"》这篇述评文章。他认为，农村的改革不是"糟得很"，而是"好得很"；不是"过头"，而是刚刚"开头"；不是"支流"，而是"主流"。1979年5月13日《辽宁日报》发表的这篇文章当时在全国引起了轰动，《人民日报》5月16日在头版头条转载时还加了按语，要求新闻工作者要像范敬宜那样，"多搞一些扎扎实实的调查，用事实来回答对三中全会有怀疑、有抵触的同志"。范敬宜的这篇报道成为反映改革开放新闻作品的典范之作。

（三）弘扬时代主旋律

记者笔下一篇篇精品力作的产生，既需要记者的"四力"，更需要记者的人民情怀。新华社原社长穆青用自己一生的新闻实践，为我们诠释了只有自觉地涵养人民情怀，时刻把人民挂在心上，才能把自己锤炼成一个人民放心、信赖和爱戴的新闻工作者。1963年，穆青等人发表的长篇通讯《县委书记的榜样——焦裕禄》为我们理解什么是"人民情怀"、什么是"以人民为中心"的工作导向提供了范例。在采访时，兰考的干部群众含着泪向他介绍焦裕禄的事迹，他听着听着眼泪哗哗地流，以至于无法自抑，采访被迫中断。穆青对青年记者提的最多的一句话就是"勿忘人民"。穆青长年坚持到基层、到农村、到群众中去采访、去调研，即使是在担任新华社社长期间，他每年都要在百忙中抽空下去走走，去会会他的那些农民朋友，去听听他们的呼声和愿望。新华社高级记者张严平曾经以长篇通讯《索玛花儿为什么这样红》获得第十六届中国新闻奖一等奖。张严平跟着采访对象王顺友走了那条跨越莽莽高原、原始森林、悬崖峭壁间的邮路后，让人们了解到了这位平民英雄。2021年5月在王顺友去世后，张严平用饱含深情的语言写道："16年前，四川凉山索玛花儿盛开的季节，我第一次见到了这位大山里的乡邮员，16年后，又是索玛花儿盛开的季节，他走了。他是我记者生涯中最难忘的记忆。他给他的大山，给中国的邮路，给千万人的心中留下了永远盛开的索玛花儿，他给我留下了永远的追寻——索玛花儿为什么这样红……"①充分体现了记者讴歌时代讴歌英雄的价值追求。

---

① 吴光于：《新华社高级记者张严平：王顺友是我记者生涯中最难忘的记忆》，新华网，2021年5月31日，http://www.xinhuanet.com/2021-05/31/c_1127514137.htm.

三、坚持正确的舆论导向是新闻采写的重要职责

新闻采访与写作着眼于提高对正确舆论导向的判断力，积极、认真、负责任地做好社会热点事件的报道。与此同时，坚持正确的舆论导向需要围绕社会公平正义开展新闻采写，营造风清气正的舆论环境，维护社会稳定与国家发展大局。

记者通过新闻采访与写作的日常实践，遵循真实与客观的根本原则，把握以人民为中心的价值导向，以正确的舆论导向为职责，致力成为党的政策主张的传播者、时代风云的记录者、社会进步的推动者、公平正义的守望者。

第三节　新闻采访的基本过程与方法

一、新闻采访准备的过程与内容

新闻采访准备是记者厘清报道思路，明确报道方向的重要环节，是记者和编辑部人员的头脑风暴，也是一个从思维到行动的完整性过程。充分的采访准备有助于记者进一步明确采访的目的和重点，既有助于记者缩短与采访对象的距离，也有助于记者有计划、有步骤地进行有效采访。

（一）识别新闻事实的基本依据

大千世界中，天天发生的事件数不胜数，哪些事实能够进入记者的视野，成为报道的内容，记者要有相应的专业标准。

1.新闻价值

新闻价值是事实所具有的新闻信息量以及对受众、对社会利害关系涉及程度。事实中蕴含的新闻价值越高，其报道的必要性就越强。新闻价值的构成要素一般包括时新性、重要性、接近性、显著性、趣味性等。

其中时新性体现了事实的新鲜，一方面时间上要及时，刚刚发生的事件或正在发生的事件往往更具时新性；另一方面内容上要有新意，没有发生过的事实比曾经发生过的事实往往更能吸引大众的目光。

重要性则是新闻事件和社会生活以及广大群众的切身利益之间的关系程度，往往事件或事件当事人对社会影响越大，新闻价值也就越高。

接近性则包括了地域上的接近性和心理上的接近性。人们往往对自己周围的环境更为关注，因此新闻报道一般会立足于本地区发掘与当地密切相关的信息；另一方面人们出于社会认同性，往往对与自身身份和境地相符的新闻信息关注度更高。例如2021年9月安徽新高考正式落地，对这一新闻关注度相对更高的是考生及考生家长，因为牵涉程度更高。

显著性表明新闻事实所涉及的人物、地点的知名度越高，新闻价值也就越高。有一个简单的新闻报道公式：名人+寻常事=新闻；普通人+不寻常事=新闻；名人+不寻常事=大新闻；普通人+寻常事≠新闻。通过这个公式不难看出名人往往享受了更高的社会关注度。

趣味性一方面包括了记者对于奇闻趣事的挖掘，西方新闻界有句俗话"狗咬人不是新闻，人咬狗才是新闻"，充分体现了社会公众对于奇闻逸事的猎奇心理。另一方面也包括了社会品位和大众旨趣。我国的新闻记者是党和人民的新闻工作者，需要通过新闻报道的高雅品位提升社会的审美旨趣。

2.媒体定位

不同的媒体也有不同的媒体目标，记者在选择报道事实时，也会基于本媒体的受众定位以及社会功能定位。例如《纽约时报》以刊登一切适合刊登的新闻为口号，标榜生产一流的新闻，用高品质的报道吸引世界一流的受众，记者选择新闻事实的出发点更多的是重要而严肃的事实；《华尔街日报》则另辟蹊径，以讲故事作为吸引读者的方式，记者也形成了独特的选题风格和报道风格。《南方周末》新年致辞中提出的"让无力者有力、让悲观者前行"口号，也是其媒体发展的目标，记者更关注于影响公共利益的选题。

3.社会价值

新闻报道的事实选择首先应该反映社会主流的发展趋势，符合社会主流价值观，维护正常有序的社会秩序，构建和谐的社会氛围。有一些事件虽然具有了一定的反常性和趣味性，但是不符合社会的公序良俗，同样不能纳入记者采访报道的范围。

新闻报道应该以关系社会发展进步为出发点，关注热点、焦点和难点。2021年3月18日起，《人民日报》推出"会后探落实·四问校外培训"系列报道，围绕公众反映较为强烈的校外培训虚假宣传、制超纲教学、监管缺失等现实问题，通过采访家长、教育从业者、管理部门、专家学者，深入剖析乱象成因并审慎探讨对策建议，既体现了媒体"国之大计，党之大计"的选题高度，也充分反映了媒体回应人民关切，让群众满意的报道温度，这组报道为我国教育"双减"政策的平稳实施创造了良好的舆论氛围。

（二）确定采访选题的步骤

1.明确报道思想

新闻报道思想是新闻传播媒体在一定时期或特定阶段内为达到预期的传播目的而形成的新闻报道工作的总思路。它犹如新闻采写工作的指南针，既能够从政治上、政策上为新闻采访与写作提供"导航"，同时有目的有策略地指导新闻素材的获取以及新闻主题的提炼。

第三十一届中国新闻奖获奖作品《长江禁渔，为何还有禁而不止的现象》就能看出记者对新闻报道思想的把握，2020年是实施长江十年"禁渔令"的第一年，这是为全局计、为子孙谋的重要决策。《人民日报》记者认为深入调查该政策的贯彻落实情况，是作为记者的责任。在明确这一报道思想后，记者实地走访长江沿岸，同退捕渔民、饭店老板、农贸市场商贩等广泛交流，并且深入采访相关省、市的农业农村（包括渔政）部、公安部、市场监管部等部门，根据掌握的情况撰写了这篇报道。

2.获取新闻线索

新闻线索是提示新闻的信号，这种信号传递一个信息，告诉记者哪里有已经发生，或者正在发生或者即将发生的新闻。记者获取新闻线索就能够抽丝剥茧寻找到新闻事实，表面上看新闻线索是串起事实的线头，实质上新闻线索是记者对新闻事实的价值判断。

新闻线索通常是较为简略和概括的；有的时候也不可靠，仅仅是新闻线人或者热心公众的直观感觉，因此新闻线索仅仅是记者采访与写作的信号。

记者获取新闻线索的途径较为多元化。首先来自对口单位以及经常采访的部门。记者通常会根据实际情况分派大概的采访方向，这样通过长久采访就会建立一定的熟悉度，容易经常性获取新闻线索。

会议和文件的内容通常也是新闻记者获取新闻线索的途径。尤其是近些年，不少会议都会采用新闻发布会的形式，面向记者统一发布信息，这是获取新闻线索的简单、直接且有效的方法。

如今网络空间中公民发布的信息以及生产的内容也能作为新闻线索进行进一步

的验证与深入。其他新闻媒体的新闻报道也可以将其作为新闻线索，对照本地做法，进行新闻本地化的处理。此外热线电话、新闻线人也是较为传统的新闻线索的获取方式，因此记者要广交友，建立长久型的新闻线人。

3.确立新闻选题

新闻选题是对新闻事实呈现的着眼点和侧重点，新闻角度的选择意味着记者将如何凸显事实的价值和意义。角度选择与新闻价值、社会价值及媒体价值的大小相关，角度选择得好往往可以出独家新闻。见人皆所见，思人所未思，往往能够从不一样的角度发掘新闻，提升新闻价值。

记者在策划选题的过程中，首先应注意选择事实的不同侧面，并转换视角，善于运用逆向思维，往往能从平常事中找到选题的方向。例如中秋节本是阖家团圆的日子，但记者将视角投射到那些不能够相聚的人们身上，例如《为"聚变"而"不聚"：一名核聚变大科学工程科研工作者的"云团圆"》报道了投身核聚变的科学家，为了核聚变的实验，选择和家人云团圆的形式度过节日；第三十届中国新闻奖获奖作品《海文大桥没路灯照明？省交建局解释：避免灯光太亮导致候鸟撞灯杆赞！这座桥为保护越冬候鸟装矮灯》则是从大桥没有安装路灯这一反常现象中挖掘出当地政府的动物保护意识。

其次，选题也可以选择事件发展的不同阶段，沿着时间线索展开。尤其是在事件性新闻中，前期的选题通常集中在事件本身，例如发生过程、现场情况、涉及人员等；而到了后期，报道就会集中于事情直接和间接缘由的分析，甚至在事件发生数年后，记者也会将视线再次投射到事件发生地，了解事件留下的印迹。

再次，选题还可以从事实的空间线索展开，从点到面、以小见大是较为常见的形式。例如《老郭脱贫记》，就是通过因病致贫的老郭一家人是怎么在扶贫干部及基层政府的帮助下脱贫致富的经历，展现当地脱贫攻坚的成果。记者到了郭祖彬家里、地里、猪棚里，一口气细算了7笔"政策账"。从老郭如何享受政策、发展产业，到村党支部如何引领贫困户，再到乡里、县里如何谋划安排、精准施策，拔"穷根"。报道有了细节，有了故事，有了点和面。

立足于找选题，记者更要有主动出击的能动性，能够将事实进行有效的综合利用，充分挖掘事实的价值，这就离不开选题策划。记者可以将多个事实纵向串联成一条时间线，充分挖掘报道的历史意义。例如《"半条被子的故事"有新篇》就是记者凭借着新闻敏感，以时间线索串起的一篇优秀作品。2020年9月16日，习近平总书记考察湖南时首站来到"半条被子"故事发生地——汝城县沙洲瑶族村。"半条被子的故事"来自《经济日报》1984年11月14日的一版稿件《当年赠被情谊深如今亲人在何方——徐解秀老婆婆请本报记者寻找三位红军女战士下落》。经济日报社敏锐注意到习近平总书记考察沙洲瑶族村的重大意义,连夜安排记者赶赴现场,采访了徐解秀老人的后代和沙洲瑶族村村民。这一报道充分呈现了习近平总书记勉励党员干部不忘初心的重大意义,也让读者深刻感受了中国共产党人始终不渝的为民情怀。

此外,横向上以空间串联事实的形式进行采访报道,也是选题策划的重要方式。将不同时空的新闻事实凝聚成为一个新闻报道,延伸了报道主题的范围和影响。

新闻界非常重视新闻选题与策划,在讲好中国故事的时代背景下,不少新闻报道的选题关注到故事与人性的角度。在故事化的挖掘过程中思考,这是否是一篇时效性强的故事?是否与当前人们谈论的话题相关?故事里是否有一个悬念?此外,选题是否来自广阔的人生和社会,故事是否能把读者领进人生的门槛等人性的角度也是思考的重点。例如,在"四川木里3·30森林火灾"报道现场,记者从纷繁芜杂的信息中找到关键人物——凉山州森林消防支队西昌大队刚退役的刘荣基。从山东到西昌,记者全程记录了他"送别"战友的艰难路程,在西昌用一天的时间和他一起重新走过和战友训练的场馆、逛过的街道,还有追悼会上与战友最后的告别……在这个过程中,记者采取观察的方法,挖掘细节,将一个个场景叠加为全景,层次分明地讲述了消防员之间"生死对话"的故事。

1个人和27个人生死对话

从山东到西昌,退役消防员刘荣基在路上花了一天一夜。

4月2日,他先坐动车到达济南,再从济南乘坐飞机,中途在昆明转机,最终在4月3日上午10点半抵达西昌青山机场。

这一天一夜,刘荣基觉得自己走过了大半生。他没有一刻能够睡着,脑子总是恍恍惚惚,身体也有些麻木。

尽管,他才刚过完20岁生日。

两个月前,他从凉山州森林消防支队西昌大队四中队退役。这次跋涉千里,只为送别牺牲的战友。

"这27个人,没有一个我不熟悉的。"风尘仆仆站在西昌的蓝天下,刘荣基的背包上,仍挂着"中国消防救援"的小徽章。曾经,他和伙伴们每个人都有一枚,这枚徽章陪着他们,一次次往返于漫天火光,见证着森林消防员们的付出和守护。

天之涯，地之角，知交半零落。

半天时间，从西昌大队到体育馆，再从西昌市内到殡仪馆，刘荣基重新走过和伙伴们一起去过的地方。"好好活下去。"终于，他告诉自己，往后的日子，要更加认真生活，努力向上，把兄弟们还没来得及体验的人生，都经历一遍。

这是他所能想到的，最好的纪念①。

综上所述，确定新闻采访的选题是新闻采访步骤中十分重要的环节。需要记者在明确报道思想的基础上，根据新闻敏感，掌握新闻线索，依据新闻价值，充分运用思维，确立新闻采访选题，这为接下来的采访准备工作明确了方向，也为采访工作的顺利进行打下了好的基础。

（三）采访准备的内容

采访准备是记者在采访前对采访报道工作的一次梳理，能够让后续的工作开展更有计划；同时采访准备也是对采访对象和采访事件相关资料的熟悉和收集，方便消除采访对象与记者之间的距离。俗话说，"不打无准备之仗"，充分的采访准备可以让采访过程更顺利；反之，采访准备不够充分，往往会让采访陷入僵局。下面这段让人尴尬的采访中既能看出记者对采访对象的工作、生活及教育背景的不了解，也能看出记者准备得不够充分。

记者：改革开放四十多年来，我国高等学府为社会培养了大量优秀人才。请问您毕业于哪所大学的中文系呢？

作家：对不起，我没有上过大学。我的写作全是人生经历和自我感悟，我认为写作是可以用真情实感打动别人的。

记者：《×××》是您发表的第一篇小说吧？

作家：不是。这只是我的成名作，它让文学界认识了我，而在此之前我已经发表了不少作品。看来，你不太了解我的写作经历。

记者：我们换个话题，谈谈您的家庭吧。请问您的孩子受您写作的影

① 杜江茜、谢凯、李媛莉等：《1个人和27个人生死对话》，《华西都市报》，2019年4月4日。

响大吗?

作家:我早已决定把毕生精力贡献给自己的写作事业,因此至今一直独身。

1.做好采访准备

一是政策准备,要能够熟悉该采访选题的政策背景,包括全国层面的宏观政策以及地方层面的制度法规。

二是背景材料收集,要对这一事件的相关知识、来龙去脉以及周边事实、既往事实有一定的了解和准备。

三是精心选择合适的采访对象,包括事件相关度、身份权威性和规避利益冲突等。

四是制定采访计划,包括采访任务的明确、相关采访人员的安排、确定采访对象的时间地点等,并落实为简要的采访提纲。

五是采访设备的准备,包括记录工具、拍摄器材、通信设备等。

2.制定采访提纲

采访提纲是记者在采访报道前的一份想象中的路线图,包括报道主题、采访计划、提问要点、人物和事件的相关背景等。采访提纲一般不需要很长的篇幅,根据采访实际情况可长可短,详略得当即可。

在媒介融合的发展背景下,记者不仅仅需要具有对单条新闻的采访规划能力,同时更需要主动出击,精心策划,制定系统性采访方案,即融媒体策划提纲,其中包括用什么样的报道手段以及媒介表现形式来更加有效地呈现报道内容。尤其是针对重大主题报道,更要能够从时间与空间的经纬线找到主题报道的独特性,运用多种媒体手段增加新闻报道的表现力。

新闻采访提纲模板

采访主题

采访角度和目的

采访准备(收集采访资料及准备采访相关事务)

采访安排(安排采访环节、选择采访对象、设计采访问题)

发稿计划(非必要)

注意事项(略)

二、采访要求和方法

（一）新闻采访的主要任务是获得有新闻意义的事实

新闻报道的事实是由人物、时间、地点、环境等多方面因素的材料组成，掌握了这些材料才能够获得具体的新闻事实。因此采访的过程就像是拼图，记者用一块块采集来的新闻素材，逐渐让新闻事实和真相变得清晰明白。

首先，尽量掌握第一手的材料，采用直接获取的材料，眼见为实、耳听为虚，并根据事件的牵涉程度，优先选择接近事实的采访对象。

其次，要注意对材料进行辨别。网络时代，各种信息和素材获取方便快捷的同时，也充满了种种不确定性。记者要仔细核实材料的真实性，溯本求源，寻找信息发布的确切来源，消除假新闻隐患；核实过程中，不仅仅停留在人证，还要能够寻找物证，相互印证；联系多方信息源尤其是没有利益相互关联的信息源的证实；记者也要有逻辑判断的能力，辨别事实本身是否合乎逻辑，如果存在逻辑不合理的情况更是要反复推敲；有些物证可以提交技术检验，更加具有可信度；另外核实误差也是采访环节中不可忽视的部分。

最后，要思考和鉴别材料的全面性以及深刻性，尽量将报道主题展现得更为深入。新华社高级记者张严平在报道汶川地震时，反复推敲报道主题，采访不同对象，最终在《明天，太阳照常升起——献给汶川灾区的父老乡亲》一文中，呈现了36岁的乡党委书记赵海清、37岁的北川县曲山镇大水村妇女吴红、56岁的高川乡泉水村马开兰等普通人坚强不屈的精神，传递出日子就是一种精神、一种气概、一种始终奔向明天的希望的主题。

（二）采访的基本方法

1.访问

采取提问对话的形式是获取素材的有效方式，也是最为常见的采访形式，包括面对面、电话、网络采访等。访问是一种比较特殊的社交活动，相互谈话的内容要向社会公开，记者在沟通中应掌握主动性。记者在采访过程中，要时刻明白与采访对象的关系：地位平等、各取所需、组合自由。

（1）认真选择访问对象。

理想的访问对象通常是"有情况""有特点"的对象。"有情况"说明他离事实的距离比较近，例如在访问中记者会选择采访当事人（利益相关者），知情人（利益无关者），目击者、旁观者，管理部门、权威机构，专家学者，受影响者、民众、服务对象等，根据采访需求的不同，可以选择不同采访对象。"有特点"的对象则意味着记者在采访时，需要选择有典型性、代表性以及故事性的采访对象。例如在突发事件报道中，当事人、目击者、受害者、利益相关方等群体备受舆论瞩目。记者就需要围绕第一现场，寻找核心敏感人物群体，在采访中与当事人"共情"。

记者要能够和理想的访问对象之间建立经常性的访问关系，要建立覆盖各行各业的专家资料库，以应对各级各类事件的分析与解读。通常记者与采访对象是一次性交换事实要素的关系，而面对一些有价值的采访对象，要能够建立在职业基础上的信赖关系。

（2）创造和谐融洽的访问气氛。

记者要善于寻找把双方从感情上联系起来的"桥梁"。对采访对象和所要采访的事件（话题）了解越深，设计的问题越有针对性，越能给人以知己知彼的专业感和被尊重感，对方才会认真对待你的问题，甚至会主动提供给你问题之外的有效信息。有的时候为了能够尽快赢得采访对象的信任和好感，会采用先入情再入理的沟通方式。

要精心考虑访问的场所和时机的选择，把采访的场所与采访对象的身份以及所需要获取的信息内容紧密结合。时机的选择也很重要，记者有时要审时度势，谨慎提问；有时则要把握机会，大胆访问。第31届中国新闻奖文字通讯与深度报道一等奖作品《大山深处走出最美"古丽"》就是一篇记者精心选择采访场所与时机的例子。帕夏古丽·克热木是一个来自新疆的普通务工人员，从2006年起她响应政府号召到广东工作，并连续多年带领同乡一起外出务工，帮助家乡实现了脱贫。为了更好地打开采访对象的"话匣子"，展示这样一个有血有肉的人物形象，记者决定与主人公帕夏古丽一同乘飞机从乌鲁木齐赶赴广东，坐在她身边，开启"空中采访"。在近5个小时的交流中，帕夏古丽渐渐打开了心扉，向记者吐露自己的心路历程。到达东莞后，记者与主人公一同上工、逛菜场，不断拉近和帕夏古丽的距离，采访捕捉到了更多不为人知的细节。

（3）提问的要求。

一是要问得自然而简明。记者采访的过程不是对采访对象的审问，而是在交流过程中获取有价值的内容，让采访对象更自然地流露出情感、传递出信息是让采访深入的关键。因此提问用语不能冗长，否则采访对象也会感到困惑不解。

二是要问得合适且关键。通常采访的时间相对来说比较固定，记者在一定的时间内就要获取线索，因此问题要能够问到关键点，问到关键人。在2023年杭州亚运会上，中国男篮未能实现卫冕的目标。新华社记者第一时间采访了中国篮协主席姚明，连续抛出多个关键性问题，例如这次亚运会，咱们的成绩是否达到了赛前预期？现在过去两天了，那场球到底输在哪里？两次输给菲律宾队，是不是因为易建联退役之后我们缺乏关键时刻比较可靠的核心球员？2019年世界杯之后，你曾经说要为失利承担责任。后来，有媒体的前辈说，在后面的几年里没有看到中国篮协的深入反思和总结。你怎么看待这件事？多个提问都是围绕着中国男篮输球背后深层次原因进行深入采访。

（4）提出问题的方法与类型。

提问的方法包括：一是正问法，直接围绕核心问题，直接提出问题。二是迂回法，不正面提出问题，而是用话语或者行为引入问题，例如通过社会舆论的评价引入等。三是激将法，记者提出相对极端或者较为敏感的问题，将采访对象逼入激烈的情绪中，获得想要的内容。国外一些记者往往以这种方式获得想要的内容。例如美国电视栏目《60分钟》的记者迈克·华莱士就经常采用这样的方式。他在访问黑人宗教领导人路易斯·弗拉克汉时，著名的开场白是这样的："你曾经说过你不相信媒体，你曾经说过你不相信白人，你曾经说过你不相信犹太人，现在，我来了！"路易斯·弗拉克汉果然中计暴怒，痛斥华莱士，而华莱士此时却面带微笑。

问题的类型主要包括：开放式提问，即采访对象回答的内容相对来说比较自由，可以发挥的空间更大；封闭式提问，主要是让采访对象回答比较明确的答案。例如你对教育"双减"政策有什么看法？就是一个开放性提问；教育"双减"政策落地后，你家孩子每天做作业的时间更长还是更短了？这就是一个封闭性的问题。根据采访的内容，记者要将封闭性问题与开放性问题相互结合，才能取得更好的采访效果。

2.观察

观察是记者主动收集事实内容的过程，是在事实相对自然的条件下，为一定任务进行的有计划的知觉认知。观察通常与积极的思维相结合，记者通过观察能够还原事实的现场、描述现场的场景、烘托现场的气氛，同时也能够表达更细致的情感。

新闻观察的方式包括参与性观察与非参与性观察，参与性观察就是记者本身作为行动的参与者，进行贴近性的观察，获得更为直观的感受；非参与性的观察是作为旁观者观察事实的情况，处于更加客观的立场进行记录。采取哪种采访方式，取决于记者对事实的报道角度。《新华每日电讯》推出的人物报道《"燃灯校长"送1600多名女孩出深山》，讲述了张桂梅校长扎根山区办教育的感人故事。2020年7月，新华社记者第一次来到华坪女高采访时，张桂梅老师一见到记者就表示不愿意接受采访，担心影响学生上课学习。于是，记者放弃了面对面交流的采访形式，选择在不影响张老师工作和学生学习的前提下，跟在张老师后面边观察、边记录、边思考，看着她巡课、和学生谈心、拿小喇叭在校园里督促学生做操和吃饭。在默默观察采访对象一举一动的过程中，记者发掘了许多不为人知的细节，例如记者注意到张老师每天清晨坚持为学生打开教学楼楼道的灯这一细节，这一生动的画面最后被记者凝练出"燃灯校长"的标题。此外，在张老师吃午饭时，记者发现张老师饭没吃上几口，就从抽屉里拿出一个装着各种药的塑料袋大把大把吃药。随后记者在她的抽屉里发现了一份密密麻麻写有骨瘤、风湿等17种疾病的医院报告单，记者从中真实感受到了张老师的精神力量。

如果是对新闻发生现场的观察，需要进一步了解事物现场的基本情况和现场的情景、气氛等，并注意观察事物的"动态"和细节，此外还要注意选择适当的观察位置和角度等。

如果是对于人物的观察，需要注意人物的外貌、被采访人物的特征和语言，并通过语言、行为、动作及微表情走进人物的内心世界。例如在少林寺的大和尚释永信的报道中，记者就多次观察到人物的行为、动作以及表情，从而展示人物的个性特征及其内心世界。

离起飞只差半个小时！释永信淡定自若。背着双手走进了北京国际机场！身后是两个年轻的随行者。身着僧装又派头十足的他刚一出场就吸引了众人目光。

此前几分钟，笔者拨通手机问他到了哪里，电话那端他操着河南口音说："快了！快了！"释永信的手机号非常好记！末尾是6688。

身为高僧的释永信长相并不脱俗！神情里满是大家熟悉的世俗亲切，见到笔者后他先开了口："你登机牌换了没？"

黄色袈裟飘荡！释永信大步流星走过通透现代的机场大厅！走过安检门！走过机场通道！目不斜视走上飞机！在最后一排坐定！拿起报纸读了

起来，一路表情漠然，行动流畅①。

3.其他采访：包括文献采集、体验式采访、隐性采访等

文献采集是指记者通过网络、资料室、图书馆等渠道，收集关于采访对象及采访事实的相关背景资料。尤其是在网络社会中，信息透明度增加，很多对外公开的文件、相关问题的报道以及人物的社会背景、教育背景等都可以通过网络收集到，不过需要注意对这些材料进行有效的核实。

体验式采访是近些年来比较流行的一种方式，体验采访对象的生活环境、工作状态等，因其是面向采访对象的第一手资料，故能够使采访对象产生直接的情感共鸣，也让公众感受更为直观。

隐性采访是记者隐匿身份进行的采访，通常在报道负面内容时会采用。因为其具有真实感，增加了公众的感受度，提高了报道的公信力，因此在一段时间内被广泛使用，尤其是以《焦点访谈》为代表的一批舆论监督类节目的兴起，更是让这种方式成为替百姓说话、追求新闻真实的有效手段。近些年来，由于人们对于个人权利的重视，而隐性采访又存在侵犯人格权、名誉权、肖像权的可能性，因此隐性采访的方式的使用要更加谨慎。

综上所述，记者在面对纷繁复杂的新闻现场及多种多样的采访对象时，所采用的采访方式也多种多样，采访技巧灵活机动。总的说来，记者的采访工作一方面是架设桥梁，走进采访对象的内心，连接公众与采访对象，因而要以诚恳的态度面对采访对象；另一方面，采访也是拼图的过程，通过多种采访方法，获得一个个事实的碎片，并努力还原事实真相。

第四节　新闻基本体裁与基本写作方法

新闻写作承接着新闻采访工作，记者把采访中搜集到的材料、信息，通过文字符号制成一定体裁新闻作品的过程。丁柏铨在《新闻采访与写作》中对新闻写作实践的界定较为细致，新闻写作就是依据采访所获得的素材，进一步挖掘其新闻价值，寻找独特的切入角度，在客观叙述新闻事实的过程中，向受众提供有价值的新

---

① 杨瑞春、张捷编：《南方周末特稿手册》，南方日报出版社，2012年，第278—288页。

闻信息，满足他们的新闻需求，从而最终实现新闻作品的价值。

广义上的新闻写作包含了新闻报道（即对事实的呈现）以及新闻评论（即基于事实的观点分析），狭义上的新闻写作则专指对于事实的报道，包括消息、深度报道及通讯等多个体裁。

一、消息写作

消息是以直接和简练的方式传递信息、报道事实，在媒体中被大量运用。

首先，消息头或者电头是消息的外在标志。例如"新华社雅加达5月6日电（记者李志晖　余谦梁）"，表明发稿的地点、时间及记者等。

其次，消息的适应范围广，信息承载量大，新闻冲击力强。消息一般是对新近发生的事件进行报道的第一落点，发稿速度极快，是一种相对灵活迅速的体裁。此外信息也体现了记者对事实的了解和分析，并在此基础上进行的报道内容的精简与放大，充分体现了记者的能动性。

当下出现的机器人写稿，的确能够带来信息报道以及信息抓取速度的提升，但是对于信息的处理仍然难以达到记者写稿的水平。下面这则消息是2017年四川九寨沟地震发生后25秒，由"地震信息播报机器人"自动编发的稿件，包括速报参数、震中地形、震中简介、震中天气等多达十几项的内容。

四川九寨沟县发生7.0级地震

据中国地震台网正式测定，8月8日21时19分在四川阿坝州九寨沟县发生7.0级地震，震源深度20千米，震中位于北纬33.20度，东经103.82度。

震中5公里范围内平均海拔约3827米。

据移动人口大数据分析，震中20公里范围内人口数约2.1万，50公里范围内约6.3万，100公里范围内约30万。

本次地震周边5公里内的村庄有比芒，20公里内的乡镇有漳扎镇。

震中距九寨沟县39公里、距松潘县66公里、距舟曲县83公里、距文县85公里、距若尔盖县90公里，距陇南市105公里，距成都市285公里。

根据中国地震台网速报目录，震中周边200公里内近5年来发生3级以上地震共142次，最大地震是本次地震。

九寨沟县隶属于四川省阿坝藏族羌族自治州，与甘肃省文县、舟曲、迭部三县连界。地势西高东低，海拔在2000米以上。矿产资源较丰富，地处中国六大金成矿带之一的川西北金三角区内。境内九寨沟风景区是享誉中外的旅游景点。该县面积5290平方公里，下辖3镇14乡，2015年人口约8.1万人，2015年GDP达24亿元。

阿坝藏族羌族自治州今天天气情况：多云，无持续风向微风，全天气温22~8℃。未来3天天气情况：9日，多云，气温20~7℃，无持续风向微风；10日，多云转阴，气温18~9℃，无持续风向微风；11日，阵雨转阴，气温18~6℃，无持续风向微风。

（产出说明：以上内容由机器于2017年8月8日21时37分15秒自动编写。）[1]

（一）标题的制作方法

标题在新闻报道中起到题眼的作用，能够吸引注意力，并概括全文内容，传递主要信息且评价事实，增加信息量。

1.主要格式

单一结构标题：在简短的文字之中触及新闻的主要事实，由一个完整的句子或者句式结构组成。如：

中越陆地过界立碑工作圆满结束

"FAST之父"南仁东：22年坚持 铸就大国重器

复合结构标题：包括双行、三行标题等，一般由主题、引题、副题等组成。

主题：标题中最主要的部分，传播最重要的事实或思想。

引题：又名肩题、眉题，位于主题之前的辅助性标题。其作用主要是烘托和渲染主题气氛、揭示主题中内容的作用和意义、以设问提出问题，为主题开路、交代主题所揭示内容的时间、空间、人物、经过等背景资料。

副题：又名子题，位于主题之后的辅助性标题，主要用事实对主题作补充和解释。起到交代事情结果、补充主题内容以外的次要新闻事实，对主题的概括加以具体的解释以及细节的补充等作用。

复合题中，标题各部分之间的关系要正确，各行标题在逻辑上应该是连贯的；

---

[1] 中国地震台网中心微信公众号，2017年8月，https://mp.weixin.qq.com/s/qHf2ln1sFwft-kZyOyZ8yRA.

标题内容虚实结合要恰当，主题意义必须完整。如：

（引）教育部就深化本科教育教学改革全面提高人才培养质量发布意见，提出要提升高校学业挑战度

（主）本科生体育成绩未达到国家标准不能毕业

（主）无锡高架桥侧翻原因初步认定系超载

（副）事故致3死2伤，超载货车所属公司负责人被警方带走；当地调派大型起重设备施工救援，侧翻桥梁主体基本拆除

结合不同媒体的特点，标题结构也有所不同。报纸讲究排版的美观，较少采用单行题，通常采用复合题的形式；电视为了视觉效果，题目结构则相对简单；而网络媒体链接多为单行题目，强调事实与态度的融合，语言富于变化，强调与用户的情感交互。如：

霸气！中国男团世乒赛豪取九连冠（人民日报公众号）

霸气！国乒男队世乒赛9连冠，马龙可以回家抱儿子了（澎湃新闻）

2.标题的制作步骤与技巧

第一步：提炼出最关键的新闻点

第二步：筛选出核心关键词

第三步：写第一个标题

第四步：结合文章进行推敲与修改

（1）传统制作技巧。

①用富有表现力的修辞手法表现标题的内容，如比喻、比拟、双关等。如：

（引）中消协关注互联网平台大数据杀熟等行为

（主）算法不能变算计

歼-20用上了"中国心"

②用词语、语句之间的各种联系，表现标题的内容，如对比、对偶、排比、反复、联珠等方法的使用。尤其是比较的方法既有同一事物之间的反差也有不同事物之间的对比，如：

（引）云南省峨山县推进老旧小区改造

（主）要拆围墙　先去"心墙"

（2）融媒体背景下的制作新技巧。

①提问、呼唤、反问等方式表现标题内容，同时引发用户的共鸣。如：

每斤十几万元乃至数十万元，谁是"天价岩茶"幕后推手？

②通过场景描述的方式将用户带入进去，从而达到设置悬念的目的。如：

3岁女童手指被螺帽卡住，仅用一条棉线就将螺帽取下

③在标题中对关键内容进行归纳总结，凸显清晰的条理。如：

金句来了！共同构建地球生命共同体，习近平这些话指明方向

④将当事人的亮点发言放在标题显著位置。如：

"让乡亲们吃上甜水，此生无憾"

3.新闻标题的制作要求

（1）题文一致且表述客观。

标题不能够偏离新闻本意，新闻标题与新闻内容相互一致的同时，标题中的论点在新闻中要有充分的依据。

（2）突出精华且简洁明快。

表述平实有信息量，能够将新闻事实中最精彩的内容加以突出，将新闻中的精彩部分（事实）写入标题或将标题内容中的最精彩部分（语言、场景等）写入主题。文字精粹，不拖沓冗长，要善于省略，善于概括，善于利用标题各行之间的关联性。

（3）可读易懂且生动活泼。

涉及专业术语的要通俗，让人一看就懂，少讲技术方法，多讲功能和效益。此外不要表述常识，而要表述新闻、新论和新知。标题语言生动活泼，形式优美且富于变化。

标题制作和新闻一样，一半是科学，一半是艺术，只有将科学的规范和艺术的创新相结合，才能写出有生命力的新闻标题。

（二）导语的制作方法

导语一般处于文章开头第一段，描述事件的结果、提要或高潮的内容。导语的作用：开门见山，传递最新信息，让人一看便知；设置悬念，吸引受众；设置场景，使人"一见钟情"以及为全稿定下基调等。

1.导语写作的基本要求

（1）导语必须要有实质内容，无论是事件还是非事件的报道，都需要减少口号式空话套话或者华而不实的辞藻。例如：从"中国科学家最近在恐龙研究中有重大发现"到"科学家最近在研究恐龙的生蛋方式时发现，体形庞大、貌似呆笨的恐龙其实比人们长期想象的要聪明得多：恐龙在保护后代繁殖方面表现了较高的智力"

就是一个逐步具体化的过程。再如很多新闻报道中都会在导语中加入"为了""旨在"等强调事实意义的内容，这种相对来说比较模式化的用法会让新闻变得更加冗长和枯燥。

（2）将最有新闻价值、最具有吸引力、最高潮的事实写进导语。如：

今天，一列时速350公里复兴号列车从北京西站开出，驶向中国最"年轻"的国家级新区雄安，开启了五朝古都北京与雄安新区这座"未来之城"连接。（原稿）

12月27日10时38分，时速350公里复兴号高速动车组从北京西站开出，奔向"未来之城"雄安新区。几乎同时，雄安站也向北京开出首发列车。这标志着京雄城际铁路全线开通，京津冀协同发展再添新动能。（改稿）[①]

（3）导语要简洁明快，可谓是一篇报道的精华。元代文人乔梦符谈到写"乐府"的章法时提出"凤头""猪肚""豹尾"的比喻，强调开头的重要性，清代戏曲理论家李渔说"开卷之初，当以奇句夺目，使人一见而惊，不敢弃去"。因此导语作为新闻报道的开头，也要有抢眼的作用。如：

路透社达拉斯1963年11月22日电　肯尼迪总统今天在这里遭到刺客枪击身亡。

2.导语的类型

（1）西方两分法导语。

直接式导语（direct lead）或称概述式导语（summary lead），此种导语类型能够开门见山、简明扼要地突出表现最新鲜、最重要的事实，或最有个性特色、最具有新闻价值的内容，一般用于事实性的新闻报道。

特写式导语（feature lead）或延迟性导语（delayed lead），此种导语采用描写或者讲故事的方式进行铺陈，导语引人入胜，迂回舒展地引出新闻的核心事实或新闻主题，一般用于特稿的写作中。

---

① 李蓉：《复兴号奔向"未来之城"》，《人民铁道》，2020年12月29日。

（2）中国的多分法导语。

概述式导语：开门见山直接叙述核心事实。

描写式导语：抓住事件发展的高潮，或是某个特定的场景，进行生动地再现。

议论式导语：采用夹叙夹议的方式，通过有分寸的评论或者引用背景资料，将新闻事实与报道主题有机结合。

故事式导语：靠讲故事吸引读者。通过讲述一个典型事例，由点到面进行展开。

3.导语写作的方法

（1）开门见山、一语破的法。用最短的文字，起到"抢耳""抢眼"的作用。

（2）设置悬念法。在新闻导语上设置"悬念"，事情先不直说而用设问的形式，吊起受众的胃口，激发大家往下阅读的欲望。

　　　　本报讯　农村建污水处理站，本是环保的好事。可怀柔区汤河口镇后安岭村村民反映，他们村的污水处理站建成3年多，村民家的污水也排了3年多，污水站里却始终不见处理过的清水排出来。污水到底去了哪儿？①

（3）化静为动法。对静态物品的报道如果用动态的拟人化手法表现，导语就会活泼而有生气。

1974年，我国西安出土了秦始皇兵马俑，引起了国内外的强烈关注。当兵马俑复制品在比利时首都布鲁塞尔巡回展出时，美国《国际先驱论坛报》记者罗娜·多布森发了一条消息："一支中国军队到达了布鲁塞尔。威武的士兵身穿紧身盔甲，随后行进的是军乐队和骑兵，最引人注目的是他们的身材。"

（4）巧用背景资料和古诗名句法。在导语中巧妙地运用背景材料或者古诗名句，增加导语的"脸面"之余也能够给受众增加认同感。

导语写作，就是把你认为最重要的信息用你认为最合适的方式表达出来。好的开头是成功的一半，要记住万事开头难。

（三）消息写作的新闻背景

1.新闻背景的价值与意义

新闻背景是对新闻事件发生的历史、环境和原因的说明，用来解释事件发生或

---

① 于丽爽：《污水处理站建成三年未见一滴水》，《北京日报》，2015年6月29日。

者人物成长的主客观条件及其实际意义，为烘托新闻主题服务。麦尔文·曼切尔认为如果不交代一个事件的来龙去脉，不使用背景材料，这个事件的意义就不会完整地表达，报道也不会是全面的。

运用背景资料对新闻事实产生的社会因素进行交代，可以帮助受众理解新闻事实的由来。此外，背景资料中对关键性概念术语、历史人物以及科学知识等进行解释，从某种意义上说也凸显事件的价值和意义。

2.新闻背景的写作方法

一是单独成段，即为背景段落，通常在导语之后的一段。

二是背景穿插，融入整个报道之中。例如第三十二届中国新闻奖获奖作品《把卡住脖子的手指一根根掰开——圣农集团攻克白羽肉鸡种源核心技术的故事》，记者在文中介绍了我国禽类研发育种的相关背景资料，多维度呈现了白羽肉鸡育种成果的艰难过程和重要意义，充分展现了农业科技工作者的科研创新精神。

把卡住脖子的手指一根根掰开

——圣农集团攻克白羽肉鸡种源核心技术的故事（节选）

种源受制于人

呼唤核心技术

从光泽县城驱车出发，兜兜转转一个多小时，进入武夷山脚下的寨里镇大青村。初冬时节的武夷山脉，依然密林丛生，绿意葱茏。几番寻找，才能在山谷地带隐约窥见一座通体白色的建筑。这是一座现代育种场，戒备森严，生人勿进。就是在这儿，诞生了"圣泽901"。

时间回到2019年3月的一天。一位不速之客冲到圣农集团总部，放话："如果不停止研发，就断供！"对方只给了30分钟考虑时间。

这位不速之客，正是国外白羽肉鸡祖代鸡供应商。

面对两难选择，圣农集团董事长傅光明致电技术团队，问了两个问题："现在不从国外引种，有没有问题？""10年、20年后不从国外引种，有没有问题？"得到明确回复后，他下了逐客令："请你10分钟内离开！"

这句中国养鸡业者多年来想说而不敢说的话，如今终于可以底气十足地脱口而出了。

鸡肉是我国仅次于猪肉的第二大消费肉类，白羽肉鸡占据其中过半市场份额。作为行业龙头，圣农集团年产白羽肉鸡6亿羽，占全国产能10%

以上，是亚洲最大的白羽肉鸡生产企业。

长期以来，白羽肉鸡种源却为国外育种企业所垄断。德国的安伟捷、美国的科宝，把持着全球90%以上的市场份额。中国每年进口超过100万套祖代鸡，进口价格从最初的每套5美元上涨到37美元。种雏鸡费用成为祖代鸡养殖最大的成本支出，占比约33%。

"想怎么掐你就怎么掐你。"傅光明说，国外企业出口中国的种鸡数量随意性大，有些年份，由于自身产能过剩，一年向中国输送140万套祖代鸡，造成国内白羽肉鸡价格波动。

种源受制于人，还潜藏着极大的疫病输入风险。2014年以前，我国白羽肉鸡种鸡95%以上从美国进口。2015年左右，美国禽流感疫病泛滥，中国白羽肉鸡引种被迫中断半年。从业者至今心有余悸："要是再断供半年，整个中国白羽肉鸡产业濒临崩溃。"

"吃鸡自由"，为什么这么难？[①]

（四）消息写作的基本结构

一是倒金字塔结构：这是新闻报道相对较为普遍的写作类型，即按照事实重要程度依次递减，这样既方便记者进行快速写作也让读者能够高效获取信息。

二是纵向结构：按照事件发展的先后顺序（沙漏型结构），开始部分与倒金字塔结构非常近似，也是要有一个描述新闻核心内容的导语，然后按照时间顺序构造主体，展开对新闻过程的叙述。

三是横向结构：围绕一个主题，将同一时空范围情况有序地组织起来，一个部分一个部分地进行说明与展示，用这些各自相对独立的报道单元，合成对新闻事件的完整描述，完成对新闻主题的解释。

四是逻辑顺序结构：按照事件正常发展顺序进行报道，通常出现在对活动和事件的报道中。

五是点面结构：从事件的某一细节、场景或者某一个体的经历进行切入，进一步展现更为宏大的报道主题。

---

① 张辉、陈志鸿：《把卡住脖子的手指一根根掰开——圣农集团攻克白羽肉鸡种源核心技术的故事》，《福建日报》，2021年12月4日。

二、深度报道写作

深度报道是记者通过深入挖掘事实线索，充分阐明事件的因果关系，从而揭示其实质和意义，追踪和探索其发展趋向的报道体裁。记者通过调查研究社会问题，运用解释、分析、预测等方法，从历史渊源、因果关系、矛盾演变、影响作用和发展趋势等方面报道新闻。它突破了一人一地一事的报道模式，着重揭示"为什么"和"怎么样"两个新闻要素。

（一）深度报道的价值及意义

1.解读社会功能

通过引向深入的报道，不仅使受众了解事实本身，而且进一步了解事实背后的真相，继而对新闻发生的社会语境有更深入的理解。深度报道也因为这种深度的揭示和阐释功能，成为新闻这个王冠上最璀璨的明珠。

2.舆论监督功能

媒体对事实的深度关注，也会带来社会的影响力。尤其是对一些负面事件的报道，更是能够将黑暗面展示在阳光下。中央电视台《新闻调查》栏目就是以深度报道为主要方式的节目，多年来持续关注社会热点事件，产生了广泛的社会影响和关注度。

3.媒体价值功能

世界知名的媒体例如《华尔街日报》《南方周末》《纽约时报》等都以深度报道作为提升媒体知名度及新闻品位的关键。在《南方都市报》主流化转型过程中，深度报道发挥着重要的标杆作用，为报社赢得了巨大声誉。随着融媒体的发展，不少新兴媒体也以深度报道作为塑造媒体形象的突破口，例如澎湃新闻、财新网、《新京报》等都将深入报道事件的来龙去脉、深度剖析事实的社会意义作为重要的新闻产品。

（二）深度报道的形式

一般来说，深度报道主要包括调查性报道、解释性报道、预测性报道、精确报道等。

1.调查性报道

调查性报道是一种最为常见的深度报道形式，中国新闻界将其称为批评性报道。调查性报道系统而深入地揭露问题，尤其注重挖掘事件内在而隐蔽的关系，同时向公众分析并揭示这些内在联系的深刻意义。

调查性报道的选题范围广泛，涉及公众关注度高、社会影响度广的话题，例如食品安全、环境污染、社会保障、医疗改革、房价调控等。如，2021年新华社"东北黑土保护调查"系列报道就通过记者的深入调查和暗访，揭开地方承包土地"采矿式"疯狂盗采、售卖黑土产业链的乱象，引发中央和地方高度关注。此篇舆论监督充分贯彻中央关于东北黑土地保护的政策，凸显了媒体的职责使命。

调查性报道尤其需要记者充分发挥主动性，具有洞察力，能够抽丝剥茧发现问题。有不少调查报道所涉及的事件，最初没有结论，甚至没有任何线索，全靠记者的深入调查，掌握丰富的人证与物证，来完成这一报道过程。

2.解释性报道

解释性新闻也被称为分析性报道，是运用背景材料来分析一个新闻事件发生的原因、意义、影响或预示发展趋势的一种新闻报道。

这种报道形式起源于美国20世纪30年代，直到20世纪50年代后才在美国新闻界占统治地位。解释性报道不强调对抗和揭露，重在解读，因此会采用多个信息源进行充分解读，并运用背景资料进行阐释。《"稳猪价"背后的农业供给侧改革》运用较为丰富的背景资料揭示了猪肉价格上涨现象背后的深层次矛盾，为我国畜牧业高质量发展提供借鉴参考。

"稳猪价"背后的农业供给侧改革

猪年，猪价牵动着各方神经。猪肉是重要的民生产品，党中央、国务院对于保持重要民生商品价格基本稳定高度重视。为确保老百姓"菜篮子"供得上、供得稳，近几个月，从部委到地方再到企业，一场关于生猪稳产保供的攻坚战全面打响。

受非洲猪瘟疫情影响，2018年四季度以来，生猪和能繁母猪产能持续下降，猪肉市场供给偏紧。今年3月特别是6月以来，猪肉价格持续上涨的效应开始集中显现。

进入11月，生猪价格一路上涨的走势开始发生改变。农业农村部数据显示，自11日至21日，全国农产品市场猪肉平均价格从49.61元/公斤持续回落至 43.7 元/公斤。26 日来自商务部数据显示，猪肉批发价连续三周回落，降幅超 16%。国家发改委和国家统计局最新数据也表明，商品母猪和能繁母猪的价格都在回落。"生猪产能下滑已基本见底""生猪生产整体进入止降回升转折期""猪价暂时停涨"……稳产保供"大动员"成效渐显[①]。

3.预测性报道

预测性报道是对将要发生而未发生的事实进行的前瞻性报道，它着重对新闻事实的发展变化趋势或前景进行科学预测。预测性报道因为是对未来进行研判故而面临不确定性挑战，强调预测的准确性、科学性和权威性的同时预测准确率也存在着一定的差异。这一报道不仅强化了新闻的时效性，而且对社会舆论和社会心态能起到导向作用。

4.精确报道

精确新闻报道也被称为精确报道，是指记者在采访新闻时，运用调查、实验和内容分析等社会科学研究方法，来收集资料以及查证事实，以报道新闻。因此，精确新闻报道也可以看作是传统新闻报道+社会科学研究方法的报道形式。

近些年来，精确新闻报道对于样本数据的收集和呈现已经向大数据新闻转变，即基于数据的抓取、挖掘、统计、分析和可视化呈现的新型新闻报道方式。

三、通讯写作

（一）通讯的价值

通讯与消息不同的是：通讯报道的事实比消息详细、完整、富于情节，以感性的素材还原生活的原生态，更具有感染力。有学者将深度报道纳入通讯的范畴，认为是详报类型的新闻类型。与深度报道相比，通讯更强调对场景的描写及情感的再现。如果说消息说"事"，深度报道说"理"，那么通讯更倾向于讲"情"。通讯文体一般比较自由，体现出作者较强的个人风格，与消息相比时效性稍差。

---

① 张超文等：《"稳猪价"背后的农业供给侧改革》，《经济参考报》，2019 年 11 月 29 日。

（二）各种类型的通讯

（1）人物通讯，是具体、形象地报道人物事迹、经历的通讯类型。人物通讯可写一人，也可写群相；可写人的一生，也可写一个阶段或某个侧面；多写正面人物，如先进人物、英雄人物、有突出贡献的人物等，也可写反面人物；可写大人物，也可写凡人百姓。例如：先进模范人物（典型人物）、新闻人物、奇事凡人、凡事奇人等都是人物报道选题的内容。新华社老社长穆青采写的长篇通讯《县委书记的榜样——焦裕禄》就是我国人物通讯的代表作品，不仅内容感人至深，而且社会影响深远。

人物通讯既要能够反映时代的风貌，同时还要能够表现人物的个性化特点。表现人物的方法包括自我展现、以事显人、他人评价、以景显人等。

（2）事件通讯，对在社会上产生较大影响的事件或者反映社会精神风貌的小事进行详尽描述。

记者在报道这类事件时，要迅速赶赴事件现场，收集目击材料，捕捉关键瞬间和戏剧性情节；要更为细致地讲述事件来龙去脉；提炼最有新闻价值的主题，同时写好事件中的人物。20世纪60年代《中国青年报》记者王石、房树民采写的《为了六十一个阶级弟兄》就是一篇优秀的事件通讯。1960年春节过后，山西省平陆县有61位民工集体食物中毒，情况十分危急。而当地医院并没解救药品，当地的各级政府紧急连线全国各地医疗部门，终于在北京西单找到了解药。为了让药品能够及时送达，中央领导下令，用部队运输机将药品空投到了事发地点，61名民工兄弟最终得救。该通讯故事情节曲折，事件过程惊心动魄，充分展现了一方有难八方支援的社会主义优越性。

（3）工作通讯，是通讯体裁中常见的一种类型，是对社会发展中出现的新工作方法以及取得的新工作成绩进行详细地讲述。这一报道形式在我国较为常见，通过典型和突出的工作成效起到社会示范的作用。

2019年第45届世界技能大赛在俄罗斯喀山举办，《中国组织人事报》记者跟随中国代表团全程采访，目睹了"中国工匠"的精湛技艺，见证了中国军团取得金牌榜、奖牌榜、团体总分第一名的佳绩的过程。比赛闭幕后，记者通过对选手、教练、中国代表团团长以及相关专家的采访，推出《技能大国跃升印记——中国技能健儿喀山征战纪实》的工作通讯，反映了中国在技能人才培养方面取得的令人瞩目的成就。

（4）风貌通讯是反映社会发展、地方物产、风土人情的一种通讯。风貌通讯题材广泛，有的侧重于写社会风貌，有的侧重于写自然风貌，有的二者兼而有之。1935年《大公报》旅行记者范长江就将沿途见闻写成一篇篇风貌通讯，向读者真实还原了当时中国工农红军长征的情况，1936年被集结成《中国的西北角》一书，成为我国风貌通讯的代表作品。风貌通讯的报道对象，既可是一国一省之类的大题材，也可是一村一店之小题材。其形式也灵活多样，媒体上常见的有"见闻""巡礼""纪行""侧记"等。

风貌通讯侧重作者见闻，强调记者看到的新信息、感受到的新变化。要写新，要突出"变"，除了运用背景材料作今昔对比外，有时还可用民谚轶事、故事历史、地理文化等来展现变化性，增加报道的风味。

第二章　当代新闻评论写作

新闻评论是媒体编辑部或作者对最新发生的有价值的新闻事件和有普遍意义的社会现象、热门话题，运用分析和综合的方法，就事论理，就实论虚，有着鲜明针对性和思想启迪性的一种新闻文体，是现代新闻传播工具经常采用的社论、社评、评论员文章、短评、编者按、专栏评论和述评等的总称，属于论说文的范畴。简而言之，新闻评论是就有价值的新闻事实和社会现象发表意见以指导实践的一种文体①。

第一节　新闻评论发展简史及发展现状

一、新闻评论发展简史

伴随着新闻的发展，中国新闻评论的发展经历了几个不同的时期。

（1）论说文时期（1874年之前）：以论说文的形式出现，论说的内容多是传教布道。最早的中文报刊是1815年在马六甲创办的《察世俗每月统记传》，也是为传教士布道服务。

（2）政论时期（1874—1894年）：改良派知识分子创办报刊，为宣传改良主张，评论的表现形态是政论文章。王韬于1874年在香港创刊的《循环日报》被誉为我国政论报刊的先驱，他也因此成为我国第一位杰出的报刊政论家。

（3）政论向新闻评论演进期（1894—1914年）：时事短评的出现是新闻评论演

---

① 丁法章著：《当代新闻评论教程》，复旦大学出版社，2018年，第18页。

进为独立新闻体裁的重要标志。时事短评这种形式最早并不是在《时报》出现的，在《时报》之前，就出现于《新民丛刊》《浙江潮》等刊物上，《时报》只是分版设置时评栏，除了"论说"栏之外，还在一、二、三版专设时评栏。

（4）成熟与完备期（1915—1949年）：李大钊、邹韬奋、张季鸾等著名的报刊评论家以自己的报刊评论实践推动着新闻评论走向成熟完备。这一时期，新闻评论的文体也渐趋完备，述评、代论、专论、来论等形式均已出现。

（5）社会主义时期的新闻评论（1949年后）：在这一发展过程中，有新闻评论探索期、曲折中前行期、新时期，特别是十一届三中全会以后，新闻评论发展迅速。

二、新闻评论发展现状

相较之前的评论，现在的新闻评论无论是评论的形式还是评论的载体都发生了巨大的变化。具体的表现如下：

（一）评论主体和主题多元

对于媒体来说，除了专职评论员写评论，记者、编辑也要求能写评论。媒体之外，政府宣传部门的工作人员、企事业单位的宣传工作者、高校或研究所的专家、普通民众都可能成为新闻评论创作的主体。澎湃新闻的"马上评"和"新京报评论"微信公众号都非常注重评论的时效性，评论更新的速度很快，从刊登的评论作者身份信息来看，有媒体人、教师、法律工作者、学生等。评论的主题不局限于政治、军事、外交等重大主题，文化、生活等主题也会成为评论的对象。

以央视《中国舆论场》为例，每一期节目的舆情榜单都是受众的关注点之所在，节目会针对舆情榜单中的10条新闻展开评论。2021年8月15日，《中国舆论场》节目涉及的话题既包括海地地震、日本投降76周年、阿富汗塔利班持续攻城略地、2021国际军事比赛等重大主题，也包括云南北迁野象群这样的有趣话题。

（二）载体和观点多元

新闻评论打破了早期只有党报评论，其他媒体只是转载党报评论的局面。报纸、杂志、广播、电视、网络评论精彩纷呈，评论不再单纯以文字为信息表达方式，文字、图片、音频、视频等多种信息表达方式并存。观点的多元在网络上的表现尤其突出。互联网和智能手机的普及，使得每一个手机用户都可能成为评论观点的输出者。因知识结构、认知水平的不同，对同一事件或问题的看法、见解也可能不同。因此，微博、微信、论坛、社区成为重要的观点集散地。

（三）互动性强

微博、论坛等已成为观点集散地，跟帖、点赞、"顶一下"既是态度，也是互动。电视评论节目也非常重视互动，如《中国舆论场》设置两位主持人，一位主持人把控录播室的现场，负责大屏，将问题推送给现场专家，另一位主持人则关注微信公众号，负责小屏，和微信用户实时互动。演播室的专家学者以专业的知识分析相关问题时，场外微信用户的观点在演播室大屏上实时滚动。在互动中，呈现不同观点的碰撞。

第二节　新闻评论的选题

策划新闻评论的选题在许多新闻评论创作者看来，是非常伤神的一件事，它消磨了评论创作者大部分的时间和精力。

新闻评论的选题要解决的就是"评论什么"的问题。简单地说，就是找到评论的对象。新闻评论的对象既可以是最新发生的有价值的新闻事件，也可以是有普遍意义的社会现象、热门话题。评论对象的类别，既可以是个别的新闻事件，也可以是一般的社会现象和问题（非事件性）。

一、影响评论选题的因素

新闻评论的选题取决于什么？要考虑哪些因素？主要和作者有关系。若长期关注某几个评论作者的评论文章，就会发现各自的新闻评论的选题范围相对集中，尤其是专业性比较强的选题，受制于专业知识的壁垒，一般来说，多由熟悉这一专业领域的人士评论。不过，作者虽是影响评论选题的因素，但不是唯一因素。影响新闻评论选题的因素还包括：

（一）媒体的属性和定位

比较《环球时报》的社评选题和《人民日报》的社论选题，就会发现，《环球时报》的社评更多聚焦事件性选题，而《人民日报》的社论更多聚焦的是非事件性选题，这和两份报纸的属性和定位不同有关系。《环球时报》虽然隶属《人民日报》，但它需要面向市场，迎合读者的需求更迫切。再如，《北京青年报》是一份都市报，它的目标受众定位为普通市民。《北京青年报》的"今日社评"栏创立之初，就追求"事件性选题"和评论的时效性。对于有着这样定位的《北京青年报》选择刊登社评《以环境友好推进社会和谐》，马少华在其教学日志中提出了自己的困惑：这类社论，可能确实不适于都市报纸的快速阅读，不适合都市报的传播对象。

（二）评论的信息表现方式和评论的类别

信息表现方式可以分为文字、图片、音频、视频等。和音视频比较起来，以文字作为信息表现方式的评论，其选题范围要更广一些。就评论的类别来说，社论多选择重大的、事关全局的一些话题；而一般的时评则选择的是民众关注的热点，可以是某一方面的问题或某一个具体的新闻事件。

（三）评论主体的智识和能力

丁法章在对新闻评论的定义中，也对新闻评论的主体做了有意义的划分，即"媒体编辑部"或"作者"。这里的"媒体编辑部"代表的是集体性作者，如社论的作者；"作者"代表的是个人作者。

无论是集体性作者还是个人作者，新闻评论的选题都受制于评论主体的智识和能力，这事关评论写作的可能性和可行性。

当然，新闻评论的选题还受到其他一些因素的影响，如社会发展水平、受众认知水平等。

二、新闻评论的选题方法

对于新闻评论的选题方法，程仲文提出了四点：第一，抓住时局中心；第二，切合社会需要；第三，节日与纪念日的应景；第四，宣传政策上的任务①。

丁法章在《当代新闻评论教程》一书中指出，要学会从现实生活中找选题，以下几种情况是确定选题的好时机：一是贯彻落实党和国家最新方针、政策和重大部署以及主要领导人的最新讲话精神，亟待进行舆论引导时；二是各条战线刚刚涌现的先进典型和好人好事好思想、新人新事新风尚，亟待进行宣传倡导时；三是当前实际工作中存在的值得注意的倾向或薄弱环节，亟待进行正面疏导时；四是人们共同关注而又议论纷纷莫衷一是的问题，亟待进行释疑解惑时；五是现实生活中存在一些违反科学而人们又见怪不怪的种种言行，亟待进行唯物论教育时②。

李舒在《新闻评论》一书中指出，选题的来源可以概括为"上面的精神"和"下面的情况"。具体来说，"上面的精神"包括国际、国内社会的宏观形势、中心工作、宣传任务；"下面的情况"包括社会生活、新闻报道、舆论动向等③。

张玉川在《新闻评论学》一书中提出，新闻评论一是要围绕由其特性决定的评论价值选题，主要围绕时效性、现实针对性、大众性等几个方面考虑评论的价值；二是抓住"热点"和"冰点"；三是完成规定动作和应对突发事件④。

相较而言，我们认为张玉川提出的方法更容易操作。

任何选题都要考虑到选题的价值。就新闻评论的选题价值而言，赵振宇和张玉川的观点不同，但并不矛盾。赵振宇在谈到新闻评论的选题价值时，主要考虑的是选题的新闻价值和宣传价值。所谓"新闻价值"，指的是新闻评论中可能带给人们的信息量的大小，它包括评论的观点、理论、思想和知识等。所谓"宣传价值"，讲的是新闻评论发表后对社会的影响力和震撼力，也就是我们常说的社会效果⑤。新闻价值侧重于传播的内容，宣传价值侧重于传播的效果。需要注意的是，宣传价值强调对社会的影响力和震撼力，最终目的是推动社会进步，并不是引起社会动荡。张玉川围绕时效性、现实针对性、大众性提出的价值衡量，也考虑到传播的内容和传播的效果。时效性，决定了选题传播的内容要新，符合新闻评论的新闻性特点；现实针对性，考量是否贴近人们的生活，针对人们关注的热点，针对社会确实存在的问题，考虑到传播效果，尤其要考虑是否针对目标受众的需求；大众性也是

① 程仲文著：《新闻评论学》，力生文化出版公司，1947年，第150—158页。

② 丁法章著：《当代新闻评论教程》，复旦大学出版社，2018年，第126—132页。

③ 李舒著：《新闻评论》，中国人民大学出版社，2013年，第156—161页。

④ 张玉川著：《新闻评论学》，四川大学出版社，2011年，第137—140页。

⑤ 赵振宇著：《现代新闻评论》，武汉大学出版社，2009年，第112页。

从传播效果考虑，选题应该是最广大规模的受众所关注的问题或是新闻事件。当然，这也一定是热点。

对于选题的要求，要注意"新"和"真"。

选题的"新"，一方面指向新闻的时效性，评论的对象要新；另一方面指向观点的差异性，即使是老问题，也能从不同角度，给出异于他人的观点，让人眼前一亮。

选题的"真"，主要指评论必须准确地反映社会现实，必须提出确实存在的真问题。

第三节　新闻评论的要素

选题确定，接下来考虑的应该是如何写评论。而任何一篇完整意义上的评论都离不开论点、论据、论证这三个要素。

一、论点

论点是作者对于所评论对象的观点或态度。论点又分为总论点和分论点。一般来说，一篇评论文章只有一个总论点，这也就是我们说的定见。文章的论据、论证、谋篇布局都围绕着总论点，为总论点服务。分论点是由总论点派生出来的，也是为总论点服务的，从这个角度来说，分论点发挥的作用等同于论据。分论点的有无、多少都取决于总论点的需要。

新闻评论是议论文，写作目的是讲清道理，让受众接受自己的观点。道理本就抽象，论点更是抽象的、概括的，因此，接受起来就比较困难。如何让你的表达更有效，马少华提出一个策略：给你的观点寻找一个形象[1]。

具体怎么做呢？这个形象得从标题入手。新闻评论的标题基本包括两方面：新闻性信息（评论对象）和意见性信息（论点）。任何文章的标题都是对文章内容的高度概括，新闻评论的标题就是对评论对象和论点内容的高度概括。因此，在新闻评论中，给你的观点寻找一个形象的最佳解决方案，就是给你的标题寻找一个形象。

---

① 马少华：《给你的观点寻找一个形象》，《新闻与写作》，2013年第7期。

　　例如许斌《路，其实也可以修成弯曲的》，这篇评论是由浙江温岭火车站前一条未正式开通的大路上矗立着四间楼房的新闻，确立的评论选题和立意。评论作者在文末表明了观点："路，其实也可以是弯曲的。行政权力应该是有边界的，不应该是管理一切的。在市场力量完全可以自我调节的范围内，行政权力退一步，社会就海阔天空。路总是修得笔直，在相当程度上，正是行政权力跨越过边界恣肆张扬、公民财产权没有保障的标志。"行政权力的边界问题本是一个比较专业的话题，若直接探讨这个问题会对一部分读者形成阅读障碍。作者在提炼观点时，为抽象的观点赋予了形象的表达。标题中的"路""弯曲的"不仅是形象的表达，它还有效地打破了人们的思维定式，实现了观点的异于他人。当然，在为抽象的观点寻找形象的表达时，这个形象的选择并不是随意的，必须考虑两点：一是和论题的关联性；二是匹配受众的认知经验。

二、论据

　　论据是支撑论点的理由或事实。论据存在的所有意义就是为论点服务。论据分为事实性论据和理论性论据。

　　事实性论据主要是现实生活中存在的客观事实，包括典型事例和概括性材料。概括性材料可以是统计数字，也可以是客观估量，这类材料要求来源可靠。值得一提的是，历史事实也是事实性论据的重要组成部分。事实性论据当然也要求材料本身真实、准确、可靠，除了具备这些前提条件外，它能否为论点提供雄辩的支持，主要取决于材料的典型性，不能孤立地罗列个别的例子。大千世界无奇不有，假如仅满足于确有其事，那么，再荒诞的论点也不难找到个别的例子。此外，事实是否为受众所熟悉，自身倾向是否鲜明，也是选择事实性论据的重要原则。

　　理论性论据都是人类认识自然、认识社会的结晶，是经过实践检验或理论证明、并为人们接受了的规律性认识，包括思想、观点、社会准则等。如前人有价值的思想文化遗产，成语、格言、谚语、民谣以及自然科学中的某些公理、定律，都可以作为理论性论据。对于理论性论据来说，要求作为论据本身的论断具有真理性，在引用相应论据时，要理解准确、尊重原意，切忌有意或无意地望文生义或断章取义，而且还要有适当的阐释、引申，自然而准确地揭示其与论点的联系，力求引出超越论据的新见解，切莫以论据代替论点，或用别人的话代替自己的分析。

三、论证

在新闻评论的构思和写作过程中，除了提炼论点、组织论据以外，还有一个如何把它们联结为有机整体的问题。承担解决这个问题的要素，就是论证。论证贯穿于评论从酝酿到表达的全过程，这里主要从表达的角度作些必要的说明。

所谓论证，在表达阶段，是指用论据证明和说明论点的过程和方式方法。在有分论点的评论中，它包括用分论点体现和支持总论点。不论从哪个意义上说，论证的基本目标都是实现材料与观点，即论据与论点的统一。

论证的基本方式有立论和驳论两种。简单地说，立论是证实，证明作者观点的正确。驳论是证伪，证明对方观点的错误。

想要达到证明论敌观点错误的目的，途径有多种：一是直接驳斥其错误观点；二是直接揭穿对方论据虚假或论据不足；三直接分析对方论证方法不合逻辑。只要做到以上三点中的任何一点，都可以判定为驳论成立，证明论敌观点错误的目的达到。

论证所使用的方法有多种，如例证法、引证法、比较法、反证法、归谬法等。下面以归谬法为例，说说它的使用情况。

归谬法常用于驳论文章中，往往以欲擒故纵的方法，先假定对方的论点是对的，然后以其作为前提，引出一个荒谬的结论，以此证明对方的论点错误。

为了驳斥一部分人的重男轻女思想，《人民日报》于1983年"国际妇女节"前一天刊发《如果所有的母亲都生男孩》一文，这篇文章的论证就运用了归谬法。

如果所有的母亲都生男孩

现在有一些地方（主要是农村）由于重男轻女的封建传统影响，如果母亲生了女孩，不但女孩有被溺弃的危险，就是生女孩的母亲也有遭受各种虐待的危险。当然，事实如果已经触犯刑律，必须依法惩处，但是主要还是得依靠思想教育。那些重男轻女者的重要"理由"之一是女孩长大了劳动赶不上男孩（其实在农村实行多种经营以后，女的在许多工种上并不比男的差，甚至还比男的强）。但更重要的"理由"却是，女的不能传宗接代。

姑不论生男生女本来决定于夫妇双方，如果不该生女孩，丈夫一样该挨打受骂，就算母亲不该生女孩，生了也不该养活，于是怎么样呢？唯一的结果就是所有的家庭都得"断子绝孙"。因为任何人都知道,男人和男人不能结婚,也不能生孩子。所以溺弃女婴和逼得生女婴的母亲走投无路,才真正会使家家户户都不能传宗接代。

那么,怎样才能家家传宗接代呢?在一对夫妇只生一个孩子的情况下,只有一个办法,就是要使出生并且长大的女孩,同出生并且长大的男孩,数目大致相等(只要不残害女婴,男女的数目自然会大致相等),并且要使这些女孩和男孩都是能够生育的,没有不能生育或患有不允许生育的疾病的。道理非常简单:这样他们才能配成夫妇和生儿育女,因而家家户户才能够传宗接代。不但不生女孩不行,就是出生的孩子中,男孩多女孩少也不行。比如男孩与女孩是二比一之比,那就有一半男人找不到女人结婚。这个简单的算术,我认为现在必须赶快向家家户户去普及,因为男女比例失调的情况已经开始出现了。

有人说,生了女孩的家庭,将来女孩还要到男家,所以他们还是不能传宗接代。其实这是封建思想在人们头脑里留下的镣铐。女方到男家和男方到女家完全是一样的。我国的傣族从来就是男方到女家,他们还不是传宗接代到现在?事实上的问题,只是在一段时间里,一对夫妇要奉养两对父母。但这只是几十年时间的问题(因为一对夫妇只生一个孩子只是几十年时间的政策),而这个问题将来完全不难解决,现在完全用不着忧虑。现在真正值得忧虑的问题,就是如果不赶快打破重男轻女的思想,造成男多女少,将来会有许多男人找不到女人,这才是一个无法解决的大问题。

假设重男轻女者的理想变为现实,所有的母亲都生男孩,会推导出一个怎样的结论呢? 结论就是所有的家庭都得"断子绝孙",因为男孩和男孩不可能再延续子嗣。这个结论对于有重男轻女思想的人来说,是荒谬的,无法接受的。所以,那个假设的前提不能成立,当然也就不能要求所有的母亲都生男孩。

第四节　新闻评论的谋篇

新闻评论的结构三部曲就是提出问题、分析问题、解决问题,再加上文章的标题,就构成了整篇文章的谋篇布局。

一、标题

新闻评论的标题以简短的文字标明议论范围、主要见解、作者意向和情感诉求。它如同评论的"眼睛",传达其基本思想,体现其个性特征。清代著名书画家、文学家郑板桥在《范县署中寄舍弟墨第五书》诗中云:"作诗非难,命题为难。题高则诗高,题矮则诗矮,不可不慎也。"虽然说的是标题对于诗的重要性,但其实标题对于一篇评论来说,重要性也是如此。评论的竞争,首先是标题的竞争。

标题的拟制有什么要求?

新闻评论的标题是对文章内容的高度概括。要用简短的语言文字概括出作者对评论对象的看法,并将之体现在一个标题之内,这个标题还要能够吸引人的注意,给人深刻的第一印象。要实现这个目标,需要做到以下几点。

(一)准确贴切

恰如其分,经得起推敲。意思表达要完整,语言没有漏洞。贴切的第一层含义是对论题范围的概括、对中心论点的提炼、对态度倾向的表述应与评论的内容或思想相符。贴切的第二层含义是词语运用准确恰当,不可望文生义。如有篇评论名为《法人岂能是法盲》,混淆了"法人"和"法人代表"的含义,"法人"指具有民事权利能力和民事行为能力、依法独立享有民事权利和承担民事义务的组织,而不是具体的个人。贴切的第三层含义是提议确切妥帖,不至于产生歧义或误解。

(二)简明扼要

提纲挈领地点出主题,使之醒目、简明、上口、易记。好的标题应言简意赅,达到像古人吟诗那样多一字有余,少一字不足的境界。用典是一个好方法,因为典故里包含很多的信息量,容易达到简明扼要的效果。

评论标题《人微不一定言轻》,这里用反弹琵琶的手法使用了"人微言轻"这个成语,而这个成语出自宋代苏轼的《上执政乞度牒赈济及因修廨宇书》:"某已三奏其事,至今未报,盖人微言轻,理当自尔。"既简明扼要,又立意新颖。

(三)鲜明生动

作为一种直接发言的形式,评论标题应该鲜明,有立场、有观点、有态度、有倾向。同时，借助文学手法和修辞手段，使标题有鲜明的色彩和动人的力量。有文采的标题会令人印象深刻，难以忘怀。有时评论文章的具体内容可能被忘记了，可标题却铭刻在读者的记忆中。

如《家书纸短　家国情长》，这则评论的标题在《人民日报》2020年度好标题评选中荣获一等奖。评委给它的评语是：让理性之论有了共情之效。评论从一本名为《抗疫家书》的书出发，展现新冠疫情防控中的中国力量、中国精神、中国效率。标题以"家书"和"家国"形成正向并列，从家书中看家国情怀、人间大爱；以"纸短"和"情长"做反向对比，表现家书中的言有尽而意无穷。句式对仗，内涵丰沛①。

笔者曾在课堂上布置过一个小练习，要求学生为"保研学霸办校园婚礼"的新闻，拟一条新闻评论的标题。这里罗列其中7则学生自拟标题：

①《修身齐家治国平天下》。

②《从新闻价值角度论保研学霸办校园婚礼受关注》。

③《大学生结婚，着什么急?》。

④《浅谈校园婚礼》。

⑤《毕业领证，谁给保证?》。

⑥《毕业季结婚是与非》。

⑦《"象牙塔"里置婚床》。

这7则标题，虽各有特点，但高下立现。第1则，太宽泛，没有实实在在的评论对象，观点也太宏大。第2则，给出了评论的视角，也标明了评论的对象，但表达有些刻板，不太像新闻评论的标题，有点像学术论文的标题。第3则，用一句口语化的诘问，既表明了评论什么，又传达了作者的主观态度，很生动。第4则，落入非常俗套的标题套路，"浅谈……""试论……""小议……"。这样的标题虽然也标明了评论对象，但看不出作者的态度、立场，归于平庸。第5则，以相对工整的问句作为标题，既标明评论对象，又能见出作者的态度立场，而且四言短句言简意赅，两个"证"字反复，意蕴悠长。第6则，"是"与"非"形成对比，从利弊两方面一分为二地分析毕业季结婚这件事，干脆利索。第7则，婚床应该设在婚房，而在"象牙塔"里置婚床，造成时空的错位，将自己对毕业季结婚这件事的态度从侧面表达出来，含蓄蕴藉。

---

① 李凯、苏长虹、王向令等：《赏析：人民日报2020年获奖好标题都在这了》，金台新声微信号，2021年4月16日。

二、正文

新闻评论的结构虽然是直线式的，遵循着提出问题、分析问题、解决问题三部曲的逻辑顺序，但在下笔之前，也应该列个行文框架。否则，就可能出现下文所说的情况。

红辣椒评论的编辑刘艳秋曾指出，在编辑评论来稿时，就遇到一些行文原地打转的评论作品。出现这类问题的原因多是下笔前没有列行文框架。

> 昨天看到的一篇关于"春节大拷问"的稿子，作者的四段文字完全可以凝缩为"要珍惜这种拷问，因为这是源于关心""亲人关心才会拷问""拷问是因为关心""珍惜这种关心吧"。
>
> 替换一下，就是B因为A，A因为B，B因为A，珍惜B。可能作者在写的过程中并没有发现这种循环，而文章乍看之下也是工工整整的说理，每一段都很对，然而合成一篇文章，就会发现，基本上就是一篇很对的废话。
>
> 这个问题，不列框架，确实不容易发现，所以对新人来说，写评论最好有框架。还是前面的例子，如果写前先思考一下文章大体要写些什么，比如"拷问是很常见的现象""亲人拷问是由于关心""关心也应适度""珍惜并相互理解"，等等，列个框架，绝不至于在两个词语间兜兜转转，思路也会清晰开阔很多。
>
> 有了框架，每一段就可以围绕段落中心展开叙述，这样段与段之间既有逻辑联系，又各负责一部分说理，整篇文章才是一篇完整的评论①。

无论是初写评论的新手，还是常写评论的老手，都应该养成在写作前列提纲的好习惯。评论的正文在框架上可以分为开头、主体、结尾三部分。

（一）开头（引论）

俗话说：万事开头难。写评论也是这样。新闻评论的开头紧承着标题。开头既是标题作用的延伸，要努力吸引人们去阅读正文，同时也是议论文共有的提出问题

---

① 刘艳秋：《文不可无骨，评论最好有框架》，红辣椒评论，https://hlj.rednet.cn/c/2015/01/22/3584055.htm.

阶段或者叫引论阶段。一方面，它要想办法吸引人们往下阅读，要设计一些诱引策略；另一方面，又不能因这些策略而影响问题提出的时机，因为这些策略是为提出问题服务的。不仅如此，新闻评论的开头还像一般文章的开头一样，决定着整篇文章的风格基调和展开方式。新闻评论究竟应该如何开头，没有固定的格式，一般而言，常见的开头方式有以下几种：

1. 由新闻事件引出论题

新闻事件是新闻评论的对象，是立论的背景。一般来说，能成为评论对象的新闻事件应该为人们所普遍关心的，是社会关注的热点。引出了新闻事件，人们就想知道作者对这一事件是怎么看的，对于事件发生的真正原因、事件的意义、事件对社会的影响以及事件可能的发展前景是怎样阐述的。这是一种很有吸引力的开头方式。它生动地引导人们从具象走入抽象，透过现象去看问题的本质。需要注意的是，为新闻配发的评论不宜采用这种开头方式，否则就会和配发的新闻内容重复。

2. 声东击西，由非评论对象的事件引出真正的话题

这类开头引出的事件并非作者真正要评论的事件，它只是一个由头，或是一个比喻、一种联想、一个参照物，言在此而意在彼，主要目的是由这一事件引发论者对真正要评论的新闻事件的分析。需要注意的是这个由头的选择也不是随意的，应该注意这个非新闻事件要有新鲜感，同时还要与论题密切相关。

上面两种开头都是开门见事，由实入虚。

3. 开门见题

开门见题即开头先提出问题，结论要待论证之后才知道。"开门见题"是带着问题去看（听），受众的注意指向性很强，就容易随着论者去主动思考，在积极思考中获得最后的结论。

4. 开门见理

这种开头是把结论放在最前面，它立场坚定，旗帜鲜明。"开门见理"实际上类似于问题式开头，不过是将问号打到了受众心里，受众会在心里问："为什么他会做出这样的判断呢？"会有一种探究的心理。

5. 驳论文章开头摆出驳论的对象

开头摆出驳论对象，亮出错误认识，使文章一开始就掀起论战高潮。

开头的具体操作办法还有很多，如用设问句直接点明论题，用引语、典故、比喻开头，使文章显得生动活泼。但要注意的是，运用典故一定要与新闻事实相呼应，否则新闻评论会异化为一般性的杂文，减少以至抹杀了新闻性。

（二）主体（本论）

主体部分也称"本论"，是新闻评论的展开论证说理部分。本论部分在布局时常常会结合使用以下几种基本的论证结构：

1.归纳论证结构

围绕所要论述的中心问题，在逐步论说分论点的基础上，归纳出总论点。

2.证明论证结构

先提出论点，然后运用论据直接证明。这种论证方法，符合人们说理的习惯。

3.并列论证结构

先提出总论点，然后排列出几个并列的分论点，从几个方面对总论点加以阐发。这种论证方法，条分缕析，严密周详，便于把道理说清楚。

4.递进论证结构

提出总论点后，逐层分析，由小到大，由表及里，由浅入深，由现象到本质，把道理阐述得完整深刻。

5.比较论证结构

提出论点后，通过对事物本身各个发展阶段的纵向对比或与另一事物的横向对比，深入阐发道理。有比较才能有鉴别，事物的特点或矛盾可以在比较中阐述清楚。

6.正反论证结构

提出论点，先反后正，或先正后反，进行论述。从正反两面说理，形成强烈对比，是非曲直，昭然若揭。

上述6种论证结构，在社论、本报评论员文章等评论中，往往可以综合使用①。

（三）结尾（结论）

新闻评论的结尾要做到收束有力，言尽意长。结尾的大忌就是虎头蛇尾，草草收场，止于所不当止，让人得不到论者思辨的全貌。也忌画蛇添足，意尽辞赘，刹不住车，文气全漏。当然，新闻评论毕竟不是作诗，该说明白，说清楚的，在结尾处必须说明白，说清楚，不能遮遮掩掩，吞吞吐吐，与公众做谜语游戏。总之，一个好的结尾应该让人们阅读之后，久久难忘，有助于人们接受论者的观点并引发进

---

① 参考丁法章著：《当代新闻评论教程》，复旦大学出版社，2018年，第191—200页。

一步深入思考与探究。一般来说，好的结尾还应总结全文，并与开头相呼应。

结尾通常有三种：

1.概括总结式结尾

这种结尾常用于一些相对来说论证比较复杂的评论中。由于线索较多，经纬交织，受众在看（听）过主体部分之后，需要把思路再整理一下，以获得一个整体印象。广播评论由于是听觉接受，声音信息的传播是流水式的，一去不复返，听众来不及仔细思考和分析，也得不到书面评论中那些段落、层次的提示，所以，对全文的把握就相对困难一些。因此，许多广播评论都采用概括总结的结尾方式。

2.号召式结尾

在以正面宣传党和政府的理论政策，对未来的规划、当前的形势和任务等为内容的社论中，常常使用号召式结尾，鼓舞和激励人们团结一心，努力奋斗。这种结尾方式一般要少用、慎用，只有在社论风格许可下，在整篇文章蓄势已久，感情真正进入高潮时才可用，否则会造成标语口号的堆积，形成空泛不实的效果。

3.含蓄式结尾

这种结尾不像号召式结尾那样感情外露，而是含而不露，以冷静、含蓄的语气结束全文。这种文章的结论，通过论证，已可使接受者顺理成章地自己得出了，论者只需略加提示即可，若再专门指出，反倒成了蛇足。

以上简要介绍了文章开头、主体、结尾的各种常用的方式，具体采用何种方式，还得依据论题、论点的需要去审慎选择，没有固定的套路或公式，要凭借自己的长期实践，慢慢积累经验和方法。

下面通过《人民日报》时评文章《从尼泊尔强震看"中国行动"》，让我们进一步体会文章的谋篇布局艺术。

从尼泊尔强震看"中国行动"

金 苍

"中国行动"是人道主义情怀最质朴的体现，也是中国价值最真挚的释放。

"众神之国"尼泊尔遭遇的灾难，牵动着世界的心。8.1级强烈地震，黯淡了雪山蓝天间闪耀着阳光的屋顶，也黯淡了高山之国里人们纯真的眼眸。"尼泊尔人民一定能够共克时艰、战胜灾害"，习近平主席第一时间发出的慰问电，代表着每一个心怀善念关注斯土斯民者的心声。而第一时间，对地震波及的西藏受灾地区展开全力以赴的抗震抢险；第一时间，相关部门积极调配运力前往尼泊尔接回我滞留游客，快速有力的行动，更让受灾同胞感受到祖国力量。

就在4月20日，我们刚刚纪念了芦山地震两周年；马上进入5月，接踵而来的就是汶川地震七年祭。从汶川、玉树，到芦山、鲁甸，人们心中的伤口虽已不再流血，但疤痕却仍未淡去。这无疑让更多人对于邻国发生的灾难有着强烈的"切身感"，祈愿那不断更新的伤亡数字不再上升。更何况，在尼泊尔已有20多个同胞因之遇难，而一山之隔的西藏震感强烈，损失也很严重，数十人死亡受伤，20多万人不同程度受灾。

这样的感同身受，也正在化为"中国行动"。在西藏，318国道路段加速抢通，救灾物资连夜发往灾区，一系列迅速而有效的措施，温暖着受灾藏民的心。这样的"中国温度"还在跨越国界，给无数尼泊尔人送去关心、支持、行动。在加德满都开了家"中华面馆"的四川人李亮，地震后在损毁的面馆里，熬好稀饭等免费发放。这种"最中国"的食物，或许能让身处困顿中的人们从胃温暖到心。在国内，媒体密切关注尼泊尔的消息，很多网友在准备组织募捐，更多人在网上点起蜡烛祈福，甚至有人自发前往灾区。这一切，是人道主义情怀最质朴的体现，也是中国价值最真挚的释放。

而国家层面的"中国行动"，更释放出强大的力量。"亲望亲好，邻望邻好"，山水相连的邻居遭遇自然灾害，中国一定会"坚定同尼泊尔人民站在一起"。中国政府决定向尼泊尔提供2000万元人民币紧急人道主义物资援助，包括帐篷、毛毯、发电机等灾区急需物资，帮助开展救灾安置工作。26日上午，由62人组成的中国国际救援队就已经抵达加德满都。而水电站、通信设施等中国企业在尼泊尔建设的项目，同样投入了抢险救灾。正如尼泊尔驻华大使所言，中国朋友是"患难之交"，这样的正能量，一定能帮助尼泊尔渡过难关。

这些年来，世界已经见证了越来越多的"中国行动"。1个月前，也门纷飞的战火中，中国在撤出613名本国公民的同时，还协助来自15个国家的279名外国公民安全撤离。在海地、日本、新西兰等国的救灾行动中，中国国际救援队都发挥着重要作用。更多民间组织也默默参与各种国际公益活动，让人看到中国人的力量。飘扬的五星红旗、"谢谢中国"的真挚话语，成为一道温暖人心的风景。这些行动刷新着中国的国家形象，向世界递上了一张讲信义、重情谊、解危难的国家名片。

改变世界，需要行动的力量。即便是地震这样难以避免的自然灾害，只要能携手同心，也可以将损失降到最低。从这个角度看，"一方有难，八方支援"的中国古训，有着深刻的现代意义。当今世界，还有更多其他挑战，需要我们行动起来。大面积存在的贫困问题、一些地方难以熄灭的战火、全球性的环境问题、多数人自由全面的发展……这些难题的解决，已经有了更科学的思路、更强大的技术。关键是，我们能不能打破隔绝、敞开心门，一起行动起来。

尼泊尔的很多建筑上，都画着一双眼睛：那是体察世间万事万物的"智慧之眼"。是的，每一个人、每一个国家，都要把世界纳入眼中、装在心里、扛在肩上，从感动到行动，有责任有担当，才能凝聚起智慧的力量，一起走向更好的未来①。

这篇评论的标题有两个关键词：尼泊尔强震、中国行动。"尼泊尔强震"是评论的对象，"中国行动"是评论的论点所在。但尼泊尔发生强震却看中国行动，这给人一种错位感。正是这种错位感，吸引读者看下去。

开头部分，一句"'众神之国'尼泊尔遭遇的灾难，牵动着世界的心"干脆利索地交代了新闻背景，依然是以新闻事件开头，但并没有老套的什么时间、什么地点、发生了什么事情。接下来一句充满诗意的语言，"8.1级强烈地震，黯淡了雪山蓝天间闪耀着阳光的屋顶，也黯淡了高山之国里人们纯真的眼眸"。雪山、眼眸（建筑物上）这都是尼泊尔特有的景致。紧接着三个"第一时间"，有力地传达了中国对于尼泊尔强震的关注、支援。语言的缓急处理，体现了行文的高超艺术。

主体部分，主要采用层层推进的递进论证结构展开论证：由感同身受到化为中国行动；由中国人民的个人行动到国家层面的中国行动（援助尼泊尔）；由援助尼泊尔到援助世界各国的中国行动（海地、日本、新西兰）；由中国行动到世界行动，一起行动。在层层推进中，彰显出逻辑的力量。

结尾部分采用号召式结尾。为什么这个号召式结尾读起来让人觉得意蕴悠长呢？作者抓住了一个富有意味的形象，"尼泊尔的很多建筑上，都画着一双眼睛：那是

---

① 金苍：《从尼泊尔强震看"中国行动"》，《人民日报》，2015年4月27日。

体察世间万事万物的'智慧之眼'"。再次出现了眼睛，和开头遥相呼应。眼睛，并不仅是尼泊尔建筑上的一种景致，它还有着特殊的文化意义。它和文章的论点有着怎样的关系？行动的前提是感同身受，感同身受的前提是看在眼里，而不是漠视。因此，眼睛是行动的起点。这篇文章中，眼睛已经成为别有意蕴的意象，传达着它独特的使命和诗意。

第五节　网络新闻评论①

互联网的发展改变着人们的互动和交流方式，也促使新闻评论的载体发生变化。广义的网络新闻评论是指所有发表在网络上的对时事的评论，既包括网友向网站投稿的原创时评，也包括转载的传统媒体的时评。狭义的网络新闻评论是指通过网络媒体首发的、以文字为主要传播符号的、较完整的原创时事评论文章。从这个意义上说，网络时评和传统纸媒发表的评论在文本形式上没有太大差别，因此在写作技巧上不再展开分析。当然因为平台不同，操作不同，网络时评相较于一般的传统媒体的评论有它的特点：反应更快，新闻性更强；选题趋同，立意互异情况更多；互动更便捷，交流更彻底。

由于智能手机使用率的大幅提升，新媒体评论异军突起。按照杨娟《网络与新媒体评论》的界定，新媒体评论实际上就是新闻评论在新媒体中的发展，也就是通过新媒体传播的新闻评论，具体而言，新媒体评论就是通过新媒体传播的、具有原创性的，针对新闻事件或当前存在的社会问题发表意见或态度的一种方式。新媒体评论可以是文字的，也可以是图片的，还可以是音频或视频的，或者以上几种方式的叠加，包括微博、微信等以新媒体为传播渠道的评论。

一、微博评论创作

微博评论应该是通过微博发表的具有公共性指向的、含有理性思考的意见性信息。由这个定义界定，就排除了一些私人化的或非理性的表达。微博评论具有篇幅短小、发表方便、互动频繁、形式多样等特点。

---

① 本节部分内容参考杨娟著：《网络与新媒体评论》，北京大学出版社，2015年。

微博评论的写作要求:

(一) 观点凝练

新浪微博140字的字数发布限制已经取消,用户可以最多输入2000字。超过140字的部分点击显示全文的按钮就会看到完整的长微博。即使没有字数的限制,出于有效传播的目的,也应尽量在直接呈现的140字以内,将自己的观点凝练地表达出来。

例如,人民网微博2021年8月23日转发并评论"9岁男孩记下嫌疑人特征助民警破案"的新闻,网民跟帖评论这则新闻。

人民网在转发这则新闻时仅用了五字评论:"机智又冷静!"在这则新闻下有多条网友的跟帖微博评论,每一条都简洁凝练地表达了自己的意见或态度。

(二) 表达理性

微博评论很多时候是个人观点的表达,非常私人化,但是微博平台又是公众平台,只言片语,鼠标一点即可发送,也是公开发表。不管持肯定还是否定意见,都应摒弃情绪化的表达,理性表达自己的观点。

"9岁男孩记下嫌疑人特征助民警破案"新闻的网民跟帖,对小朋友的做法多持赞扬的态度,但也有网民提出太危险,要注意安全,理性地表达了自己的顾虑。

(三) 语言通俗简洁

"恰当的微博应该以面向初高中文化水平的人为主,运用网民日常生活中的语言。"[1]

【机智又冷静! #陌生人闯入家中9岁男孩镇定应对#】#9岁男孩记下嫌疑人特征助民警破案#日前,苏州,阳阳一家人饭后出门散步,9岁的阳阳发现忘带东西,独自回家拿,结果在家中撞见一陌生男子。阳阳镇定应对,该男子离开后,阳阳马上报警,向民警详细描述了对方的体貌特征。在他的帮助下,民警很快抓获嫌疑男子。阳阳说,这些是在书上学到的,他觉得,自己的处置还不错。@蟹视频

---

[1] 杨娟著:《网络与新媒体评论》,北京大学出版社,2015年,第137页。

这是"9岁男孩记下嫌疑人特征助民警破案"微博新闻的文字原文，全文正文131字，介绍了事件的原委。标题将观点性信息以五个字"机智又冷静"放在最前，事件性信息"陌生人闯入家中9岁男孩镇定应对"紧接其后。全文都是非常简洁通俗的语言，只要认识汉字，理解起来就没有任何障碍。下面网民的跟帖也多用口语化的表达，如"棒棒哒""厉害"等。

（四）表现手段多样

微博评论可以充分发挥其传播优势，综合运用文字、图片、音频、视频、超链接等多种表现手段，呈现丰富多彩的多媒体评论，使得评论更生动形象，更有效地吸引关注、点击、接受、传播。

上文所说的那条人民网微博，就充分发挥了多媒体评论的优势，使用了文字、视频、超链接等多种手段。既生动形象地呈现了新闻事件，又立场鲜明地表达了对9岁阳阳的赞扬。

二、微信评论

从2009年8月新浪网推出微博测试版到2010年的"微博元年"，"织围脖"成为最时髦的事情，只用了1年时间。2011年，腾讯推出微信这款为智能手机提供即时通信服务的应用程序，到2013年，微信已经出现了超越微博的势头。

当下，微博式微，微信崛起。相应地，微信评论也在蓬勃发展。

（一）微信评论的种类

微信评论是指通过微信这种即时通信应用发送的，具有公共性指向、含有理性思考的评论性信息[①]。

根据评论主体的不同，微信评论可以分为以下几类：

1.朋友圈微信评论

朋友圈微信评论主要指在朋友圈内对新闻事件或社会问题进行评论，包括在朋友圈直接发表评论，对朋友圈好友留言的相关新闻内容进行评论，朋友圈内发起群

---

① 杨娟著：《网络与新媒体评论》，北京大学出版社，2015年，第151页。

聊时对相关新闻内容发表的评论。

2.微信自媒体评论

微信自媒体评论指以个人名义开通微信公众号，在这个账号内进行评论创作。来自传统媒体的专业人士凭借着自身的信息资源和业务能力的优势，迅速在微信自媒体中脱颖而出。如中国青年报社评部主任曹林就开通了个人的微信公众号"吐槽青年：曹林的时政观察"。曾任《南方都市报》评论员、《中国财富》杂志记者的宋志标开通"旧闻评论"等。

"旧闻评论"尤其受到业内人士的关注。在对17家媒体评论员进行访谈时，"汇总被推荐的个人评论类微信公众号时发现，评论员们提及最多的是'旧闻评论'，7次；其次是'王五四'，4次；再次是'毒舌的毒'，3次"[①]。

在回答为什么会开通微信公众号并取名"旧闻评论"时，宋志标表示：

> 很简单，想写字的人，找个地方写字而已。从BBS时候混论坛，到写博客，再到报纸上写，杂志上写，网络上写，都是自然而然的事情。文字的载体一再变化，但文字不变，所以需要出口，公号来了之后，就在它上面写。如果以后有其他载体出现，而且还能写，也会继续这个过程。
>
> 取名"旧闻评论"有这些考虑：新，并不代表进步，并不一定是有意义的；旧也不代表落后，也时常充满意味与价值。另外，时下所见的所谓"新闻"，了无新意，尤其是在观点表达上，并无推陈出新之感，都是常识的重复与观点的循环，但凡做了三五年以上的职业评论，无不有这种对"新"的认识，所以也是自嘲而已。不求新，不唯新，甚至也不咸与维新，做点老派的文章，哪怕平添旧意思，仅此而已[②]。

3.媒体微信评论

媒体微信评论主要由媒体官方微信公众号或是媒体评论部官方微信公众号发表的新闻评论。从文本上来说，媒体微信评论和传统媒体评论几乎无差别，主要优势在于不受版面控制，量大快速。

---

① 陈敏：《媒体融合背景下中国新闻评论之变：以17家媒体评论人访谈为基础的研究》，《新闻记者》，2015年第5期。

② 陈刚、王继周：《微信公号的进步"幻象"与媒体未来——微信公众账号"王冲"与"旧闻评论"访谈录》，《新闻记者》，2016年第12期。

陈敏《媒体融合背景下中国新闻评论之变：以17家媒体评论人访谈为基础的研究》，"在汇总被访谈对象推荐的机构或组织类微信公众号时发现，评论员们提及最多的是'团结湖参考'，共8次；其次是'侠客岛'，3次；'海运仓内参''智谷趋势''新京报评论''沸腾'均被提及2次；其他如'人民日报评论''金台2号''大象公会''咋整''识局''媒体札记''吴晓波频道''央视新闻''大家''共识网''有难度''知厦论坛''红辣椒'等均只被提及一次"[①]。受关注比较多的是开通微信公众号较早，且后续运营相对稳定有力的媒体微信公众号。

"团结湖参考"隶属于北京青年报社，在其公众号简介栏赫然一行"国内最具影响力的时政评论公号"。"团结湖参考"主编蔡方华在总结"团结湖参考"的转型之路时，概括了几点成功的经验：一是把握新媒体传播规律是前提。标题比其他元素更重要，获得转发是传播的关键。二是跟上时代节奏，创新时评文体是关键。不仅要快，还必须对新闻事件的发生要有预判能力；必须善于找到"风口"；必须做到对新闻规律的敏感[②]。

（二）微信评论创作

1.注重原创，讲求质量

无论是哪种类型的微信评论，都要避免将转载或转发评论作为自己的主要目标，而应该让自己的原创评论获得别人转发成为自己的行动指向。只有创作独特视角、内容深刻的评论才能吸引受众。"对'团结湖参考'这样的严肃公众号而言，获得转发就更为不易，需要从两个方面着力。一是从文章写作方面着手。内容必须深刻，但语言又要尽量简洁晓畅。尽量简化论证过程，让读者完成'脑补'……二是改变时评的刻板面目，带入情感因素，让人感觉到作者的人性体温。只有打动了读者的心灵，才可能让他主动转发。"[③]

2.表现手段丰富多样

微信评论和微博评论相同，可以充分发挥其表现手段丰富多样的优势，让微信看起来更生动活泼。文字、图片、音频、视频等都是非常有效的手段，当然配图是

---

① 陈敏：《媒体融合背景下中国新闻评论之变：以17家媒体评论人访谈为基础的研究》，《新闻记者》，2015年第5期。

② 蔡方华：《以"小而美"跻身新媒体红海："团结湖参考"的转型之路》，《新闻与写作》，2015年第7期。

③ 蔡方华：《以"小而美"跻身新媒体红海："团结湖参考"的转型之路》，《新闻与写作》，2015年第7期。

微信评论的首选。

宋志标的微信自媒体评论以文字表达方式为主，结合图片、音乐等多种表达方式。图片和音乐的选择并不是随意的，文章所配的图片多是当代水墨作品，作者是@秃头倔人（李晓强）。当代艺术本就有种强烈的反叛意味，"老倔笔下的'小黄人'有着异于世俗，异于社会大众的行为与思想，大而微凸的眼睛时刻审视着当下这个世界"①。文章所配的音乐多是经典的摇滚歌曲，和评论的情绪特别契合。

3.页面简洁，吸引读者阅读

当代社会生活的快节奏，让许多人只会用碎片化的时间完成瞬间阅读，因此，阅读的第一印象很重要，阅读的体验感决定了用户关注度的持久性。这也决定了微信评论的页面不能有太多文字，菜单也不能复杂。

"团结湖参考"微信公众号打开后的主界面，主体由多条评论文章的标题搭配图片呈现，下面的对话框是两个"时间旅行"和"订报"菜单，左侧的"时间旅行"，对应的时间是2018年至今，右侧的"时间旅行"对应的时间是2017年以前，点击对应的年份，可以看到"团结湖参考"对应年份月份的文章目录，点击每一条文章目录，就可以查看文章全文。点击"订报"菜单可以订阅"团结湖参考"的母体《北京青年报》。

---

① 王俊霞：《论新媒体时代文人画的审美特征》，辽宁师范大学学位论文，2018年，第10页。

第三章　非虚构写作技巧

自20世纪50年代开始，世界范围内非虚构写作一直热度不减。随着互联网时代的到来，非虚构写作俨然已成为一门"显学"，不仅在新闻、文学、历史、社会学、心理学和科技等诸多领域，涌现出了一大批热衷非虚构写作的写作者，推出了为数众多、震撼人心的优秀非虚构作品，而且非虚构写作平台也正逐渐由过去以报刊、书籍为主转变为以网络新媒体为主。在互联网商业逻辑下，非虚构作品的"变现"途径正被不断拓宽。可以说，非虚构写作已成为目前最重要，也最热门的新闻写作形态之一了。

当今中国正处在政治、经济、文化、科技等高速发展和社会深刻变革的时期，堪称是一座新闻故事的"富矿"，乡土中国、城市百态、历史记忆、自然生态、社会热点和个人生活等，无不对热衷非虚构写作的写作者们产生巨大的吸引力。生活在这样一个日新月异、丰富多彩的社会里，每一位新闻工作者都在亲身见证着多元而伟大的历史，这无疑为非虚构写作提供了取之不竭的线索和素材。

第一节　非虚构写作释义及发展史

一、非虚构写作释义

非虚构写作（non-fiction writing）是一个介于"新闻"与"文学"之间的交叉文体，它有许多别名，如"新新闻主义""叙事新闻""文学新闻""长新闻""非虚构创意写作"和"特稿写作"等。

非虚构写作强调田野调查、新闻真实、文献价值与跨文体呈现，着重于将原本单调枯燥的"新闻信息"加工成具有可读性的"文学作品"。非虚构写作的取材一般较为严肃、深刻，但创作风格与叙事技巧却是丰富多彩、灵活多变的。由于非虚构写作不仅能生动讲述震撼人心的故事，而且更能巧妙地传递作者的价值取向与思想观念，因此它常常带有写作者比较浓郁的个人风格和特色。

"非虚构写作"不是一个严谨、科学的概念。迄今为止，国内外学者对于非虚构写作仍未达成清晰的共识，因此其边界也就显得极为宽泛，所涉及的写作类型大致包括特稿、深度调查报道、报告文学、纪实文学、传记文学、历史小说、口述实录和纪实性影视作品等。

二、非虚构写作特点

（一）内容真实

"非虚构"与"虚构"相对，代表的是"真实"。"非虚构写作对抗新闻衰老的策略，不是文学，而是新闻。他们抓住那些值得关注的人和事，为时代存档。有些新闻不及时捕获，就可能永远消失在公共视野里，失忆于集体记忆。"[1]因此写作者需要提前做好充足的案头工作，进行扎实的实地采访，才有可能抵达新闻的"真实"。

（二）文学表达

"出色的文字是传播的利器。"[2]非虚构写作需要借助叙事和修辞手法，重视通过对话、场景、细节和心理描写，来增强作品的可体验性与可阅读性。

（三）注重叙事

非虚构写作强调避免概念泛化，主张强化故事的文本特征，重视第一人称叙述、人物和对话的发展、冲突和张力的构建以及场景的重建等。

---

[1]《为时代存档的〈澎湃人物志〉：非虚构写作的探索与突破》，搜狐网，2018年8月6日，https://www.sohu.com/a/245513117_617374.

[2] 杨瑞春、张捷编：《南方周末特稿手册》，南方日报出版社，2012年，第290页。

（四）饱和采访

非虚构写作要求写作者必须进行扎实和详尽的采访。

1.浸入式采访

即完全"浸入"到事实和现象之中，在消除受访者心理戒备的前提下，让他们将真相全盘托出，然后再通过信息收集和求证，最终获取事实的全貌。浸入式采访要求写作者成为"第一人称"的参与者，跟随当事人共同体验，甚至共同生活，从而深入到事件中心。许多非虚构作品常常通过作者叙事来强化"现场感"，使读者获得最直接的心理体验。

2.田野调查

这是20世纪初由英国社会人类学家马林诺夫斯基等创立的一种人类学研究方法，它强调研究者借助观察和访问，来分析日常生活层面人们的行为、态度和彼此之间的关系。如今，田野调查法在非虚构写作中已得到极为广泛的运用。

（五）题材多元

非虚构写作题材多元，它既关注宏大叙事，也聚焦一些经常被忽略的人物和事件。近年来，非虚构写作所涉及的领域已越来越广泛，有关国内外政治、经济、文化、社会、历史、地理和自然科学等不同领域议题的非虚构作品层出不穷。

三、非虚构写作发展史

（一）西方非虚构写作发展史

1.19世纪30年代

非虚构写作发端于美国。伴随着欧洲新移民的不断涌入以及废奴运动、早期女性主义运动和西进运动的蓬勃开展，美国开始进入平民主义和大众化报刊时代，以意识形态论战为主导的政党报刊逐渐衰落，取而代之的是那些走煽情路线、大做刺激性话题文章以博取读者眼球的商业性报刊。相较于简单传递信息和观点的"硬新闻"，那些以"讲故事"为主、充满了"人情味"的所谓"软新闻"开始大量出现在报端，并越来越受到读者欢迎。

2.19 世纪 80 年代

美国两大报业巨头威廉·赫斯特与约瑟夫·普利策展开了激烈的市场竞争，"黄色新闻"日益泛滥。尽管人们对"黄色新闻"的伦理评判始终都没有停止过，但其对 20 世纪世界新闻业产生的深远影响却是毋庸置疑的，尤其是其报道手法，发展了现代新闻报道重视所谓"刺激性""趣味性"和"教育性"的"故事模式"，从而拓宽了新闻写作方式，使新闻写作开始变得日益多样化。

3.20 世纪初期

美国新闻界掀起了一场旨在改革政府和社会体制的"扒粪运动"。这一运动推动了美国社会公民意识的觉醒，使舆论监督的观念深入人心，并最终造就了现代新闻业意义上的"调查新闻"。

4.第一次世界大战期间

为在情感、经济和军事等各方面进行战争动员，美国政府专门设立宣传委员会来发布有关战争的实况，鼓动国民参战。这期间，美国新闻业对来自政府的"权威信息源"逐渐产生路径依赖，他们因笃信所谓"事实性"和"客观性"而对政府和大财团发布的信息原样照搬，拒绝将自己的观念和解读加入文本之中，从而使新闻业遭到诟病。

5.20 世纪 20—30 年代

1929 年美国遭遇严重的经济危机，给众多美国人的切身利益造成了巨大的威胁和冲击。突如其来的巨变让人们惶恐不安，内心充满疑惑，此时一般性的新闻报道已无法满足读者的释疑解惑的需求。为此，美国新闻业开始尝试让文本发挥更大作用，众多记者试图通过新闻报道来解释各个独立事件之间的因果关系，并代替读者去探求真相，解释性报道和调查性报道因而大行其道。

6.20 世纪 60 年代

经历了第二次世界大战的美国处于战后调整阶段，国内黑人民权运动、女权运动频发，反对继续进行越南战争的呼声日渐高涨，"嬉皮士""摇滚乐""性解放"等诸多反传统概念不断出现。与此同时，由于电视的普及，人们了解世界又有了新渠道。在此背景下，传统报纸的新闻报道方式已很难满足人们的需要，"新新闻主义"应运而生。

新新闻主义强调要用文学写作的手法，来满足读者希望看到"故事"的阅读欲望。这一观点打破了传统新闻界一向秉持的新闻写作应客观、中立的理念。1962年，美国普利策奖设置"非虚构类作品奖"（亦称"非虚构小说奖"），开始对非虚构小说类文学作品进行评选。

7. 20世纪70年代至今

自20世纪70年代起，始自"扒粪运动"的黑幕揭露报道发展成的调查性报道遍地开花，其中取得的最大成就是《华盛顿邮报》对"水门事件"的报道。

1979年，《巴尔的摩太阳报》刊发的《凯利太太的妖怪：一场惊心动魄的脑血管瘤手术》获首届"普利策特稿奖"。

1985年，普利策新闻奖设立"调查性新闻奖"。此后非虚构写作迎来高速发展时期，并持续引发学界和业界的广泛关注。

（二）中国非虚构写作发展史

1. 20世纪80年代

"文革"结束后，中国社会发生了巨大变动，新闻业逐渐苏醒并开始走上"长报道"的逻辑路径。这一时期"长报道"的代表作品有《大学生成才追踪记》（1985）、《一个工程师出走的反思》（1986）、《红色的警告》（1987）、《命运备忘录》（1987）、《关广梅现象》（1987）和《中国改革的历史方位》（1987）等。

2. 20世纪90年代

随着社会主义市场经济的快速发展，过去"一元化"的宣传模式和以评论为取向的新闻业，逐渐向"多元化"的新闻模式和以信息为取向的新闻业过渡。一些面向严肃读者和大众市场的报刊在抛弃掉原有报道范式的同时，开始引入国外的新闻写作理念。1995年，《中国青年报》设立"冰点"专栏，这是国内最早进行特稿写作的尝试。1996年，《华西都市报》成立特稿部。此后全国各地报纸纷纷效仿，特稿写作一时蔚为大观。不过，这段时期的特稿往往聚焦于对新闻事件的深度挖掘，缺乏对于文学性和创造性的关注。

3. 2000—2010年

2003年，《南方周末》相继推出《悲情航班MU5210》等一大批优秀的特稿作品。2010年，《人民文学》推出非虚构写作栏目，并启动"'人民大地'非虚构写作计划"。此后许多报刊纷纷创设深度报道版面，《新京报》《中国青年报》《经济观察报》《财经》和《南方人物周刊》等报刊都不断推出优秀的特稿作品，特稿写作由此进入黄金时代。

与此同时，一些文学杂志也陆续推出与非虚构写作有关的栏目，一些大众化刊物和媒体相继组织和刊发了一批优秀的非虚构作品，图书市场的非虚构写作书籍也呈现出热销的势头。

4.2010年至今

互联网的蓬勃发展带来读者阅读方式的巨大改变，传统媒体日渐式微，不仅特稿数量大为减少，一大批优秀的特稿记者也纷纷离职或进行平台转移。目前，新媒体已成为非虚构写作的主要平台。

第二节　非虚构写作的故事性

一、非虚构写作的故事

（一）虚构故事与真实故事

所谓"故事"，就是通过叙述的方式讲一个带有寓意的事件，或是陈述一件往事。故事是人类对自身历史的一种记忆行为，人们通过讲故事的形式记忆和传播一定的文化传统和价值观念，进而引导社会性格的形成。

"故事"可分为两类：一类是虚构出来的故事，一类是已经发生的故事。

清朝曹雪芹的《红楼梦》被誉为"中国古典四大名著之一"，这部作品以贾、史、王、薛四大家族的兴衰为背景，以贾宝玉与林黛玉、薛宝钗的爱情婚姻悲剧为主线，描绘出一批举止见识均出须眉之上的闺阁佳人的人生百态，展现出人性之美与悲剧之美，是一部多角度呈现中国女性美以及古代社会世态百相的史诗性巨著。但这个故事却是百分之百虚构出来，正如曹雪芹在小说开头所说的那样："虽我不学无文，又何妨用假语村言，敷演出来，亦可使闺阁昭传，复可破一时之闷，醒同人之目，不亦宜乎？故曰'贾雨村'云云。更于篇中间用'梦'、'幻'等字，却是此书本旨，兼寓提醒阅者之意。"①

当代作家王旭烽所著《家国书》讲述的是宁波鄞州马、翁、沙、沈四大家族百年动荡的故事。作者借用"家书"的书写形式，以娓娓道来的口吻，生动展现了这四大家族为中华民族的伟大复兴而奋斗、奉献乃至牺牲的光辉业绩，热情讴歌了他

---

① 曹雪芹、程伟元、高鹗著：《红楼梦》（上），黄山书社，2005年，第1页。

们的英雄气概和高尚情怀。作品以"家庭—家族—家国"的关系为主线，折射出一部民族的辉煌史诗。与《红楼梦》不同的是，这是一个在近代历史上真实发生的故事。王旭烽说："2009年我写完长篇纪实文学《家国书》，那实在是完成了一次内心对于'家国'探究的历程。年少时，家国予我更多的只是一个历史与文学的名词，是南唐李后主'四十年来家国，三千里地山河'的诗意的惆怅。实则中国人的家国构建是由家开始的。家庭—家族—国家，这种'家国同构'的社会政治模式是儒家文化赖以存在的社会基础，古人修身、齐家、治国、平天下的个人理想，反映的正是家与国之间的这种同质关系。"①

"我们的周遭充满了故事（stories）。从小时候的童话和神话故事，到青年时期所接触的短篇小说、历史和传记，都是由一则则的故事所组成的。而宗教、哲学和科学也经常在实例故事中，传达它们的教义或学说。舞台剧也讲故事，电影也一样；其他如电视节目、漫画书、绘画、舞蹈，以及许多文化现象里，都有故事。我们与别人的对话或多或少也包含着故事——不管是已发生的事件或开个玩笑，甚至报纸里的文章都是。"②我们进行非虚构写作的前提，就是必须首先要找到一个"好故事"。著名记者南香红曾说："除了记者的采访写作能力之外，新闻事件是一个坯子，坯子的好坏对于新闻来讲有时候是决定性的，特稿尤其如此。如果一个新闻事件因与果之间的距离太短，各种元素之间的关系过于单纯，就算是再具有爆炸性或者吸引人的特性，它可能都不会成为一个好特稿的坯子。"③可见，一个充满故事性的新闻人物，或是一个情节复杂曲折的新闻事件，的确可以在作者与读者之间形成情感互动，可以给读者带来丰富的想象空间，可以增强作品的可读性，从而实现传播效果的最大化。

（二）新闻故事化

所谓"新闻故事化"，是指写作者在新闻写作中运用文学手法，以跌宕起伏的故事来讲述新闻。它要求写作者能够采用对话、细节描写、场景设置等多种手段，来细致入微地呈现新闻，从而挖掘出新闻事实中那些具有人性和人情的因素，聚焦人物的生存境遇，展现人性的真善美，并最终将情感因素融入理性的思索中。

① 王旭烽：《最当下的中国》，《浙江日报》，2013年12月20日。
② 大卫·波德维尔、克里斯汀·汤普森著，曾伟祯译：《电影艺术：形式与风格》，北京联合出版公司，2015年，第89页。
③ 杨瑞春、张捷编：《南方周末特稿手册》，南方日报出版社，2012年，第101页。

新闻故事化的报道手法早已有之。比如，1922年7月6日，《申报》刊载了《溥仪胡适谈新学》一文，全文还不到100字：

> 溥仪日前在琉璃厂买书，偕行者庄士敦等。溥仪喜读胡适文集，并于望日打电话约胡适入宫。胡适要求免跪拜，溥仪自接电话，谓君为新学泰斗，当然不能跪拜。胡适遂入谈甚久。溥欲延胡为师，胡允为友。

作者抓住富有趣味性的细节加以展示，构成了一个有场景、有人物、有动感的精彩画面。新闻故事化的写法，使这篇新闻作品有声有色，读来妙趣横生。

当代作家梁鸿历时两年，走访了10余省市的340余人，于2013年出版了非虚构作品《出梁庄记》。作品真实记录了河南穰县梁庄的打工者进入了中国的哪些城市，做着什么样的工作，他们是如何流转的，他们在以什么样的方式与城市相处，他们是怎样思考梁庄的，他们是否想回到梁庄，他们是怎样思考所在城市的，他们怎样思考自己未来的生活，他们的历史形象和他们的身份究竟又是如何被规定、被约束并最终被形塑的。梁鸿说：

> 如果真的写梁庄作为村庄的命运和生活，还有另一部分人，就是梁庄在外打工者。比如说在新疆当建筑工人，年轻时14—15岁就出去了，一般是初中毕业，有的甚至初中没有毕业，初一、初二跟着父母出去打工了。这是非常庞大的群体，占据了梁庄所有的中心，梁庄所有的话题，梁庄所有的痛苦、欢乐都来自这样一个群体。这也是促使我把梁庄这一部分人群写下来，他们在城市怎么吃、住、爱，怎么流转[①]。

新闻故事化写作手法的运用，使《出梁庄记》一举打破先入为主的框框，呈现出生活真相，让读者得到了赏心悦目的阅读体验。

[①]《〈出梁庄记〉作者：把痛感化成探索生活的动力》，中国作家网，2016年7月4日，http://www.chinawriter.com.cn/news/2013/2013-08-16/171220.html.

二、非虚构写作故事化呈现要素

（一）视角

视角指叙述故事时观察和讲述的角度。同一个故事，如果以不同视角叙述，就可能呈现出不同的面貌，产生出不同的意义。

1.故事由写作者直接叙述

如：有一天早上，我姥爷突然来拜望我祖父母。有人到新台子去，告诉他，女儿毓贞前两天在给公婆煮早饭时，失神落魄，手随着柴火伸到柴灶里去，连疼痛都不知道……她已经失神落魄好久了。而且，还听南京来人说，我父亲与一些时髦的留学生住在一起，男男女女都有[1]。

2.故事由人物或是与人物有紧密关联者叙述

如：我师傅真是比父母还要父母，随时带着你走，随时告诉你各种界限。我那时候特别爱打篮球，有一天师傅在阳台上看到我跟一个人在交头接耳说话，就冲下来一把拉开我，这人你怎么能去打交道？我说怎么了？他说这人是A院的。我们都是用字母代号的，A院是离我们大概七八公里远的另一个院子，其实就是一群破译密码的人。师傅说他的机密度高，他在这个单位留的时间至少要18年，而我是8年，万一他跟我说了有18年机密时间的事，我在这里服役的时间就自动升格成18年了[2]。

3.故事由与人物虽有关联，但关联性较弱者叙述

如：康健教授事后回忆看到X光片时的感受时说："当时就知道没救了，肺部几乎没好地方，什么都晚了。"他觉得如果早一些送到医院，才力本可以避免死亡。才力一直拖延没有就医，事实上正是因为缺少医资。亲

---

① 齐邦媛著：《巨流河》，生活·读书·新知三联书店，2016年，第11页。
② 夏榆、魏玲：《麦家：48岁了，我觉得人活着就是受罪》，《人物》，2012年第10期。

人和朋友都猜测，那天他到父母家实际上是希望能借些钱的，但始终没能开口——父母收入微薄，宁可赁屋居住也一再帮衬他，让他早已惭愧不已[①]。

4.故事由无所不在的"导游"叙述

如：讲台上，中文系的一位女生在介绍夏志清及其《中国现代小说史》。孔庆东坐在第一排，手里拿一支笔，看着PPT，时不时做些笔记。女生讲到有趣的故事，他也跟着大家微微一笑。其后，他进行点评："左派有人说张爱玲是汉奸，但我还是为张爱玲说话。因为她有本事——这个聪明的女人能把她的观点表达得那么好。"[②]

（二）情节

情节指以人物为中心的事件演变过程。情节是由一组或一组以上能够显示人与人、人与环境之间关系的具体事件和矛盾冲突构成的，一般要经历开端、发展、高潮和结局等几个步骤，有的还有序幕和尾声。

1.悬念

悬念打破了故事发生的内在因果关系、时间顺序和线性发展，突出了事物的反常性和不合逻辑性。设置悬念可以满足读者对于故事情节发展、人物命运变化的关切与期待心理，可以推动故事向纵深发展。

2008年"5·12汶川特大地震"发生3天后，《中国青年报》记者林天宏在前往地震重灾区映秀镇的山路上，遇到了身上背着一具尸体的男子程林祥。程林祥"家在离映秀镇大约25公里的水磨镇上。他背上的人，是他的大儿子程磊，在映秀镇漩口中学读高一"。程林祥在地震后赶到学校，找到了程磊的尸体，"他决定把儿子背回去，让他在家里最后过一夜"。那么，这位父亲为啥要背着亡子回家？一路上余震不断，环境如此恶劣，他会遭遇到什么？他的心情是怎样的？他家庭的命运又会发生怎样的改变？这些潜藏着的不可知的问题，便是作者设置的悬念，这些悬念既引发着下文叙述，又让读者被程林祥的故事所牵引[③]。

---

① 李海鹏：《举重冠军之死》，《南方周末》，2003年6月19日。
② 宁歌：《孔庆东谈天气》，《人物》，2012年第14期。
③ 林天宏：《回家》，《中国青年报》，2008年5月28日。

2.困境

困境有大有小，困境越大，故事越复杂、越精彩。解决困境是非虚构写作的终极目标，读者可以从人物挣脱困境的过程中理解人物的内心情感，汲取经验教训，并感受人物在面对生活逆境时是如何寻找出路的。

3.冲突

冲突指现实生活中由于人们的立场观点、思想感情、理想愿望以及利益不同等而产生的矛盾斗争，它包括了人与人的冲突、人与环境的冲突以及在特定条件下人物自身的冲突。冲突是展示人物性格的有效手段，是戏剧化叙事最显著的特征之一。冲突越大、越频繁，作品张力就越强，其所要揭示的社会现象或问题也就越值得人们关注和思考。

董月玲《拒绝当一个标准产品》一文[1]聚焦了两种教育理念的冲突：一种是"标准化"教育，一种是"个性化"教育。我们敢不敢承认孩子之间是有差异的？我们能不能不用同一套标准来要求孩子？作品以主人公老陶教育女儿陶雨晴为例，对我国教育教学模式改革发出了叩问。

4.爆点

爆点即写作者在作品中设置的"高潮点"。爆点可以是一个，也可以是多个。设置爆点是非虚构写作"讲好故事"的一个重要原则，因为爆点是读者最愿意，也最希望看到的内容，写作者将爆点提取出来并加以突出呈现，就能牢牢吸引住读者。

需要注意的是，爆点不是"标题党"，也不是为了"吸睛"而刻意营造出的所谓"噱头"，更不是要制造假新闻。爆点是故事由低谷走向高潮的转折点，正是因为有爆点的存在，故事情节才开始发生变化。写作者可以通过突出人物身上的反差，来制造阅读爆点。

例如，作为享受副部级待遇的"国宝级"科学家，中国科学院院士、遥感地理学家李小文在日常生活中却衣着朴素、不拘小节，这一人物本身所具有的性格特质就已形成巨大反差。陈璇在《"布鞋院士"李小文：身上常揣酒　最喜欢令狐冲》一文中，将这一反差提炼成爆点，从而引发读者强烈的阅读兴趣：

> 此前，有人说他像武侠小说里的扫地僧，"低调、沉默却有着惊人天分和盖世神功"；也有人将他与陶渊明等魏晋名士相提并论，"外表不羁但是

---

[1] 董月玲：《拒绝当一个标准产品》，《中国青年报》，2009年7月22日。

有着仙风道骨";一位大学同学盛赞他,"维护了传统知识分子的风骨、本色、随性"。

然而,对于初次见到李小文的人来说,"狂狷不羁"恐怕难以和眼前这位身形瘦小的科学家产生关联。年过六旬的李小文佝着背,蹲在茶几边上的一角,为客人沏着茶。他还特意询问:"介意用手抓(茶叶)吗?"他拎开水瓶的手微微有些颤抖,但水还是恰如其分地倒在杯子的七分处。

几年前,同样是在这间办公室里,一位采访他的记者端坐在真皮沙发上,而他却矮矮地坐在学生送他的小竹椅上。这位颇有名望的科学家侧着身子,仰面望向记者,还不停地给对方递烟、点火。最后,那位记者不得不感叹,"这可能是世界上最谦虚的科学家了"[①]。

(三)气氛

气氛指弥漫在空间中能够影响人物行为过程的心理因素的总和。这些心理因素包括紧张、兴奋、沮丧、恐惧、期待、高兴、热烈、冷漠、积极、消极、肯定、否定、怀疑、信任、尊敬和鄙视等。气氛虽看不见、摸不着,但却是客观存在、能为人所感知的。比如:

神秘感——

第90块石头,与别的石头没什么不同。

这块石头上写着:"SYNTEGRA,? —08/26/09。"这是一个拗口的拉丁文名字,它死于2009年8月26日。"?"意味着无人确切知道它什么时候出生,出生在哪里。

这块石头很干净,三两只蚂蚁在上面爬来爬去。而更多的石头则长满青苔,有的半陷在泥土里,上面的字迹模糊可辨。每块石头的背后都有小木片做成的十字架,它们插在长满青草的不足膝盖高的土堆上。

这些土堆掩藏在一大片竹林里,地上开着紫色的小花,小手模样的藤萝四处攀爬,郫河支流从旁缓缓流过。

显然,没有比这儿更适合的墓地了。这里埋葬的不是人,而是90

---

① 陈璐:《"布鞋院士"李小文:身上常揣酒 最喜欢令狐冲》,中国新闻网,2014年6月4日,http://www.chinanews.com.cn/edu/2014/06-04/6241335.shtml.

头熊[①]。

(四) 情感

情感指人们对客观事物是否满足自己需要而产生的态度体验。写作者要注重并善于描写充满情绪和记忆点的人物,让读者在情不自禁中随着人物的喜怒哀乐而发生情感波动,只有这样,才能让读者体验到足够的感官冲击并为此激动不已、感同身受,最终被自然而然地带入故事的情境之中。比如:

情绪失控——

情绪控制的极限发生在2005年一次颁奖礼上。她正准备上台领奖,接到电话,被告知母亲在美国进行肺部手术,心跳、呼吸停了20秒。医生让她做好母亲永远不会醒来或者失忆的准备。下一秒上台,她强忍泪水,笑着对所有人说谢谢。"那一刻我真的很讨厌当明星,因为我永远要把真实情绪藏在心里。"这次失控以佘诗曼每年休假一个月去夏威夷陪母亲告终[②]。

(五) 内涵

内涵指读者阅读作品后所产生的一种认知感觉。由于人的感知能力是有差异的,因此写作者需要将故事内在的、潜藏的、本质的东西挖掘出来,特别是要有意识地呈现出故事背后所蕴藏的情感内涵,以引领读者去深刻理解正在变化中的世界。

1997年,20来岁的河北农民李红旗在保定一个古玩市场花2500元购买了5张泛黄的《革命烈士家属证明书》,证明书上只有抗美援朝烈士在朝鲜战场上牺牲的简单情况,末尾有烈士亲属姓名和家庭住址,发证时间是1952年。李红旗本打算过段时间找个下家,加价卖出去赚上一笔钱。但在回到家仔细研究了这些纸张后,他倒卖赚钱的想法却动摇了,并最终义无反顾地踏上了寻找烈士家属的漫漫长路。截至2009年8月,李红旗总共寻找到了4位烈士的家属。

蒋韡薇的《归途》[③]一文,讲述的就是这位普通农民与5名志愿军烈士特别的情缘,作品感动了千千万万读者。这段穿越了50余载的军民鱼水情说明了一个朴素的道理:人民,永远都不会忘记为国捐躯的英烈们。

---

① 从玉华:《熊的解放,人的救赎之路》,《中国青年报》,2009年9月16日。
② 张明萌:《佘诗曼:我不是自信的演员》,《南方人物周刊》,2018年第18期。
③ 蒋韡薇:《归途》,《中国青年报》,2009年6月10日。

第三节　非虚构写作的叙事技巧

一、场景建构

"场景"原指小说、戏剧、电影等艺术作品中的场面，而现实生活也是由一幕幕场景所构成的，因为每个人都生活在属于自己的那个"特殊的"场景之中。当人们有了新的目标、新的愿望或新的体验时，场景也会相应地进行转换。

场景不仅是为了"描写"才去建构的，每一次场景的转换，都会制造出一个"新的意义"。比如 A 场景的出现，会导致 B 场景中的因果联系；C 场景会引出人物的需求和欲望，而 D 场景则会展现出人物为解决困境而准备采取的办法等。当这些"新的意义"被结合到一起后，就会最终凝聚成故事的主题。

在非虚构写作中，故事的主题不能只是通过概括或总结来进行提炼，而应通过建构一个个场景来加以实现。作者有责任为读者营造出一个生动的时空环境，营造出一种能够准确贴合文章主题的氛围，通过真实地还原现场，让读者沉浸于场景之中，从而能更加真切地感受故事。

写作者要时刻保持"镜头意识"，要通过巧妙的叙事让读者有空间感。因为只有建构起具有体积和维度的场景，才能让读者产生强烈的感官体验，从而达到震撼人心的效果。不过写作者需要注意的是，所有场景在建构时都须做到百分之百的准确，并且还要有生动的细节，因为只有这样，才能真正赋予场景以真实、感人的生命力。

杨潇《素季的国度》一文，开头从缅甸"最红的歌手"联想起23年前昂山素季在英国参加的"夏末野餐"。作者在两者之间巧妙地进行了场景切换，故事也就自然而然地发生了：

> 阳光刚刚好，茵雅湖上吹来小风，草坪边有张桌子，上面摆着菠萝汁和各式甜点，有人先离开了，剩下的人三五成群地继续聊天。"那是缅甸现在最红的歌手，"昂山素季的朋友 U Htin Kyaw 远远地指着一个女孩告诉我，"那边，是本地很有名的一个电影演员。"

不知此景是否让昂山素季想起牛津的夏末野餐，在离开英国23年以后，这并非常见的场合。仅仅在一年多以前，这还是一块外人不得踏足的禁地，而当时处于软禁中的昂山素季，仍是这个国家最大的敏感词。有一段时间，军政府甚至不允许人民说出"素季"这个名字，于是人民就改口尊称她为"夫人"。"两年前，这些明星不可能来见她，"这次聚会的组织者Myo Yan Naung Thein 说，"他们只能在心中默默地支持。但现在不同了，人们迫不及待地要表现出他们对夫人的支持"①。

二、人物塑造

（一）人物塑造的目的

人物在新闻写作中始终占据极重要的位置，因为典型人物所反映的时代精神与风貌具有强烈的示范效应。读者通过阅读人物报道，可以为自己的人生发展找到参照系。不过人物报道新闻价值虽然很大，但如何才能摆脱传统报道方式和手段的束缚，将新闻人物写得生动、鲜活，却一直是创新人物报道模式的重点和难点所在。

非虚构写作选择的人物，与一般新闻报道所选择的人物，在取舍标准上还并不完全一致，它更强调人物本身所具有的"故事性"，即能否通过聚焦人物命运的变化，来展现出人类生活中最本真的那一面，甚而通过其个人经历来辐射国家和民族的变迁。

在非虚构写作者看来，每个人都在用各自不同的方式观察、表达和行动，因此每个人都是一个与众不同的独特个体。非虚构写作所选择的人物应该有回忆，有历史，有欲望，有挣扎，有感悟，要能在叙事中起主导和掌控的作用。

非虚构写作塑造人物最主要的目的之一，是能更生动地进行叙事，能更流畅地推动情节的发展，因此与人物有关的任何细节，无论多么引人入胜，只要达不到这一目的，都只能弃而不用。

杜鲁门·卡波特的《冷血》为我们勾勒了迪克和佩里这两个罪犯丑陋、阴狠的相貌。其中，他对迪克外貌的描写让人印象深刻：

---

① 杨潇：《素季的国度》，《南方人物周刊》，2012年第4期。

比起体格和遍身的文身，迪克的脸给人的印象更为深刻。那是一张各个部分搭配错位的脸。他的脑袋就像一个苹果切成两半再组合起来，但果核去掉了。事实上，他曾出过事，不对称的五官是一九五〇年一次车祸的结果。那次车祸把他的长下巴和窄脸撞歪了，左半边脸比右半边低，因而嘴也有点斜，鼻子也歪，而他的两只眼睛不但不在一条水平线上，连大小也不一样了。左眼狭长上翘，透着毒蛇般阴险的蓝光，当他瞟人一眼时，虽出于无意，却清楚地反映了他恶毒的本性[①]。

（二）圆形人物和扁形人物

1.圆形人物

圆形人物指那些具有复杂性格特征的人物，他们往往是"多义"与"多变"的人物。圆形人物性格比较丰满、立体、复杂，他们大多有一个较为稳定的性格轴心，同时又呈现出其他的性格侧面和性格层次。这些不同的性格侧面和性格层次相互交融，便构成了一个丰满、精彩的人物形象，从而揭示出人物性格的变化与人性的复杂。

圆形人物应是写作者花费大量笔墨着力描写的对象，其性格轴心及多侧面、多层次的性格特征，只有在不断变化的环境和复杂的矛盾关系中才能逐渐得到显现，因此对于圆形人物的塑造和挖掘，已成为每一位非虚构写作者必须格外重视的事情。只有让人物的性格稳定而不凝固，给人一种"流动感"，才能让读者与人物产生共鸣。

由于圆形人物打破了"非好即坏"的简单"二分法"，因此能更真实、更深入地揭示人性的复杂性和丰富性，从而具有更高的审美价值。如《红楼梦》中"金陵十二钗"之一的王熙凤，就是一个有着鲜明个性的圆形人物：她很能干，身为荣国府管事，能将偌大一个家庭掌管在手中，打理得井井有条，能力自不必多说；她很聪明，深谙人心，善于拉拢，有很好的人缘；她又极为狠毒，"嘴甜心苦，两面三刀，上头一脸笑，脚下使绊子，明是一盆火，暗是一把刀"；她还是一个对权力和金钱有着强烈欲望的女人，如她曾借职务之便，利用"时间差"拿公银出去放利吃息，利用贾府关系替人买通官司、制造冤案等。

写作者应对所掌握的大量的人物背景资料进行认真整理和分析，在采访过程中

---

① 杜鲁门·卡波特著，夏杪译：《冷血》，南海出版公司，2010年，第29页。

也要尽可能多地进行细致观察和信息求证。只有这样，才能了解到不为一般人所知的、准确且富有特征的人物故事，也才能为读者呈现出一个有血有肉、有强烈个人特质的圆形人物。

2.扁形人物

扁形人物指性格较为简单、鲜明、突出的人物，他们身上常常具有一些比较夸张的性格特征。扁形人物因性格抽象，很容易被读者辨识和记忆，也具有一定的典型意义，可与圆形人物形成互相对照的关系，可在某种程度上起到烘托圆形人物的作用，并且还可以更直观地表达写作者的好恶褒贬。不过，由于扁形人物性格过于单一，性格内涵不够丰富，因此缺乏能够让读者进一步思考的空间。

法国作家巴尔扎克的小说《欧也妮·葛朗台》刻画了一个名叫葛朗台的富有商人，他虽拥有万贯家财，为人却极其吝啬，甚至就连自己的妻女，在他眼里也不如一枚金币的分量重，"葛朗台"这一文学形象也因此成了"守财奴"的代名词。

成熟的故事叙述既需要以圆形人物为中心，又需要以扁形人物为辅助。只有这样，写作者所要揭示的人性缺陷、矛盾和变化，才能与读者产生共鸣，这样塑造出来的人物也才能真正得到读者认可。

（三）人物塑造的技巧

1.形象

形象指人物的脸型、五官、发型、身材、肤色、衣饰、姿势和风度等。人物形象不仅体现在衣食住行等个人生活层面，也是人物社会认知感的外在表现，它在相当程度上反映了人物个人素养的真实状态。因此形象既是个人发展的需求，也是社会发展对于个人的要求。

每一个人都是变幻莫测和难以捉摸的，都会有着属于自己的历史和回忆，都会有着对于自己未来命运的不确定感，写作者只有将人物"形象化"，才能有助于引领读者进入人物的内心世界，从而能更深刻地认识和理解人物。

读者需要通过写作者详尽的细节描写，在自己头脑中建构出人物的形象，并沉浸在由这些形象所组成的故事之中。

2.目标

目标是人们对活动预期结果的主观设想，是在人的头脑中形成的一种主观意识形态。

目标是人物塑造能否取得成功的关键所在，目标推动着故事发展，目标越远大，故事就越复杂；目标越强烈、越具有危险性和复杂性，故事就越跌宕起伏、引人入胜。

3.身份

身份指人的出身和社会地位，它对应着一定的文化背景、道德准则和行为规范。构成身份的主要元素有：籍贯、年龄、性别、职业、职务、辈分、资历以及内外关系、亲疏关系、上下关系等。

每个人都会有多重身份，青年、大学生、儿子、创业者和救人英雄等身份，都有可能集中在某一个特定的人物身上，有时为突出报道其中的一种身份，人物其他身份会被弱化甚至被屏蔽。比如，报道人物在大学期间学习勤奋、成绩优异，我们会强化其"大学生"的身份；报道人物见义勇为的精神，我们会强调其"救人英雄"的身份。

4.谈吐

言语应对是人类交流能力的重要表现之一。谈吐是人物个性特征的反映，也是人物的一种身份标识。由于人们所处时代、职业、身份、年龄等各有不同，因此当他们开始讲话时，他们的讲话方式、遣词造句等也都不尽相同。

谈吐会暴露人物的内心秘密和个性化细节，并且能将人物"定位"在某一个社会位置上。

5.举止

举止指人物在一定场合活动中所表现出的较为稳定的行为。人物举止能很好地展现人物性格，清晰地显示人物特征。人物的价值观念、情感特性、性格气质和精神状态等，都会被人物举止给"泄露"出来。

6.情感

情感指人们对于客观事物能否满足自己需要而产生的态度体验，如喜悦、愤怒、忧伤、悲痛和恐惧等。写作者应重视对人物情感的描写，要突出人物在特定环境下所产生的想法和感触等内心活动，以更深刻地揭示人物的思想品质和精神世界。

7.逸事

逸事指那些其他人不知道、却与人物有关的事情，这些事情不见于正式记载，但对于写作者塑造人物却有着独特的说服力。

熊育群在《守护苍生：记战"疫"中的钟南山》一文中，引用了网络上"有人把钟南山、李兰娟画成了一对守门神"的段子，这从一个侧面说明抗击新冠疫情期间，钟南山、李兰娟等防疫专家在百姓心中沉甸甸的分量：

冠状病毒形如皇冠，在微生物的世界里无影无形，藏在人的身体里，躲在空气中，四处皆暗藏杀机。它肆虐的速度就像人类高铁的速度、飞机的速度。人们惶恐、无助，盼望权威出现。网上有人把钟南山、李兰娟画成了一对守门神，取代了神荼、郁垒。钟南山不得不频频出镜，及时回应社会关切，为大众答疑解惑。他的出现给了众人信心，安定了人们紧张的情绪①。

三、声音描写

（一）声音描写的意义

声音是人类获取信息的主要渠道之一，也是非虚构写作者用来描述或建构作品的基本材料，是他们复原现实世界的一种重要手段。优秀的非虚构写作者都是运用声音的高手。

由于声音会不自觉地透露出一些隐藏的秘密，因此写作者需要通过记录不同的声音，来帮助读者理解人物情感及行为变化。

1.提供信息

声音赋予写作者及其他人以独立的地位，声音意味着身体在场。对于读者来说，通过声音可以获取更多来自他人提供的信息。

2.塑造人物

声音能够很直观地展现人物性格，反映人物情绪。

人们的声音或粗犷、奔放，或明快、果断，或婉转、温柔，或沉重、阴郁，写作者应通过文字，让每个人物都有属于他"自己的"声音，从而使读者能闻之以声、动之以情，从声音中去感受人物的命运浮沉。

3.推进故事

声音可以制造出许多戏剧化冲突，并以此推进故事下一步的发展。

当故事进入到"白热化"阶段时，恰到好处的声音能起到画龙点睛、推波助澜的作用。

---

① 熊育群：《守护苍生：记战"疫"中的钟南山》，《光明日报》，2020年3月1日。

（二）声音描写的方法

1.口语

口语即人们在日常生活中口头交谈时所使用的语言。口语表达时的正式程度如何，在一定程度上反映出人物的社会身份和所处环境。如：

> "我跟她要这点钱根本是零头好吗？她把我的房子弄得乱七八糟。"谢伦娜一边回复法官，一边拿出了满目疮痍的房间照片和她刚刚给阿琳看过的账单来佐证。
>
> 格拉姆林·佩雷斯仔细看过照片跟账单，但她的结论仍是："证据不够。"
>
> 谢伦娜尝试再争取一次，但依旧徒劳。"反正事情就是不能顺我的意。"她终于被激怒了。
>
> "嗯，恐怕是吧，"专员说，"那么……"
>
> "这样真的很不公平！都没人管管这些租户。每次都是房东咽苦水。这个制度真是有问题……随便，反正这些钱我横竖拿不回来了，这些人本来就是社会上的废渣！"[①]

2.方言

方言指在某一区域使用的、非书面和非官方的语言。方言能体现出人们日常生活的真实性和多样性，特别是在描写那些生活在具有语言特色地区的人物时，假如能够汲取其独特的语言对话，并予以准确地反映和把握，将会使人物形象变得更加丰满。此外，适当使用歇后语、谚语、俗语和惯用语等，也可以增加非虚构写作的表现力，有助于塑造鲜活的人物。

李燕燕《凤凰城的晃哥》一文，描写了晃哥与家人商量去重庆打工的故事。作者在描写对话时经常引述当地农民的"土味"方言，如"堂客""城头""乡头""臭得发紧""好生建设""吊起吊起混"等，这些原汁原味的当地方言，散发着浓郁的烟火味和地域风情。

---

① 马修·德斯蒙德著，胡䜣谆、郑焕升译：《扫地出门：美国城市的贫穷与暴利》，广西师范大学出版社，2017年，第136—137页。

"我要去重庆城打工。"晃哥突然停下筷子，大家听明白了也停下筷子。那时，村里人打工要不在省城，要不就去沿海或者北京，当然，也有人去重庆，当棒棒赚"力钱"，收入自然不比那走得远的。"去重庆干吗？上回陪堂客去重庆城头大医院看病，下雨，医院外头的路坑坑洼洼，泥泞得跟我们乡头差不多，馆子头流出来的脏水臭得发紧。看起就不像个大城市。"年后就要去深圳的二表哥开口了。"你们肯定晓得，今年子重庆就直辖了，直辖了城市就要好生建设，起那些高楼大厦肯定用得着我们这些有点手艺的。不然在乡头这样吊起吊起混，也没好大意思。"说着说着晃哥就下了决心。"要得，妈帮你把娃娃带起。"晃哥妈把一大片泛着油光的腊肉夹到儿子碗里①。

3.措辞

措辞指说话时选用的词语和句式等。措辞受到说话者思想、情感、心理特征、个性特点、学历背景和生活习惯等多重因素的影响。

4.句法

句法指按照什么样的语法结构来排列和组织语言。句法不只意味着句子的结构，它也在一定程度上影响着人物的思维方式，传达出人物的某种情感。比如：

我告诉你，这些眼泪都是真实的。这让我很感慨，一个像他这个年纪、有这样社会地位的男人，却感到如此受伤、无助，这是很沉重的眼泪。这个男人，他很坚强，我知道他的故事。我知道他为自己的王朝斗争过很长一段时间。他坐过牢。那种真正的牢房。他对我说，你是我一生中唯———个见过我流泪的女人。

小孩哭，女人哭，男人哭，所有人都哭。有一次，有个男人，那个词你们怎么说来着？——哦对，怪老头。这个怪老头非常强壮，又高，块头又大，是个肌肉男。我带他去见律师，律师说，你的居留权被拒了。啊啊，他的眼泪登时涌出来，律师怔怔地看着他。发生了什么？不知道。这对他们来说是个打击②。

---

① 李燕燕：《凤凰城的晃哥》，《光明日报》，2017年3月10日。

② 克莱格·泰勒著，华苑译：《伦敦人：大城市的日与夜》，湖南文艺出版社，2019年，第370页。

5.节奏

节奏指声音在长短、快慢、轻重、浓淡等方面表现出的具有一定规律性的变化。语速的快慢与表达的简洁程度如何，是影响声音节奏最重要的两个因素。写作者应通过直接引语和间接引语的有机结合与不断转换，把故事讲得跌宕起伏，富有节奏。

6.修辞

修辞即对声音进行"修饰"。写作者在描写声音时，应利用多种手段（如对偶、连绵词和叠音词的使用、平仄声调的变化、押韵等），使声音匀称协调，富有美感和变化，不僵硬呆板。如：

> "今年杨梅还好销，老百姓都挺幸福的！"30岁的郑胜华乐滋滋地说。他毫不掩饰自己对应一民的佩服劲儿："听应县长讲话，就像屋子里的窗户一下子打开了一样。以前，村子怎么搞，我也迷迷糊糊的。现在，连老百姓都知道，下一步该怎么走。"①

四、动作描摹

（一）动作描摹的意义

人物的动作与情感、态度、姿势和表情等一样，都能反映人物的性格特征和精神品质，使故事变得生动鲜明且富有活力。人的动作不是孤立的，它包括在人的整体活动之中。写作者应赋予人物所有的动作以明确的意义，使动作能够真实地表达人物的情感和想法。

非虚构写作离不开对人物动作的描写，形象化的动作描写不仅能推动故事的发展，而且还能让人物形象更加鲜活地呈现在读者面前。

（二）动作描摹的方法

1.与作品主题相符

人物的动作描写要有助于刻画人物的性格，有助于营造画面感，有助于更好地

---

① 董月玲：《MBA县长》，转引自李大同主编：《冰点——中国青年报专题报道精选》，安徽人民出版社，1996年，第87页。

表现作品主题。否则，再多的动作描写都没有意义。

熊育群在《守护苍生：记战"疫"中的钟南山》一文中，通过对钟南山"喜欢坐在病人身边""拉着病人的手"等细微动作的描摹，生动塑造出一位"视病人如亲人"的好医生形象：

钟南山在病房查房时喜欢坐在病人身边细心听病人说话，拉着病人的手询问病情。有的病人身上散发出异味，他也不以为意。开专家门诊他总是提前半个小时到，一直看到晚上七八点，妻子不得不把饭送来。他认为，如果硬以上班8小时画一条线，那不是一个好医生。他是那么细心。冬天的时候，他会先搓暖自己的手，怕手凉让病人不舒服；巡房时，他会给病人送上生日祝福。病人治愈出院，是他最开心的时刻。他从病人的喜悦中找到了自己人生的价值和快乐[①]。

2.与人物身份相符

人物的动作要符合人物的身份，不同身份的人物会呈现出不同的动作，而那些专属于人物的个性化动作，才是写作者需要特别关注的。

3.与周围环境相符

人物的动作要与周围的环境相互依存。写作者应注意人物动作与环境之间存在的协调或者矛盾之处，如此，才能产生出与之相匹配的人物情绪。

在董月玲《202路有轨电车》一文中，早班公交车司机和售票员的一系列动作都发生在"都市清晨"和"公交车"这样一个特定的环境之中，人物与环境自然而然地融合在了一起：

这时，打更的老师傅推开车场的大门，里边停满了电车，黑暗中，它们就像是一群仍在沉睡的大型动物。如今大连市只剩下三路有轨电车，五一路车场就有两路，打工妹们所在的202路一车队，今天上早班。

于翠艳和她老对儿进了票房，领了皮包、票，五块钱的本钱，然后上了1028号电车，扫地、擦玻璃。

4:05分，202路第一班有轨电车发车了，于翠艳和她老对儿，一个拉

---

① 熊育群：《守护苍生：记战"疫"中的钟南山》，《光明日报》2020年3月1日。

车弓，一个扳道岔，干得熟练麻利，她俩都没吃早饭。这条线一共11站，从兴工街到黑石礁，于翠艳她们在这个班上要跑够9圈，中午才能下班。

北方冬天的凌晨，黑而寒冷。

行驶中的老式电车声响大作，铁轨和车轮摩擦着，发出"哐哐锵锵、哐哐锵锵"的声响，车厢里的木壁、窗玻璃、铁扶手也被震得叮里咣啷地直响。我和她们说话时，要嘴巴对着耳朵，且要大声才能听清。

车到了起点站兴工街，司机从车厢的一头走到另一头，改变行驶方向，老式电车两头都可以开。一连几站都没有乘客，于翠艳不断地喊："走，司机"，电车便一一过了这些站台①。

4.与运动规律相符

人物动作要符合人体运动规律。写作者要注意观察持续性的动作，要善于将一些连贯性的动作进行分解，从中抓住人物最具特征的动作，要懂得在描写动作时尽可能地把握好动作的节奏。只有这样描写出来的动作，才具有可读性，也才能真正抓住人心。

南香红的《盲艺人的乐与路》一文，记述了太行山深处一群盲艺人的故事。在下面这段文字里，"贴""看""递""摸""揣"这些动作是连贯进行的，很符合盲人特殊的动作规律，不仅生动传神，也让读者感受到了这些盲艺人对"辛苦钱"的珍惜与爱护：

> 药成江把几张纸币对着太阳贴在眼前仔仔细细地看了个遍，又把它递到张林庆手里，张林庆一张一张地摸过，又传到陈玉文手里再摸了个遍，才递回来。药成江解开棉衣扣子，把它们揣进贴肉的口袋里②。

---

① 董月玲：《202路有轨电车》，转引自李大同主编：《冰点——中国青年报专题报道精选》，安徽人民出版社，1996年，第38—39页。

② 南香红：《盲艺人的乐与路》，《南方周末》，2003年11月27日。

五、细节刻画

（一）细节刻画的意义

细节是指那些能够影响全局的、容易被忽略的细微物件或行为。它是新闻和文艺作品中描绘人物性格、事件发展、自然景物和社会环境等最小的组成单位。细节是故事的"颗粒"，是故事的"毛细血管"，是故事展开的链条，是人物的镜像。细节既是描写人物形象、人物性格、故事情节和环境特征的最小单位，也是表现事物各种感性特征的最小材料。作为最真实、最原始、最形象的传播文本，细节让故事有了"温度"。当一个个细节被串联在一起时，引人入胜的故事也就水到渠成了。

细节刻画是非虚构写作最常规的"武器"之一，它可以建构真实、可感的场景，可以塑造有血有肉的人物，可以增添故事的感染力，可以凸显事件的真实性，可以很好地吸引读者阅读。

需要指出的是，有些细节是有效细节，而有些细节则是无效细节，甚至是有害细节。因此写作者着力刻画的必须是有效细节，必须为作品主题服务，否则细节越多，就越会冲淡主题。

（二）细节刻画的方法

1.人物细节

人物细节包括外表、家庭背景、教育水平、工作经历、经济状况、情感历史、生活区域、天赋、信仰、身份、道德、动机、友谊、自我认知、价值观、习惯和爱好等要素。写作者要善于抓取人物最重要的细节，并加以细致描绘，从而为人物注入旺盛的生命力。

（1）肖像细节。对人物的外貌、外形等外部特征进行细节刻画，能让人物"立体"起来，能使读者对人物有更直观的印象，并能在一定程度上反映出人物的精神风貌。如：

> 72岁的宫崎骏这次没有罩在标志性的白色大围裙里。他穿着白西服，白须白发，只有眉毛还是黑的。9月6日，站在为他退休发布会赶来的600多名记者前，宫崎骏批评自己：之前说过好几次退休，搞得大家都不相

信了。

"但是这次……"他表情严肃起来："是认真的。"

说完却扑哧笑出来，笑完又不好意思似的，抬头挠了挠头顶的白发[1]。

（2）语言细节。对人物使用的符合其身份的典型语言进行细节刻画，可以彰显人物的个性。如：

> 现在已经是一家杂志主编的许庆亮还记得，2003年，自己曾去采访史铁生。这个轮椅上的作家从容地谈论着死亡，身体却处在极度虚弱之中。在接受采访一个多小时后，他叹了一口气，说："对不起，我累了，觉得喘不过气来。"
>
> 许庆亮试探地问，病情是否有好转，有没有哪一天可以摆脱透析。史铁生却回答道："肯定有这么一天，那一天我就死了嘛。"说着，他哈哈大笑起来[2]。

（3）动作细节。动作变化往往是人物心理发生变化的结果，因此描写人物的动作，可以使读者从中一窥人物内心的情感活动。如：

> 我们在后舱脱了鞋，轻轻走向床前。只见他紧抿着嘴唇，眼睛里还噙着些泪，脸上有一道泪痕。枕边搭着一方干净的手绢，就是他自己带走的那条，显然已经洗过，因为没一道折痕。船上不见一人。
>
> 该有个撑船的艄公，也许还有个洗手绢的艄婆。他们都上岸了？（我只在心里捉摸）
>
> 我摸摸他额上温度正常，就用他自己的手绢为他拭去眼泪，一面在他耳边轻唤"钟书，钟书"。阿圆乖乖地挨着我。
>
> 他立即睁开眼，眼睛睁得好大。没了眼镜，可以看到他的眼皮双得很

---

[1] 刘蒙之、张焕敏著：《非虚构何以可能：中国优秀非虚构作家访谈录》，中国社会科学出版社，2018年，第150页。

[2] 赵涵漠、贺延光：《这只摇了38年的轮椅，停了》，《中国青年报》，2011年1月5日。

美，只是面容显得十分憔悴[①]。

（4）装扮细节。从穿着打扮上能够发现人物的许多特征，如其职业、性格以及精神状态等。

诺曼·梅勒在《夜幕下的大军》中，描写了一群试图为五角大楼"驱魔"的嬉皮士，他们身上的奇装异服、使用的乐器、哼的曲子、做的动作和姿势等都被描摹得历历在目，鲜活生动，极富表现力，既显示出现场的狂热气氛，又将嬉皮士的荒谬描绘得淋漓尽致。

> 现在他们身披橙色、黄色和玫瑰色的彩色披肩，看上去像印度宗教首领、法国滑膛枪手和南方骑士头目。姑娘们看他们表演，事实上也跟他们一起站在台上，颈上挂着彩色念珠、皮铃——穿拖鞋的，戴花的，戴钢架眼镜的为数众多。音乐，或者说表演，刚刚开始，和莎士比亚戏剧演出相似，报幕人总会摆噱头说会有很大的乐趣。此时梅勒才知道原来这是为五角大楼驱魔的开始[②]。

2.环境细节

环境既可以是建筑、场所、陈设等人造景物，也可以是季节变化、风霜雨雪、山川湖海、森林原野等自然景观。描写环境细节可增强作品的真实性和可信性，可为下文叙述进行铺垫，也可以表露出写作者的某种情感。

加拿大口述史作家克莱格·泰勒历时5年，不分昼夜地穿梭在英国伦敦的各个角落，从200多次访谈中选取出85位普通人的生活故事和工作经历，运用极为细腻的笔触，通过对一个个环境细节的描述，为读者勾勒出真实、可感的伦敦城市风貌。

> 伦敦令我惊讶的一点就是，房子的正门口就是垃圾桶所在地。人们把垃圾放在自家房子门口。我真觉得这个难以置信。还有一件事，就是你可以看到孩子们手里拿着麦当劳，吃着巨无霸套餐，吃完就直接把包装袋丢下，把包汉堡的纸随手一扔，可乐杯也直接扔掉。他们走过去，后面留下

---

① 杨绛著：《杨绛文集·散文卷》（下），人民文学出版社，2009年，第141页。

② 诺曼·梅勒著，任绍曾译：《夜幕下的大军》，译林出版社，1998年，第126页。

一路的垃圾。到处都是垃圾①。

3.物品细节

不同的物品有着不同的特征，即便是同一件物品，在不同环境下也会呈现出不同的表征意义。写作者要注意观察具体和生动的物品细节，在描写这些细节时，要尽可能地让物品"储存"更多的信息，以辅助故事情节向纵深发展。如：

> 迪克开着一辆一九四九年的黑色雪佛兰。佩里钻到车里以后，检查了一下后座，看看他的吉他是否安然无恙。昨天晚上，给迪克的一群朋友演奏完，他忘了把吉他拿走，结果落在了车里。这是一把很旧的吉布森牌吉他，经过砂纸打磨，上过蜡，外表呈淡黄色。在吉他旁边还有另外一些东西：一把崭新的十二毫米口径的半自动猎枪，枪管镀着一层烤蓝，枪托上刻着猎人瞄射野鸡的图案；此外还有一个手电筒，一把钓鱼时用的小刀，一副皮手套，以及一件装满了子弹的打猎马甲。一切都给此刻增添了诡异的死静气氛。
>
> "你就穿这玩意儿？"佩里指着马甲问道。
>
> 迪克用指节笃笃地敲着挡风玻璃说："打扰你了，先生。我们是出来找猎的，迷了路。能用一下电话吗……"②

4.数字细节

任何故事都少不了数字的介入，数字有时只是单纯的表示"量"，有时却是一种"质"的反映，并且能给人以形象化的联想。数字能使故事锦上添花，也可能会使故事显得枯燥乏味，因此写作者应想尽一切办法，将数字用好用活。

王天挺等的《北京零点后》一文全篇6000多字，共出现了158个数字，这些数字不仅印证了所述事实的真实、准确，而且也使文章读起来更富趣味、更有节奏感。

> 平均每年，北京的深夜会发生2022起火灾，其中40.5起是由于自燃而导致，而有55人会在半夜放火。大部分的火灾都会在一小时之内被北京市

---

① 克莱格·泰勒著,华苑译:《伦敦人:大城市的日与夜》,湖南文艺出版社,2019年,第21—22页。
② 杜鲁门·卡波特著,夏杪译:《冷血》,南海出版公司,2010年,第20页。

消防局的 108 个消防中队、622 辆消防车扑灭。他们最新型的水泵能够覆盖两座国贸三期（北京现在的最高建筑，330 米）的高度，在 6553 个消防员中，至少有 10 人以上拥有六块腹肌[①]。

5.背景细节

所谓"背景"，是指那些需要向读者介绍的历史、缘由、意义、特征、功效和性能等，它主要包括历史背景、地理背景、人物背景和事物背景。背景描写能让读者更全面地了解与人物和事件有关的情况，从而加深对作品主题的理解。

丹尼尔·比尔在《死屋》中使用大量的档案资料，叙述了从 19 世纪初到俄国革命期间超过 100 万人被流放到西伯利亚的悲惨历史。下面这段描写就比较详细地交代了俄国流放制度起源的一些背景情况：

秋明市创建于 1586 年，托博尔斯克也于次年建立。至 1600 年，俄国军队声称乌拉尔山和鄂毕河之间所有的土地归其所有，并向东朝着下一条西伯利亚大河继续推进，即 1600 千米之外的叶尼塞河。进一步的征服活动随后出现：曼加泽亚在 1601 年创建，托木斯克在 1604 年创建……至 1630 年，西西伯利亚有了约 50 个设防的村庄，俄国人在叶尼塞河畔的叶尼塞斯克和克拉斯诺亚尔斯克建立了前哨基地。仅仅 12 年之后，他们越过了西伯利亚最后一条南北向的大河——勒拿河，并在雅库茨克稳固建立了自己的势力，这最终提供了到达位于北极圈的荒凉流放地的途径。至 1649 年，他们已经抵达北太平洋沿岸，建立了鄂霍次克海港。9 年后，他们又推进了 2000 千米，到达了距离阿拉斯加的威尔士王子角不到 160 千米的白令海峡岸边[②]。

正是在俄国向这片大陆的东部发动征服和殖民的过程中，我们可以看到流放制度的起源。

---

① 王天挺、周青松：《北京零点后》，《人物》，2013 年第 2 期。

② 丹尼尔·比尔著，孔俐颖译：《死屋：沙皇统治时期的西伯利亚流放制度》，四川文艺出版社，2019 年，第 33—34 页。

第四节　非虚构写作的发展趋势

当前，媒介环境正发生着深刻变化，非虚构写作也迎来了新的发展空间。依托新媒介技术的支撑，非虚构写作在写作者、发布平台、叙事内容、叙事手段、叙事风格以及运作逻辑等诸多方面，都呈现出了不同于以往的、新的传播学特征。但无论媒介环境如何变化，"讲好中国故事"始终都是非虚构写作永恒的主题，因为好故事永远都不缺读者，也永远都不缺市场。

一、全民作者

随着改革开放的不断深入和社会主义市场经济的快速发展，我国的社会阶层也在不断发生着深刻变动，并由此带来利益主体的多元化，原有的观念体系随之发生急剧变革。在此背景下，非虚构写作如果仍然只依靠传统的作家、记者撰稿，就很难呈现出观念的多样性以及由此带来的价值观的碰撞与冲突，也很难满足不同年龄、不同群体和不同层次读者的阅读需求。与此同时，在众多互联网非虚构写作平台的鼓励下，非虚构写作越来越趋向平民化，写作者立足于自身不同的生存景观，向公众展现出各自的生存状况与生活态度。

非虚构写作由以往的作家、记者撰稿为主，转变为作家、记者与优秀写作者共同撰稿相结合，这是当前写作者身份变化最主要的特点。目前，一批互联网非虚构写作平台正致力于打造"PGC（专业生产内容）+UGC（用户原创内容）"的创作模式，它们一方面招揽知名作家、记者入驻平台，另一方面通过项目资助，广泛招募各行各业优秀的非虚构写作者。

二、全景记录

当前非虚构写作正由以往偏重宏大叙事，转变为将观察视角延伸到社会生活的方方面面，其中既包括对重大事件的解析和对热点人物的访谈，也包括对世态百相和一些不太为人所关注的特定人群的记录。

非虚构写作的内容已不再局限于新闻报道的范畴，有关国内外政治、经济、文化、社会、历史、地理和科学等不同领域议题的非虚构作品正变得越来越多。同时，关注普通人物和边缘人群，在日常生活故事中寻找具有代表性和象征性的事件进行深度叙述，从中映射出公众普遍关心的社会问题，并力图提供解决这些问题的途径和方法，也已成为非虚构写作的一种发展趋势。越来越多的非虚构写作者将普通群体纳入写作视野，让读者在看到人物喜怒哀乐的同时，还能够产生情感共鸣，从而使作品具有一种情感抚慰的"减压阀"的功能。

不过需要注意的是，目前一些非虚构写作的选题显得过于琐碎单一，它们过多地涉猎底层群体和边缘人物的生活，存在着脱离社会现实关照的倾向，这应引起广大非虚构写作者的警惕。

三、全域平台

2010年后，在互联网新媒体冲击下，报纸、期刊等传统媒体渐显式微之势，传统的非虚构写作平台大为减少，作品产出日益困难，这直接导致一批以写作特稿见长的优秀媒体人相继离职或进行平台转移。

与此同时，随着读者阅读方式的改变，许多门户网站、新媒体机构以及一些新型文化企业看准风口，纷纷投资自建非虚构写作平台。这些平台凭借雄厚的资本，聚拢了一大批优秀的非虚构写作者，并逐渐成为当前非虚构写作的主要平台。目前较为知名的互联网非虚构写作平台有"谷雨实验室""人间·真实故事计划""真实故事在线"和"人间 the Livings"等。

四、全新叙事

移动互联给人们习以为常的阅读方式带来了巨大冲击，碎片化、浅层化已成为当下人们进行阅读的主要表征。在此背景下，非虚构写作的全新叙事不仅成为必然，而且因为有了新媒体技术的加持，更有了实现的可能性。同时，多学科和多种研究方法的深度介入，大大拓宽了非虚构写作的空间和视野，正成为非虚构写作的一种潮流和趋势。此外，当前非虚构写作也已由过去单纯的文字形式，转变为文字、音频和影像的互动融合。

2012年12月20日，《纽约时报》在其官网发布了多媒体非虚构作品《雪崩：特纳尔溪事故》（Snow Fall: The Avalanche at Tunnel Creek）（以下简称《雪崩》），该作品报道了16名滑雪爱好者遭遇雪崩的经过。它用三维动画模拟再现了雪崩发生时的情景，用文字和图片形式的历史资料衬托现实，用文字、显微图片和三维动画详解雪崩的成因，同时配合电影的表现手法，逼真、细致、多角度地报道了雪崩灾难的状况。《雪崩》的页面设计充分发挥了传统媒体强大的采编力量和策划能力，同时又具有网络丰富的多媒体组合以及良好的互动性等特点。该作品被视为在全球数字化浪潮下传统媒体进行变革的有益尝试，并成为融合新闻的标杆之作。

《雪崩》在《纽约时报》官网发布后好评不断，几天时间就收获了350万的点击量和290万次的访问量，其中有近三分之一的人是首次访问纽约时报网站。作品获2013年普利策特稿写作奖，成为非虚构写作多媒体呈现的成功探索和榜样实例。

五、全新风格

非虚构写作的写作者过去主要关注的是如何能把故事讲好，而如今他们更要思考的则是：不仅要把故事讲好，而且还要赋予故事完美且富有个人风格的呈现方式。

互联网的兴起一度让新闻写作的价值受到严峻挑战，然而随着自媒体平台的不断涌现，长期以来非虚构写作者稿件发表渠道稀缺有限的状况，却又得到了极大改观，许多非虚构作品依托互联网平台得到了更好的呈现。与此同时，非虚构作品的受众也由以往的精英人士，转变为数量庞大的社会群体。

从互联网平台非虚构写作实践来看，尽管一些碎片化和庸俗化文字仍能在一定时间里吸引到一定数量的人群，但从长远来看，只有那些讲述震撼人心的好故事，并且能够把这些好故事讲好的非虚构作品，才真正具有持久的生命力，也才能真正留住读者。

因此，从事非虚构写作的创作者需要不断强化自身的采写能力，特别是要着重训练自己组织故事结构和驾驭语言文字的能力，同时要尝试探索更加鲜明的创作风格和更加多样化的写作技巧，以努力成就独一无二的优秀非虚构作品，并赋予作品鲜明且独特的个人特色。

第四章　新闻宣传活动的策划与组织

新闻宣传工作事关旗帜道路，事关国家发展，事关民族复兴。2013年8月19日，习近平总书记在全国宣传思想工作会议上发表重要讲话，强调宣传思想工作一定要把围绕中心、服务大局作为基本职责，胸怀大局、把握大势、着眼大事，找准工作切入点和着力点，做到因势而谋、应势而动、顺势而为[1]。新闻宣传活动作为新闻宣传工作的重中之重，政治站位高，实践性强，紧贴政策，对新时代从事新闻宣传活动的相关人员提出了更高的要求，寄予了更高的期待。

第一节　新闻宣传活动策划与组织的基本流程

一、新闻宣传活动策划与组织的概念

（一）新闻宣传活动策划的相关概念

国外很多管理者及策划大师对策划都有不同的理解，日本著名策划大师和田创认为，策划是通过实践活动获取更佳效果的智慧，是一种智慧创造行为。韩国的权宁赞认为，策划是为达到目标寻找最适当的手段，是对未来采取的行动作决定的准备过程。美国"哈佛企业管理丛书"中的《企业管理百科全书》认为：策划是一种程序，在本质上是一种运用脑力的理性行为[2]。基本上所有的策划都是关于未来的

---

[1]《这项党的极端重要工作，总书记要求这样做》，中国新闻网，2021年8月19日，https://www.chinanews.com.cn/gn/2021/08-19/9547534.shtml.

[2] 张宏梅、赵忠仲主编：《文化旅游产业概论》，中国科学技术大学出版社，2015年，第270页。

事物，也就是说，策划是按照事物因果关系，衡量未来可采取之途径，作为目前决策之依据。策划是预先决定做什么，何时做，如何做，谁来做。策划如同一座桥，它连接着我们目前境遇与未来我们要经过之处。

策划在中国自古到今都是存在的，在《战国策》《孙子兵法》等古籍中都有对策划理论的精彩论述。《后汉书·隗嚣传》中提到，"是以功名终申，策画复得"[①]，其中的"策画"，就是指策划。改革开放后，各行各业涌现了不少策划师与机构，因而从不同行业、不同角度对策划都有了不同的认识和看法。

不同的时代背景下，不同的学科对策划的概念有不同的看法。新闻宣传活动中的策划就是策略、谋划与设计，是为达到主办方的预期目标和实现行为主体特定的宣传意图，在调查分析基础上，遵循一定的程序与规律，借助各种媒介对新闻宣传活动进行系统、全面的构思和设计，谋划对策，制订切实可行的执行方案，从而组织实施的主题性活动。策划不是一成不变的，在新闻宣传活动的组织中，策划会跟随活动发展变化而变化，有学者用公式简单地表达为：新闻宣传活动=宣传目的+媒介载体+新闻视角+公开活动[②]。

（二）新闻宣传活动形式的划分

新闻宣传活动策划产生的效果与影响，不仅对党政工作非常重要，对企事业单位、个人也同样重要。新闻宣传活动的类型从不同角度划分有着不同形式，从活动主体、活动行业、活动内容、活动主题、活动性质、活动规模、活动层级、活动场所、活动空间、活动动机等不同的切入点，都可以划分不同的新闻宣传活动形式，还有学者曾将宣传活动的主要形式分为27类（表4-1）[③]。

表4-1　新闻宣传活动形式划分表

序号	类别	形式（举例）
1	庆典类	……周年庆典
2	论坛类	博鳌论坛
3	互动类	……城乡少年手拉手活动

① 范晔著，李贤注，司马彪撰志，刘昭注补：《后汉书》，中华书局，1965年，第108页。
② 刘伯贤著：《新闻宣传活动的策划与组织》，广西师范大学出版社，2009年，第2页。
③ 王纪平、王朋进、潘忠勇：《如何赢得媒体宣传：公共组织宣传操作指南》，南方日报出版社，2006年，第224—230页。

序号	类别	形式(举例)
4	加冕类	授予……荣誉称号
5	宴会类	……国家领导人宴请外宾
6	揭幕类	奥运场馆竣工仪式
7	赞助类	……机构献爱心活动
8	公益类	……公众人物参加预防艾滋病公益宣传活动
9	现场推广类	……机构举办新产品推介会
10	慰问类	……春节慰问活动
11	走访类	……领导赴某地走访考察
12	倡议类	……部门发起环保倡议
13	宣誓类	……组织就某事向公众宣誓表态
14	首发类	……影视作品首演活动
15	签约类	某地作家签约活动
16	交接类	香港回归交接仪式
17	授牌类	……基地挂牌仪式
18	告别类	将最后一张粮票送进博物馆
19	颁奖类	……年度颁奖活动
20	结盟类	……与……建立战略合作关系
21	节日类	……美食节
22	反常规类	……喝涂料事件
23	放生类	将查获的受保护动物放归自然
24	成立类	……标志性建筑奠基仪式
25	竞赛类	"……杯"足球赛
26	行动类	奥运火炬传递活动
27	专项社会活动类	打击假冒伪劣产品活动

以上形式划分仅仅从不同角度和切入点对新闻宣传活动进行分门别类的整理与归纳，在每种形式的新闻宣传活动中都有着各自的侧重点与技巧性措施，此为"术"。有道无术，术尚可求也；有术无道，止于术。因此，尽管"术"各自不同，在新闻宣传活动的策划与组织中，却有着一致的"道"与"路"，"道"即新闻宣传活动中秉承的新闻道德、新闻使命与新时代的新闻责任担当，"路"即新闻宣传活动策划与组织的流程，"术"是遵循"道"与"路"的传播规律下之技巧。

二、新闻宣传活动策划与组织的流程

一个完整的新闻宣传活动策划要经历前端的计划拟定、中端的价值盘点、核心的创意定位、终端的战略实施四个环节，每个环节中的详细内容均是环环相扣的。也有学者将新闻宣传活动策划组织的环节总结为策划、筹备、实施和评估阶段[①]。

（一）前端的计划拟定

新闻宣传活动策划的计划要根据主办方和宣传意图去制定，主要内容包括：新闻宣传活动项目的策划目标；应包括几个阶段；每个阶段的详细工作及分工；每个阶段最后完成的时间；每个阶段的经费使用等。具体来说，计划的拟定往往要确定以下要素：第一，哪些人来参与策划（Who）；第二，在哪些区域策划（Where）；第三，完成项目的时间（When）；第四，确定做什么工作（What）；第五，具体分工（Work）。大体内容包括："社会氛围的营造、图文资料的编印、各类证件的制作、媒体记者的邀请、重要嘉宾的联络、食宿交通的安排、活动现场的布置、安全保卫的对接、重要场次的演练等。"[②]

新闻宣传活动策划组织分工与计划拟定能使策划人做到心中有数，有条不紊地按时去完成每项工作。在计划拟定之后，就要按照计划的安排，定人、定时、定工地组织每个小组成员进行自己的工作。同时，也要注意，分工不分家，分组有特色，每个小组成员都要发挥自己在策划项目中的特长，即职责分明地做每个环节中的工作，新闻宣传活动活动项目的个性、特色、创新等核心内容也必须放在大局中集体讨论，并在每一个工作环节中辐射出来。

① 刘伯贤著：《新闻宣传活动的策划与组织》，广西师范大学出版社，2009年，第10页。
② 刘伯贤著：《新闻宣传活动的策划与组织》，广西师范大学出版社，2009年，第10页。

(二) 中端的价值盘点

价值盘点的作用在于主办方在衡量人力资源、经济资源、媒体资源、社会资源的基础上，做出预估能够产生最大化宣传效果和社会效应的方案。决定宣传效益的因素主要有七个方面，统称为"6W1H"，分别是：宣传者（who），即谁来宣传；被宣传者（who），即向谁做宣传；宣传内容（what），即宣传什么；宣传场合（where），即在什么样的社会环境、什么地方作宣传；宣传时机（when），即在什么情况下、选择什么时机做宣传；宣传动机（why），即为什么要宣传、要达到什么样的预期目的；宣传方法（how），即怎样宣传[①]。在价值盘点的基础上，可以最大限度地优化宣传效益。

一方面，主办方在做好价值盘点后，能够最大限度地优化最初的拟订方案。如经济预算宽裕，就可以在食宿交通安排上优化，在活动现场布置上多放些预算。如人力资源宽裕，就可以在媒体记者邀请、重要嘉宾联络上下功夫等。内部的价值盘点可以让新闻宣传策划的预期效果达到最大化。在社会资源较好的基础上，就可以做好社会氛围的营造和后续宣传。当然，组织策划要合理利用人力、物力、财力，不铺张浪费，好钢用在刀刃上，以最小成本获取最大效益。

另一方面，主办方在做好价值盘点的同时，也可以清晰地看到活动可能出现的短板和弊端。如预算有限的话，图文资料和证件制作的成本要精打细算；人脉资源有限的，媒体记者、嘉宾联络要另设出路等。在价值盘点的短板上未雨绸缪、扬长避短，当然原则性的关键问题不可忽视，如安全保卫、消防通道等。

2021年暑假，安徽师范大学文化传播公司与芜湖市轨道交通有限公司共同对芜湖市轻轨的部分轨道交通立柱进行设计与施工，这既是一件普通的校企合作事件，又是一件有价值的新闻事件。价值盘点有以下几点：其一，这是芜湖市和安徽师范大学共建人民城市的"第一枪"，2021年8月12日，芜湖市人民城市建设推进大会召开，安徽师范大学成为芜湖市首批人民城市建设合伙人，因此高校、企业和媒体敏锐地捕捉到这是"为进一步推进人民城市建设工作，深化人民城市建设合伙人共建，提升芜湖城市品牌形象和市民生活幸福指数，实现自然、空间、文化等要素的融合互动，更好地满足芜湖市民的精神文化生活需求"[②]之举。其二，这是高校师

---

① 李良荣著：《新闻学概论》，复旦大学出版社，2001年，第44页。

②《芜湖轨道交通立柱"换新装"——安徽师范大学积极搭建市校合作平台》，凤凰网安徽频道，2021年8月31日，https://ah.ifeng.com/c/898Cm54y06b.

生调研、设计、论证、实施的杰作，是高校师生参与社会实践、施展才华、服务社会的平台展示，美术专业与广告专业师生采用新派山水画的表现形式，使"赭塔晴岚""镜湖细柳""双江塔影"等十景集中展现在市民眼前，与鸠兹广场交相辉映，给原本"灰头土脸"的立柱披上了新衣，增添了浓厚的艺术气息①。其三，设计的创意和施工质量基本上可以预见会受到人民群众的好评。"芜湖十景"的轨道交通立柱画面刚刚面世时，芜湖市各知名自媒体平台对桥墩美化项目给予高度关注和深度报道，"青丝芜湖""芜湖声影""臻娅"等在视频号平台发布当天就获得了2万余点赞量和70万余点击量。因此在"芜湖十景"结束、"芜湖四季"开工时，新闻宣传策划又以"我校师生为人民城市添新彩"为主题，将是对《芜湖轨道交通立柱"换新装"——安徽师范大学积极搭建市校合作平台》报道的延续。

（三）核心的创意定位

策划创意是整个策划过程的核心部分，它是日积月累的经验和集体智慧的结晶，需要明确策划定位、酝酿主题概念，最终才能形成策划创意。创意实际上是一个艰难的过程。创意是离不开创造性的，这种创造性既是实实在在地从实践中得来，也是人们凭借智慧和思想碰撞的结晶。

创意的来源有几种渠道：第一，在调查中获得资料，总结归纳，这是基础，也是最常见的一个渠道。第二，从过去经验和经历中去寻找，把曾经有的好的思想增补在现在的创意上。这是策划者长期职业价值取向的积累，在积累过程中，志向与目标装在头脑里，好像经常绷着一根弦，经过某事的诱发，引起联想，突然形成思维闪光或称之为灵感。第三，跟踪他人的新观点、新见解。在新闻宣传组织策划的创新中，不仅可以有理念点子的创新，机制的创新，也可以有传播媒介的创新，以人民群众喜闻乐见的形式进行创新。

2018年的毕业季，某高校辅导员老师将其所带的107名学生名字写进赋文《花津群英赋》，"昆山多美玉，花津尽收藏。玲琪玉柯，玮瑶莉娟，言物之美好。琦琦者，珍宝之属；瑞瑞者，兆祺之象"。这一特殊的毕业寄语先是在校园朋友圈迅速走红，后来学校关注到这一现象，肯定并宣传了这一新闻事迹。其亮点不仅是浓厚的师生情，更是在离别伤感的毕业季，辅导员极其用心的准备与才华在学生中点燃了对生活、未来与梦想的激情。媒体也注意到毕业季中这条普通又极具创意的新

①《芜湖轨道交通立柱"换新装"——安徽师范大学积极搭建市校合作平台》，凤凰网安徽频道，2021年8月31日，https://ah.ifeng.com/c/898Cm54y06b。

闻，中国青年网、网易新闻、凤凰网、搜狗新闻、澎湃新闻等分别作了《创作3小时，高校辅导员将107名学生名字写成〈毕业赋〉》等类似的新闻报道，腾讯视频、梨视频等平台的点击量也达到了过万的关注量。之后，这一事件在微博上的热度继续走高，不少学生在网上留言表白，"这样的辅导员，爱了，爱了"，"这样的辅导员，给我来一波"等。媒体继续关注与发掘这一事件的主人公——宫超老师，记者相信没有一夜成名的老师，只有坚守教师初心，坚守岗位职责，才会有这样一篇包含所有学生的诗词问世。媒体采访宫超老师后，关于如何做好辅导员工作、如何做好毕业季工作等专访工作（《做一名自己稳得住、学生记得住的辅导员》）的人物报道、事迹宣讲等新闻宣传工作陆续展开，成为宫超老师本人和所在高校最好的品牌传播。

（四）终端的战略实施

在落实所有细节与环节后，即可进入战略实施阶段。其中心工作是："切实做好活动现场的指导、协调、调度、管理、监督、应急等事项，及时处置各类突发事件"，"做好服务记者、引导记者的工作，为媒体报道提供有力保障"，"协助媒体顺利发稿，收集、汇编报道资料，跟踪了解活动引发的社会反响，评价最初宣传目的的实现效果，撰写活动总结及评估报告、开销报账等"[1]。

当然，实际运作过程中，不是所有的项目都会按照这些步骤进行，部分宣传策划会跳过某一个大的步骤或者是某一步骤中的几个环节。部分环节也会出现交错进行的情形，如创意环节会贯穿至整个活动策划与组织实施中，实施阶段如果有突发情况，则会重新回归到原点，即前端的计划拟定等。在创意战略定位和战略实施中，如果发现价值导向出现偏差，必然回归到起点，重新开始策划。

三、新闻宣传活动策划与组织的"雷区"

（一）策划环节的"雷区"

策划环节的"雷区"主要在于各环节的定位脱离实际，违背新闻传播的规律，如果策划环节"踩雷"，会直接影响到后面的环节。

---

① 刘伯贤著：《新闻宣传活动的策划与组织》，广西师范大学出版社，2009年，第11页。

其一，过高地预估宣传活动效果和社会效益。在预估最终目标时，一定要做好价值盘点，实事求是。

其二，对参与活动的媒体、嘉宾、领导期待与要求过高。一味追求参与活动领导的级别，媒体级别和规格，嘉宾的数量和影响力等，其实是好大喜功，浪费社会资源和经济成本。

其三，危机发生后隐瞒实情，不让公众知晓，或是随意发布未经核实的敏感信息，导致传闻泛滥，制造恐慌情绪。

（二）组织安排的"雷区"

第一，组织机构烦琐，机制冗杂，信息渠道不通畅，人员结构安排不合理。层级过多的组织机构容易造成信息不对称，信息传达不及时，大部分时间浪费在请示汇报的沟通成本上。

第二，新闻宣传发布不按照程序流程，不求证新闻真相，不尊重事实真相。如未经相关部门批准，违法举办新闻发布会。

（三）现场实施的"雷区"

第一，忽略细节，如图片与视频出现无主题拍摄的低级错误。新闻宣传活动时现场工作人员经常会拍许多照片，但活动结束后再筛选时往往发现并无太多令人满意的照片，如：会议桌上充斥着水杯；拍摄参会对象时入图人物选择不明确；参与人员的反应与活动主题相悖，如严肃的新闻活动，参会人员的反应过于随意或嬉笑。同时，新闻宣传活动要有与活动主题相应的标语、横幅、人物等完整场景，还要突出主讲者、主要嘉宾的人物特写，其他人员的反应，如认真聆听、开怀大笑、感动流泪、热烈鼓掌等。

第二，活动实施时出现突发情况，但按部就班，按照策划既定程序走，不懂得适变原则。新闻宣传策划与组织实施的过程本身就是一个充满变数的过程，策划本身就是明确优势、劣势、机会与可能的前期计划过程，也是预留弹性空间的过程，在执行过程中切不可死板。如原定计划新闻报道与事实发生后的结果完全不一致时，需要当机立断，引导事态向良性方向发展。当然这也回归到策划环节的安排上，如比赛项目，冠亚季军与无奖项时的新闻宣传报道分别该如何引导舆论。

（四）报道安排的"雷区"

新闻报道是组织策划活动的终端收官之作，新闻报道采用的方式、语言风格等都决定了宣传效果，因此报道安排的组织工作，一定要避免踩到"雷区"。

其一，策划时必须要考虑邀请哪些媒体，避免遗漏。如活动中拒绝记者进入现场采访，活动议程、领导讲话、嘉宾资料等相关内容不及时提供给记者，造成主办方与媒体的对立，不利于媒体刊发稿件。

其二，提供给媒体的文字素材不够专业，或是过于空洞，或是过于琐碎，或是没有顾及不同媒体的传播特点，提供给纸媒、电视、自媒体等的内容全部一刀切，导致新闻宣传报道千人一面。

其三，报道偏离主流价值观和人民群众利益。

策划、设计、引导具有正确价值观导向、较强吸引力、创新特色的新闻宣传活动是全国各政府部门、企业公关部门、媒体从业者都在积极思考的问题。当然，如何用思想之笔让新闻宣传活动有意义、有价值、有力量，策划具有生命力、文化力的新闻宣传活动项目，除了要了解基本程序、避开"雷区"之外，还要有把关键钥匙，即创意的灵魂。

第二节　新闻宣传活动策划的创新

创意是创新的第一步，新闻宣传活动的创新决定了新闻宣传活动的效果和影响力。复旦大学的沈祖祥教授认为："好的策划创意往往来自创意的灵感，也就是创意暗示、创意联想、模糊印象、灵动闪现等，将灵感经过整理、变形、加工和组合，就形成创意。"策划专家周勇认为："创意就是思想冒险的开始，不断地更换着思想冒险的频道去探'险'，终究会柳暗花明。"无论专家们如何认识创意，创意实际上是一个艰难的过程。创意是原生创造性的产物，这种创造性既是实实在在地从实践中得来，也是人们在历史长河中长期积累的智慧和思想碰撞的结晶。

一、新闻宣传活动策划创新的导向原则

（一）坚定文化自信，做好新闻宣传策划

文化自信是一个国家、一个民族对自身文化价值的充分肯定，对自身文化生命力的坚定信念。建设社会主义文化强国，文化自信既是思想基础和先决条件，也是根本标志和最终目的。始终坚定文化自信，是新闻单位的立身之本和使命担当。

2014年10月15日，习近平总书记在文艺工作座谈会上指出，"没有中华文化繁荣兴盛，就没有中华民族伟大复兴。一个民族的复兴需要强大的物质力量，也需要强大的精神力量"[1]。2017年10月习近平总书记在《决胜全面建成小康社会，夺取新时代中国特色社会主义伟大胜利——在中国共产党第十九次全国代表大会上的报告》中指出，"没有高度的文化自信，没有文化的繁荣兴盛，就没有中华民族伟大复兴"[2]。

（二）锤炼践行"四力"，做实新闻宣传策划

2018年8月，习近平总书记在全国宣传思想工作会议上强调，宣传思想干部要不断掌握新知识、熟悉新领域、开拓新视野，增强本领能力，加强调查研究，不断增强脚力、眼力、脑力、笔力，努力打造一支政治过硬、本领高强、求实创新、能打胜仗的宣传思想工作队伍[3]。这是习近平总书记继2016年2月在新闻舆论工作座谈会上明确提出"好的新闻报道，要靠好的作风文风来完成，靠好的脚力、眼力、脑力、笔力得来"[4]之后，时隔两年再次强调增强"四力"的重要性，并将面向新闻舆论工作者的要求扩大到整个宣传思想战线。这是对新形势下宣传思想战线队伍建设提出的总要求，是对广大宣传思想工作者寄予的殷切期望，为宣传思想战线提

---

① 《事关国运兴衰！习近平这样谈文化自信》，人民网，2019年6月18日，http://cpc.people.com.cn/n1/2019/0618/c164113-31166249.html.

② 《习近平坚定文化自信 文脉赓续烛照中华民族伟大复兴》，中国青年网，2017年10月23日，https://news.youth.cn/wztt/201710/t20171023_10908030.htm.

③ 《增强"四力"固本强基——学习贯彻习近平总书记全国宣传思想工作会议重要讲话精神》，央广网，2018年9月12日，http://news.cnr.cn/native/gd/20180912/t20180912_524357650.shtml.

④ 蔡名照：《增强脚力、眼力、脑力、笔力履行新时代新华社的职责使命》，《中国新闻年鉴》，2020年第1期。

高站位、夯实基础、开创工作新局面指明了方向、提供了遵循。"四力"看似是一个"小"问题，实则关系着一名新闻工作者的成长成才和职业前途；看似是一个业务要求，实则关系着党的新闻舆论工作的各个方面和总体效果。一个时代有一个时代的主题，一代人有一代人的使命。新闻工作者要坚守正道、改革创新，必须解放思想、勇闯新路，打破套路思维、克服路径依赖，推动新闻舆论工作"苟日新，日日新，又日新"。

以《河南日报》为例：

2018年以来，这家省级党报在制度上推动全员走基层，在采写上把讲故事作为基本理念、基本方式，在切实实践"走转改"的过程中，推动党报内容供给侧改革，推出了一批精品力作。在脚力上："脚底板下出新闻"，建章立制责任到人；在眼力与脑力上："强眼力健脑力"，全力讲好河南故事；在笔力上："笔下有写头新闻有看头"，党报宣传精品迭出。《河南日报》以践行"四力"为着力点，做实新闻宣传策划。

"脚底板下出新闻"，建章立制责任到人。2018年4月下旬，《河南日报》出台规定，要求全体人员走基层抓活鱼、深入调研看变化，推进"走转改"常态化、长效化。

实现"走转改"时间、成果的量化，推出多种激励和奖惩办法形成约束机制。实践证明，《河南日报》的这种尝试，取得了很好的效果。5个月时间里，《河南日报》推出了大批小切口呈现大主题、小视角折射大时代、小人物体现大精神的优秀作品，用"针尖捅破天"式的报道，反映经济社会的发展变化。"走转改"正在成为编辑记者们的自觉，成为报道的着力点、突破点和亮点，成为《河南日报》提质升级的具体体现。

"强眼力健脑力"，全力讲好河南故事。《河南日报》扎实践行"走转改"，编辑记者不仅走进了工厂社区，走遍了大山林场，还走出了中原大地，在深入基层一线的过程中，练就了过硬的眼力和脑力。

2018年1月9日，《河南日报》推出长篇通讯《河南有个"塞罕坝"》，讲述了河南商丘民权三代林场人坚守68年，筑起豫东平原"绿色长城"的感人故事。记者刘洋、陈慧深有感触地说：记者走下去，新闻立起来，这不仅是一次走基层采访，更是一堂生动的马克思主义新闻观教育课。

2018年5月29日，《河南日报》推出长篇通讯《河南义海　屹立青海》，刻画了一批批河南国企人在青藏高原上拼搏进取的创业历程。走上青藏高原后，记者栾姗深有感触地说："海拔3500米的大煤沟矿，我才爬了几层楼梯，都喘不过气来。身临其境了，我才能真正感受到他们特别能吃苦、特别能战斗、特别有担当的崇高精神。"

"笔下有写头新闻有看头"，党报宣传精品迭出。脚力、眼力、脑力的增强带来了笔力的提升。在不断推出精品力作的过程中，党报新闻舆论工作的传播力、引导力、影响力和公信力得到了明显提高。

2018年上半年，《河南日报》先后推出了《河南有个"塞罕坝"》《黄河故道变奏曲》《青山不老》《河南义海 屹立青海》《新愚公移山记》系列报道，紧紧围绕习近平生态文明思想，挖掘树立了河南省一批践行绿色发展理念的重大先进典型。

评论员下基层，成为《河南日报》"走转改"活动的一大亮点。评论的视角从"第二落点"搬到采访的"第一现场"，离新闻更近，掌握的信息更丰富；带着问题下基层，体现了较强的针对性和指导性，内容也更扎实。2018年7月31日刊发的评论《美丽乡村有颜值更要有气质》，评论员在禹州李金寨村实地采访时，了解到该村通过一棵"幸福树"，发动村民共建美丽乡村的创意故事。这个小故事的运用让评论言之有物，语言更加鲜活生动接地气。

"小四力"提升"大四力"不仅仅体现在纸媒上，也体现在新媒体报道上。《河南日报》新媒体部"'小薇'探访新时代河南新名片"系列策划，推出了《这辆"河南车"，让中国人提气！》等报道，全媒体记者们在行走中原的过程中，切身感受到改革开放带来的巨大动力和活力[1]。

媒体融合时代，新闻工作者的脚力是线上线下开展社会调查的基本功，眼力是借助新媒体技术拓展观察社会的视角，脑力是用主流价值导向驾驭互联网的"云脑"，笔力是夯实基础培育一专多能的"全媒体记者"[2]。在新闻宣传策划活动中，脚力是对现场活动的把控、踩点，眼力是对新闻事件的敏锐的观察能力、挖掘能力、分析问题的能力，脑力是对新闻事件中创意点的设想，笔力是新闻宣传报道工作中能够创作出人民群众喜闻乐见作品的能力。

---

① 万川明：《找准增强新闻"四力"的着力点》，《新闻爱好者》，2019年第4期。

② 《媒体融合时代，新闻工作者如何锤炼"四力"》，《光明日报》，2019年12月2日。

（三）讲好中国故事，做好新闻宣传策划

2018年，在全国宣传思想工作会议上，习近平总书记强调，要不断提升中华文化影响力，把握大势、区分对象、精准施策，主动宣介习近平新时代中国特色社会主义思想，主动讲好中国共产党治国理政的故事、中国人民奋斗圆梦的故事、中国坚持和平发展合作共赢的故事，让世界更好了解中国。这为新时代不断加强文化自信，提高中华文化影响力，讲好中国故事进一步指明了方向，提出了根本遵循和基本要求[①]。2021年5月31日，习近平总书记在主持十九届中央政治局第三十次集体学习时又强调，讲好中国故事，传播好中国声音，展示真实、立体、全面的中国[②]。

《中国日报》创刊于1981年6月1日，是新中国成立后第一份全球发行的国家级英文日报，现已形成全球化、分众化、多语种、全媒体传播体系。2021年《中国日报》创刊40周年，习近平总书记在贺信中指出，40年来，《中国日报》发挥自身优势，积极宣介中国改革开放，为讲好中国故事、传播中国声音发挥了重要作用，并希望以40周年为新起点，更好展示真实立体的中国。

> 希望中国日报以创刊40周年为新的起点，牢记联接中外、沟通世界的职责，把握大局大势，创新对外话语体系，构建全媒体传播格局，建设高素质队伍，不断提高国际影响力，更好介绍中国的发展理念、发展道路、发展成就，更好展示真实、立体、全面的中国，为促进中国和世界交流沟通作出新的贡献！
>
> ——2021年5月27日，习近平致中国日报创刊40周年的贺信[③]

新闻宣传活动策划要创新，创新的方式可以是讲故事。习近平总书记指出：要讲好中国特色社会主义的故事，讲好中国梦的故事，讲好中国人的故事，讲好中华优秀文化的故事，讲好中国和平发展的故事。讲故事就是讲事实、讲形象、讲情

[①]《讲好三个"中国故事"，不断提升中华文化影响力》，中国新闻网，2018年9月12日，https://www.chinanews.com/sh/2018/09-12/8625157.shtml.

[②]《习近平在中共中央政治局第三十次集体学习时强调 加强改进国际传播工作 展示真实立体全面的中国》，新华网，2021年6月1日，http://www.xinhuanet.com/politics/leaders/2021-06/01/c_1127517461.htm.

[③]《习近平致中国日报创刊40周年的贺信》，人民网，2021年5月27日，http://cpc.people.com.cn/n1/2021/0527/c64093-32115085.html.

感、讲道理，讲事实才能说服人，讲形象才能打动人，讲情感才能感染人，讲道理才能影响人。要组织各种精彩、精炼的故事载体，把中国道路、中国理论、中国制度、中国精神、中国力量寓于其中，使人想听爱听，听有所思，听有所得①。

二、新闻宣传活动策划创新案例分析

2018 年 5 月 24 日，人民日报官微发布了一条新闻，随后引起了多家重量级媒体转载报道，在社会上引起了众多讨论，报道题目为《"两个人的毕业照"走红！背后的故事令人动容》。原本只是毕业季中一张普通的照片，何以能够在短时间内走红网络，多方原因均离不开新闻中的创新。

（一）校方对新闻事件的敏锐观察

毕业照中，身穿学士服的学生只有两个，他们坐在前排凳子上，身后站着 11 位老师。这两名学生是某高校 2012 级本科生，大四那年参军入伍，两年后退伍归来，但他们的专业已经暂停招生了，原来的班级早已毕业，即这个专业的毕业生只有两位同学，拍照时领导及老师纷纷提出让两位同学坐着，老师们站在后排，于是才出现了"只有两个人的班级"和"只有两个人的毕业照"。

高校宣传部门很快捕捉到这一特殊的新闻题材，正如前面所提到的，眼力是借助新媒体技术拓展观察社会的视角，脑力是用主流价值导向驾驭互联网的"云脑"，笔力是夯实基础培育一专多能的"全媒体记者"，两个人的毕业照充分体现了创新的基础在于要有"四力"。毕业季、毕业照常见，两个人的毕业照难见，两个坐着的学生的毕业照更是罕见，其中包含着太多的故事与感动，以及师者对学生的关爱，因此高校官方微信很快发布了这张图片（只有两名学生的毕业照），并寄语"一张照片，背后的故事令人感动。愿君此去，前途似锦"，娓娓道来这张照片背后的故事。此事一经该校官方微博转发，网友纷纷留言表达祝福。"相会再别离，别离再相聚。只有两个毕业生的毕业照片，感动！""学生坐在前面，后面老师们站一排，这样的毕业照新奇。"

---

① 《习近平：讲好中国故事，传播好中国声音》，光明网，2021 年 6 月 3 日，https://politics.gmw.cn/2021-06/03/content_34896196.htm.

（二）媒体对新闻事件的深入挖掘与持续跟进

随着两个人的毕业照在网上走红，多家媒体迅速关注到这一点，并从不同角度对两个人的毕业照进行深入挖掘，把两个人的毕业照持续推向高潮。

媒体在后续报道时侧重于两个方面：其一，两个人参军回来后的归宿，一人考上研究生，一人考取公务员。其二，两个人都是上大学期间参军入伍，返校后再完成学业，并取得了相当令人满意的成绩。因此《北京青年报》头版专版深度报道了"两个人的毕业照"，对两位同学为何在大四参军入伍、入伍经历和回来后的选择进行了深度采访。

《北京青年报》有关"两个人的毕业照"报道

记者：2015年你读大四的时候，为什么选择参军入伍？

金国兵：大三的时候，我们就修完学分，结束学业。基本上大四一整年，都会去准备专业实习和毕业论文。这时候辅导员告诉我们，有针对大学生的征兵活动。我是男孩子，当兵一直以来都是我的梦想，所以就参军了。

记者：有人反对吗？

金国兵：有一些人说我已经22岁了，年纪也不小了，还去参军？他们会提出一些质疑。但我家里人，尤其是我父亲，非常支持我。

记者：你怎么评价自己参军入伍这两年？

记者：我是在浙江的一处海岛上参军的，做陆军炮兵。当兵这两年非常值得，也是我人生中丰富的经历，既锻炼了我自己的身体，也磨炼了我的意志，还收获了战友的情谊，包括我在部队里获得的荣誉，都是难得的人生经历。

记者：你们的辅导员评价说，你们的"目标意识很强烈"。

金国兵：这算是在部队里磨炼出的习惯吧，回到学校之后，考虑到就业压力还是很大，我和张欢就开始准备考公务员和考研。我们在部队里时间观念很强，个人习惯也比较好，努力准备之后，现在结果还算是比较满意的。

记者：从"两个人的专业"到"两个人的毕业照"，你和张欢怎么看这段经历？

金国兵：其实我们俩都挺感动的。回到学校以后，原专业就剩下我们两个人，但是学校一直把我们作为一个班集体对待，包括前几天通知我们开毕业班会，都是辅导员通知到我们两个人，而不是让我们跟别的专业学生一起开。参军之前，我和张欢的关系就很好，现在有了"一起同过窗，一起扛过枪"的经历，我们俩之间的情谊更深厚，也更珍贵了[①]。

《北京青年报》、光明网、中国新闻网、凤凰网、《人民日报》均对这一事件做了报道，尤其是《北京青年报》头版专版深度报道了这一新闻。这一事件之所以在网上走红，引起这么大的反响，离不开受众对于当代大学生参军入伍的情怀共鸣，离不开受众对当事人参军入伍返校后较好发展的钦佩，离不开受众对师者站着、学生坐着的感动。如果说从"术"的层面，这一新闻的走红是因为毕业照十分特殊，那么从"道"的层面而言，是来自新闻背后的力量，从创意的视角看到了军人、考研、公务员这些关键词背后代表的符号意义，当这些碰撞在一起后，便引起了受众对这一事件的高度关注。

但从另一角度来说，新闻工作者没有"四力"，很难挖掘出这么优秀的新闻题材，没有文化自信，找不到参军入伍这一具有共情点的视角，没有讲好故事的功底，打动不了这么多的受众，这些都是新闻宣传策划创新的基础与要点。

第三节 案例：某高校N周年校庆的新闻宣传策划与组织

高校校庆活动属于综合性的新闻宣传组织策划活动，包含了庆典、论坛、宴会、赞助、颁奖、节日、成立、行动类等多种形式。以某高校N周年校庆的整体活动为标本，复盘在第一节提到的完整的新闻宣传活动策划流程，对这一活动组织策划进行分析，既可以从整体上把握宏观性、专题的、综合性活动该如何入手，也可以从微观上、细节上把握新闻宣传活动如何做实、做好。

---

① 《安徽师大出现"两个人的毕业照"》，《北京青年报》，2018年5月24日。

一、计划拟定

校庆活动的计划拟定是一个系统性的工作，既包括校庆整体设计、方向性指导与预估评价，也包括校庆期间各子活动的方案设计和安排；既包括宏观上每个方案的筹划与制定，也包括细节上各类材料安排，食宿接待和交通用车统筹考虑、媒体记者的安排等。

（一）组织机构设置

校庆筹备工作一般要在校庆正式开始一年前启动，需要成立筹备工作领导组，制定校庆总纲或工作筹备方案，并成立以校党委书记、校长为组长，其他校领导为副组长，各部门、各单位主要负责人为成员的校庆筹备工作领导组，统筹指导校庆工作。同时领导组最好下设校庆办公室，主要领导要兼任校庆办主任，办公室具体负责指定实施校庆筹备工作，组建与校庆各分项工作相关的专项工作组，统筹推进校庆活动的策划、组织、协调、联络等筹备工作。自此，形成校庆筹备工作领导组—校庆办公室—专项工作组这一"总—分—总"的组织结构形式，工作领导组负责总的顶层设计，办公室负责渠道传达与统筹分配任务至各专项工作组，最大化地合理利用人力、物力、财力，最终形成活动成果的汇总（表4-2）。

表4-2 某高校校庆组织机构专项工作划分及职责明确表

序号	名称	职责
1	学术科技工作组	统筹策划全校的学术交流活动,组织开展系列科技创新活动;广泛征集学校师生和校友的优秀学术作品,编辑刊发学术著作和优秀学术论文,推进学术研究成果转化应用等
2	宣传展览工作组	制作校庆宣传片、宣传册,征集、设计、选用校庆形象标识和宣传标语,设计开发校庆文化产品;协调媒体发布校庆公告,做好校庆期间相关宣传报道工作,努力营造热烈祥和的校庆氛围;统筹规划校庆系列主题展览,制订主题展览实施方案;依托"两微一端"等新媒体,策划组织网络祝福与互动活动
3	文化活动工作组	策划筹备高水平大学建设发展论坛暨庆祝建校N周年广场联欢会,开展创意节目征集,做好演出节目的遴选、排练等工作;策划组织以N周年校庆为主题的系列校园文化活动

序号	名称	职责
4	校史整理工作组	做好校史相关资料的征集与整理工作,修订、编印校史;修缮校史馆、文物馆,充实馆藏内容,策划组织"口述校史"等系列校庆相关活动
5	社会捐赠工作组	制订《校庆捐赠工作方案》,设计捐赠项目与回馈方式,系统策划、组织校庆捐赠活动;联络洽谈重点人士,积极吸纳社会化资源,组织开展捐赠项目认领活动
6	后勤保障工作组	加强校园自然景观改造和文化景观建设,开展校园绿化、美化、亮化等项目建设;完成校园公共楼宇、设施及新老校区主干道路修缮工作;实施历史建筑物修缮工作;开展校园乱停放和交通治理,建立良好的校园秩序和环境
7	资金财务工作组	做好校庆经费预算和报销工作,对校庆捐赠、校拨经费、会务费、纪念品费等费用使用情况进行审计、检查和决算;制订庆典期间来宾礼品、礼金及捐赠接收登记方案并组织实施
8	安全保卫工作组	制订校庆周期间《校园安全保卫工作方案》,保证校庆期间校区内治安稳定,确保庆祝活动顺利进行;制订校庆周期间的《医疗保障与紧急救护工作预案》,做好来校年长嘉宾的医疗陪护等工作
9	接待服务工作组	负责统筹校庆接待服务工作,制订《校庆接待服务工作方案》,制作和发放邀请函,做好返校校友和来校嘉宾的联络、接待与服务工作
10	学院校庆工作组	各学院落实学校校庆筹备各项工作任务,为总体校庆工作建言献策;成立学院校庆筹备工作组,制订《学院校庆筹备工作方案》,策划组织系列学院校庆活动;做好本院校友返校的组织、协调与服务工作

校庆这种综合性的新闻宣传策划与组织活动比一般的活动要复杂、烦琐,因此在组织机构的设置上既要合理,又要不浪费人力、财力,职责分工不分家。如果缺少筹备工作领导组,很容易在定位设计上出现问题;如果缺少办公室,直接由工作领导组至专项工作组,很难合理地统筹各部门资源。上述这种工作组分类是设置的一种,能够较大程度上将总体规划和具体策划相统一,避免实施过程中出现的偏离与误差。

（二）方案撰写拟定

顶层设计好后，即可以制定工作方案阶段，明晰下一阶段工作目标，确定宣传重点，制定报道计划，方便进入下一阶段工作计划。从行文结构上看，工作方案包括指导思想、宣传重点、报道安排和工作要求。

校庆期间，根据实际情况，学校分别从总体和单个项目活动设计了方案，具体见表4-3，其中每个活动既符合总体指导思想，又凸显了各项活动特色。

表4-3　校庆部分方案一览表

序号	名称
1	某高校N周年校庆筹备工作方案
2	某高校N周年校庆接待服务工作方案
3	某高校N周年校庆宣传工作方案
4	某高校N周年校庆安保工作方案
5	某高校N周年校庆后勤保障工作
6	某高校N周年校庆餐活动工作方案
7	某高校N周年校庆综合布展工作
8	某高校N周年校庆校友及嘉宾邀请工作方案
9	某高校N周年校庆校友企业专场会暨校友企业家论坛工作方案
10	某高校N周年校庆医疗保障与紧急救护预案
11	某高校N周年校庆校史馆接待开放方案
12	高水平大学建设发展论坛暨建校N周年艺术展演实施方案
13	某高校N周年校庆文化讲座、学术报告会工作实施方案
14	某高校N周年校庆捐赠工作方案

1.指导思想

指导思想旨在交代整个宣传活动的背景、主题，即活动背景是什么、举办的目的和意义是什么。指导思想一定要落地，不可形同虚设，要明确此次活动的目标，实事求是。如此次校庆活动的宣传指导思想就确定为坚持全员共享、全网发布、全媒体联动的宣传理念，广泛开展丰富多彩、生动活泼的主题宣传教育活动，深度宣传展示建校以来学校的办学历程和育人成效，进一步激发广大师生校友为学校建成地方高水平大学作贡献。

2.宣传主题与重点

宣传的主题与重点是一个议程设置问题①，在于告知受众此次活动的重点是什么，让媒体了解"做什么""报什么"，进而引导受众"看什么""想什么"，一般宣传主题由两句话简明扼要地构成，宣传重点不超过五项，以免混淆主次②。此次校庆的宣传主题以"不忘初心，新时代再启征程"引导了宣传导向——从历史出发看学校建校以来办学的一脉相承和其中感人的故事，新时代再出发展望未来的发展。宣传重点围绕"校情、校史、校园、校友"，回眸办学历程，明确了整体新闻宣传的着力点。

3.报道安排

校庆这种综合性、大规模的宣传报道活动不同于单独的新闻宣传活动，一般新闻宣传活动主要考虑如下问题：需要邀请哪些媒体参与宣传报道活动？宣传报道是否需要进行阶段性安排？如果需要，每个阶段的主要报道任务是什么？主要媒体是否需要开设专题专栏？稿件刊播的版面和时段如何跟进？什么时候形成发稿热潮？如何开展深度报道等③。校庆的特点在于时间长、活动多，除了主流媒体宣传外，还包括自身校内网站的宣传、校园文化宣传，以及以学生为主体的自媒体宣传。针对这种情况，某高校做了如下策划安排（表4-4）：

表4-4　校庆新闻宣传活动策划与任务安排表

序号	牵头单位	宣传渠道	任务内容
1	党委宣传部（协助单位：学生处、校团委、各学院、各单位）	校内宣传	设计开发N周年校庆专题网站(含手机版)，开辟运营"校庆动态""校庆文丛"等专题栏目，利用校园网、校报、广播台、宣传栏等校内宣传平台组织开展校庆系列专题宣传；动员指导各学院各专业各班级开展校史校情主题宣传教育活动

---

① 议程设置理论的核心内容是：大众传媒对某些议题的着重强调和这些议题在受众中受重视的程度构成鲜明的正比关系。换而言之，大众传播越是突出某个议题，公众则越注意这个议题。

② 刘伯贤著：《新闻宣传活动的策划与组织》，广西师范大学出版社，2009年，第27页。

③ 刘伯贤著：《新闻宣传活动的策划与组织》，广西师范大学出版社，2009年，第27页。

序号	牵头单位	宣传渠道	任务内容
2	党委宣传部(协助单位:学校办公室、新闻与传播学院、各单位、各学院)	校外宣传	联系主流媒体,发布有关N周年校庆的新闻公告、活动报道等;邀请省内媒体发布新闻报道,参与校庆大会暨联欢会现场直播,争取在《光明日报》《中国教育报》《中国青年报》等国家级报刊发表专题报道,介绍学校建校以来的办学成就、育人成果
3	党委宣传部(协助单位:学生处、校团委、信息管理中心)	新媒体宣传	联系市属新媒体、主流视频网站,开展"校庆面对面"在线直播活动,让学校领导与广大师生校友在线互动;立足学校已有的官方微博、微信、校园号,按照规定的时间节点,组织策划网络祝福、视频互传、直播收看等各类校庆新媒体宣传活动
4	党委宣传部(学生处、校团委、文学院、音乐学院、新闻与传播学院)	校庆专题宣传片	(1)校庆动画宣传片:以动画的形式,喜庆祥和、生动活泼地展示学校的新年祝福和校庆公告。(2)校庆主题曲宣传片:以新编校史剧、校庆主题曲等为创作底本及元素,协调校庆专题宣传MV的拍摄录制。(3)校庆迎宾宣传片:以"温暖校庆·欢迎回家"式的广告,透视校庆筹备工作幕后的艰辛和付出,解密校庆活动日的精彩活动安排
5	校庆办、党委宣传部(协助单位:美术学院、新闻与传播学院)	校庆文化作品宣传	发布校庆相关的征集启事,遴选公示校庆标识(LOGO)、校庆吉祥物、校庆主题柱,并设计开发各类校庆文化系列纪念品,运营校庆微店、淘宝店;编印校庆宣传册
6	党委宣传部(协助单位:保卫处、后勤管理处、校团委)	校庆布展区	校园里固定区域作为校庆布展核心区,布置安放校庆主题纪念柱及办学成果展
7	学校办公室、党委宣传部(协助单位:保卫处、后勤管理处、资产处、基建处)	营造校内外校庆氛围	(1)校内:各校区大门、校内所有路灯、指示牌配备校庆专题标识;校园内所有电子屏滚动播放校庆祝福语;各场馆悬挂校庆庆祝横幅。(2)校外:各校区周边主干道路灯悬挂校庆广告旗标,市区内主要大型电子屏,滚动播放校庆宣传片,市区交通要道、高速公路口树立校庆广告立牌,市区所有出租车电子广告栏滚动播放校庆广告

4.工作要求

工作要求包括两方面内容，首先是宏观上，在思想上把握、积极引导，校庆期间，工作组对新闻宣传工作在总体上做了如下要求：

一是高度重视，统一思想。各学院、各部门要充分认识开展纪念校庆N周年宣传工作的重大意义，加强领导，统一思想，周密策划，精心实施，进一步确保校庆各项宣传任务落到实处。

二是积极引导，广泛参与。各学院、各部门要认真组织学习传达学校校庆工作相关精神，使广大师生校友理解举办N周年校庆工作的重要意义、具体活动安排和工作要求。广泛开展知校爱校教育，进一步激发广大师生校友喜迎校庆，以实际行动为学校建设发展争做贡献的积极性。

三是创新载体，增强效果。各学院、各部门要注重新媒体和传统媒体融合，进一步强化利用视频、动漫、音频、图片等形式开展校庆宣传工作，使校庆活动的组织开展、传播影响更加生动、鲜活、形象，增强感染力、吸引力。

其次是微观上，要对宣传报道作以下要求：媒体对活动的重视、策划，对宣传报道的创新，把握宣传报道的口径，明确稿件把关程序，有些活动还须交代着装、交通等有关事宜[①]。

二、价值盘点

校庆工作按照预定计划顺利开展，将在最大可能上展示学校文化底蕴和办学成就，可以有效地汇聚发展力量和办学资源，进一步提升学校的办学声誉和社会影响力，达到预期设想的目标，具体价值盘点可体现在以下几个方面：

（一）文化价值

按照策划，校庆期间将有高水平的学术活动，有关部门和各学院将会策划组织院士杰青报告会、企业家创新论坛、艺术家大讲坛、市县长论坛、学科建设研讨会等百余场精彩的学术活动，体现学术校庆的特色。高峰论坛、文化讲坛、科技沙龙、主题报告等学术活动，政界、商界、学界、教育界等领域的专家学者汇聚一堂，组织策划的相关活动将会为全校师生带来一场场高端的学术盛宴。

① 刘伯贤著：《新闻宣传活动的策划与组织》，广西师范大学出版社，2009年，第28页。

策划组织编纂校史简明读本，编排原创校史舞台剧，编录口述校史视频纪录片，扩建改造校史馆，将充分展示学校厚重的历史文化底蕴。策划举行办学成就综合展览，多角度、全方位、分层次展示学校的辉煌历史和办学盛况，策划组织名家寄语展、书画作品展、历史文物展、生物标本展、摄影作品展等十余项展览活动，全面展示近年来学校的育人成果和办学成就。

（二）艺术价值

校庆活动中策划的重要活动是高校的高水平大学建设发展论坛暨建校N周年艺术展演庆典活动，将紧扣四条校庆主线，围绕高水平大学建设，突出思想性、教育性、人文性、参与性和经典性，坚持叙事为主、抒情为辅、共鸣为重，旨在打造一场集精神传承、文化展示、情感凝结、梦想展望于一体的经典之作。按照策划，原创校史剧回溯了建校前期的历史语境和感人故事；主题节目彰显出广大校友师生心系母校的爱校情怀；歌曲舞蹈、视频短片、诗词朗诵等多种艺术展现形式穿插其中。策划举办N周年校庆专场音乐会等专题文艺演出，组织开展校庆主题社团文化节、校友主题班会等活动，具有较高的艺术价值。

（三）经济价值

策划以N周年校庆为契机，全面启动社会捐赠和深化社会合作，把捐赠合作当成募集办学资金的重要来源，作为汇聚办学资源的重要途径。策划明确工作思路，细化工作安排，设计捐赠项目、捐赠形式和答谢方式，计划举办捐赠工作启动仪式，发布捐赠公告，设计制作捐赠服务指南和宣传折页。设计开发在线捐赠系统和小额网络众筹系统，策划依托"两微一端"新媒体开展网络小额捐赠，扩大捐赠工作的覆盖面，推进捐赠工作常态化。

三、创意设计

校庆活动既是按照策划走程序的常规工作，更需要在创意中找到闪亮光环。这一部分将具体以安徽师范大学90周年校庆时工作组与相关媒体在相关工作中作的策划设计为案例进行具体分析，安徽师大校庆工作组从小的切入点入手，走心、创新设计，充分凸显出人文师大、创意师大的特点。

（一）校园校庆宣传标语创新走心

小小的校园宣传标语虽不起眼，却能够在校友、学生的朋友圈和媒体的眼中成为特色的点缀。校庆期间，校内各大LED屏上的宣传标语充分反映出这种细节的创新，十分走心（表4-5）。

表4-5 安徽师范大学90周年校庆宣传标语

序号	标语内容
1	热烈庆祝安徽师范大学建校九十周年
2	热烈欢迎海内外校友荣归母校共庆九十华诞
3	向关心支持学校发展的海内外校友和各界人士致敬
4	厚重朴实 至善致远 追求卓越 自强不息
5	厚德 重教 博学 笃行
6	新时代 新征程 新辉煌
7	发展校庆 学术校庆 人文校庆 共享校庆
8	实力师大 特色师大 活力师大 开放师大 幸福师大
9	质量立校 特色兴校 人才强校 学科领校 开放活校 依法治校 文化荣校
10	芬芳桃李万千树 相承一脉九十年
11	桃李盈门贺九十华诞 芝兰满室兴千秋伟业
12	校友是母校最亮的名片 母校是校友永远的家园
13	往事如昨不负峥嵘岁月 前程似锦永葆青春芳华
14	筚路蓝缕奠定九秩基业 继往开来再创百年辉煌
15	春风化雨大师风范 桃李争晖师大情怀
16	风雨九十载春潮澎湃再出发 扬帆新时代砥砺奋进创未来
17	凝心聚力 奋发有为 以优异成绩向建校九十周年献礼
18	弘扬师大精神 推进综合改革 奋力开创高水平大学建设新局面
19	以习近平新时代中国特色社会主义思想为指导 为建设特色鲜明的高水平大学而努力奋斗
20	祝愿安徽师范大学明天更美好

（二）校园文创设计创新走红

校庆期间，工作组策划设计了包含博士帽为主体的戒指、纪念币、建校以来校徽的复刻版集合、书签、非遗（阜阳剪纸）为载体的师大纪念品，还设计了校庆90周年的月饼，在实施过程中引起热烈反响。

安徽师范大学"校庆90周年月饼"走红

中秋佳节将至，寓意团圆的月饼成为安徽师范大学师生热议的话题。记者昨日从该校新闻与传播学院了解到，由该学院联合环境科学与工程学院共同设计制作的师大90周年校庆月饼，"俘获"了许多师生的心。

位于高校花津校区的经致创客，是全省首家校园创客空间。记者在这里见到了包装精美、口味多样、寓意美好的月饼礼盒。月饼的外形设计采用了某高校90周年校庆的LOGO，显得简洁、青春、动感，很讨年轻学子喜欢。月饼包含了五仁、莲蓉、板栗、凤梨、蛋黄、红豆、黑芝麻等多种口味，兼顾营养与健康。

环境科学与工程学院老师杭华，带领食品专业的学生，参与了月饼的配料和制作。他告诉记者，师大月饼，突出了安全、营养和功能化，并融入了皖南地区独特的食材。

床前明月光，低头思故乡。校园月饼设计和制作的发起人，该校校园文化服务机构和创新创业沙龙——师大经致传媒负责人王霞霞老师认为，今年是安徽师范大学建校90周年，带有师大元素的月饼，代表着师大与校内外学子的情感联系。

老家远在辽宁的研二学生小方，在芜湖度过了四个中秋节，她说，校庆月饼，精致，创意，有情怀。她不仅自己购买了一盒和本地的朋友分享，还同样为父母寄去了一份佳节的思念与祝福。

师大2017级毕业生卫珍妮，也收到了男朋友寄来的师大月饼。"我们都是师大的学生，在这里相识相恋，现在天各一方为事业学业打拼。看到师大的月饼，就想到了难忘的校园时光，也感受到彼此浓浓的情意。"[1]

---

[1]《安徽师范大学"校庆90周年月饼"走红》，中安在线芜湖频道，2018年9月19日，http://wh.anhuinews.com/system/2018/09/19/007964477.shtml?from=timeline.

（三）小小黑天鹅引起大动静

校庆期间，合肥工业大学代表学校将4只黑天鹅赠送给安徽师范大学作为建校90周年的贺礼。天鹅"落户"后，学生纷纷通过微信朋友圈和微博发布了这份"特殊礼物"到来的消息，安徽师范大学各大新媒体平台敏锐地捕捉到这个讯息，将其作为创意宣传的点，在网络上发布消息，数小时内点击量过万，学生们纷纷转发评论，黑天鹅一时间成为校内"新晋网红"。不仅如此，网上还出现了4只黑天鹅的官方QQ号"安徽师范大学的鹅"。其幕后策划团队——美典微校新媒体运营组表示，"开设这个账号的初衷，是想让鹅的形象更'亲民'，更拟人化地与同学'交流'，从而长久地获得'存在感'，以迎接学校校庆"。此外，团队还专门为这四只鹅拍摄了图片和视频，被同学们大量转发[①]，走红师生朋友圈，成为校庆期间最接地气、引发讨论最多的新闻事件。

四、战略实施

校庆策划组织和筹备工作是一项系统工程，时间紧、头绪多、任务重、影响大，特别是一些重大项目和重点工作。战略实施既包括各学院和学校统一策划并贯穿整个学年分步实施的活动，也包括学校在校庆前后一周重点策划形成宣传报道高潮活动的实施，还有校庆日活动的推进实施，这需要全校各单位、各部门之间通力协作、相互配合，树立全校一盘棋的思想，共同做好校庆筹备的各项工作。

（一）校庆活动板块实施推进

1.校庆日

作为校庆集中庆典活动板块，高校将邀请校友、社会各界人士来校共襄盛举。一般来说校庆第一日会举行比较隆重的仪式性活动和学术论坛，如揭幕仪式、办学成就展、校庆大道综合巡展活动、捐赠项目签约交接仪式、校友高峰论坛、校长论坛和高校学科建设相关的论坛等；晚上一般举行文艺类演出活动。校庆第二日往往是校庆活动的重头戏，高水平论坛、全员参与的文化与艺术交流活动一般放在这一天，如中午可以在食堂开展校庆特餐派发福利活动，校友嘉宾自主参加环校游览活

---

① 《从合肥到芜湖 4只黑天鹅走红安徽师大师生朋友圈》，中国青年网，2018年5月15日，https://edu.youth.cn/jyzx/jyxw/201805/t20180515_11620599.htm.

动等。

2.校庆周

围绕校庆日前后的一周时间，可以通过线上线下相结合的方式，开展营造校庆氛围的系列活动。线下以在校师生为重点，开展诗歌吟诵会、书画作品展、高雅艺术进校园等专题研讨会，留学生校庆专题国际文化周等系列活动；线上以校友为重点，运用网络新媒体连接千万校友，开展网络祝福互动、校旗传递、微信微博互动、我为母校庆生等活动。

3.校庆年

按照四条校庆主线系统规划贯穿全年的校庆活动。结合学校日常工作和活动，重点举办系列学术讲座、科技创新活动、校园文化活动、捐赠项目认领活动等。

（二）宣传报道有效整合

校庆宣传战略实施要整合纸媒、视媒、声媒、网媒、新媒等渠道集体发声，形成广角度、多媒体、全平台、强辐射的宣传态势，让校庆宣传一波接着一波、校庆热度一浪高过一浪。

第一，做到节前节后不断线，抓住重要节点、重要活动、重点人物，策划了校庆系列宣传片、校庆倒计时、校庆直通车、校庆人物志、校庆文丛等30个原创专题。

第二，做到校内校外同造势，设计校庆专题网站，深入挖掘宣传资源，传微信、发新闻、做采访、写评论，用新闻媒体讲述师大故事、展示师大形象；主动与各级主流媒体沟通协调，实现校内外新闻资源的信息共享、无缝对接。

第三，做到网上网下齐互动，通过展板海报、校庆条幅、校报画册等形式，积极在校园内营造浓郁的校庆氛围，依托微信、微博、QQ校园号等新媒体，分层分类分众、定时定制定向地推送校庆报告与总结宣传信息，开展系列校庆网络祝福与互动活动，首次进行庆典活动网络现场直播。

在科学指导的组织策划下，校庆活动充分突出了校友和师生两个主体，围绕着发展校庆、学术校庆、人文校庆、共享校庆四条主线贯穿始终。各项活动顺利开展，近10万名校友通过网络留言等方式向母校表达祝福，2000多名校友在校庆活动日返校团聚，500余位校友、嘉宾参加了校庆庆典活动。各级主流媒体宣传报道100余篇次，庆典活动的网络现场直播的在线人数超过了50万，校庆网络宣传总点击量超过了500万，其中《校庆动画宣传片》及《校庆家书》单篇阅读量均实现了10

万+，10余家主流媒体平台全文转载发布校庆专题网站更新信息500余条，每大都有不少师生、校友在网站留言板表达祝福。校庆活动引起了良好反响，得到了各方好评，有效提升了学校的社会影响力，这些都与缜密细致、精心设计的组织策划密切相关。

第五章　新媒体运营

在信息时代，数字技术已成为网络世界的基础设施，数字革命正深刻改变着经济形态和生活方式。据第51次《中国互联网络发展状况统计报告》显示，截至2022年12月，我国网民规模达10.67亿，较2021年12月增长3549万，互联网普及率达75.6%[①]。计算、网络、数据、软件无所不在，人们利用微信进行社交、利用微博探讨热点、利用抖音记录生活、利用美团来便利生活……人们的日常生活也与各式客户端、网络平台紧紧地绑定在一起。用户数据成为各大平台都极力争夺的资源，而如何通过数据把握用户的行为习惯，并实现商业转化的问题越来越受到各行各业的追问。新媒体运营作为数字时代网络从业者的基本技能，逐渐与心理学、广告学、市场营销学、社会学、管理学等相互交织，并将逐渐发展成为一门显学。这些都在昭示着运营主导时代的到来。

第一节　新媒体运营定义及发展史

一、新媒体运营定义

"新媒体运营"是随着互联网发展而兴起的概念，目前还未有统一的定义，因此其边界也就显得极为宽泛。很多人将新媒体运营等同于策划、推广、营销或者产品管理，甚至在初期行业内存有"运营是个筐，什么都可以往里装"的观念。随着对行业认知的程度越来越高，对新媒体运营也从早期的认知混乱，发展到有一套日益

[①]《第51次中国互联网络发展状况统计报告》，新浪科技，2023年3月24日，https://finance.sina.com.cn/tech/2023-03-24/doc-imymykha2943340.shtml.

完善并受到广泛认可的方法论。目前对新媒体运营的理解可以概括为：为达到产品目标、帮助产品与用户之间更好地建立关系而进行的一系列符合产品定位的行为总和。

新媒体运营有两个核心任务，即流量建设和用户维系。流量建设即通过各种推广、扩散、营销、活动，提升网站的流量指标，如PV（Page View，即页面浏览量）、UV（Unique Visitor，独立访客数）等；用户维系即持续有效地推动用户的活跃与留存，提高用户黏性以实现价值流通，如各种惠民活动等。新媒体运营既包含战略层面上的宏观运营，也包含具体行为上的微观层面的运营。目前行业将运营类型划分为内容运营、用户运营及活动运营等。

（一）内容运营

内容运营主要围绕有关内容方面的生态建设，确保内容优质和持续流通。一些与内容相关的数据如内容数量、内容浏览量、内容互动数、内容传播数等都是内容运营关注的重要方面。在内容方面，我们需要思考的问题包括内容的属性和定位、内容的基调和风格、内容的来源及组织呈现、优质内容撰写的技巧、内容的排版与格式、内容的互动与再生产等。

（二）用户运营

用户运营主要围绕与用户相关的各种行为与实践，最终目的是搭建与用户之间的价值体系。诸如注册用户数、活跃用户数、用户停留时间、跳出率等都是用户运营需要关注的数据。在用户运营方面，我们需要思考的问题包括用户的定位与画像、用户的来源分析与落实、用户激励机制的搭建、用户的管理与维系、用户的留存与用户召回等。

（三）活动运营

活动运营即根据一定的目标，围绕目标进行逐级拆分后而进行活动的策划、推广、落地等过程。活动运营的目的是能够在短期内快速有效地提升相应的指标。在活动运营方面，我们需要思考的问题包括活动目标的确定与拆分、活动的策划与设计、活动宣传推广与预热、活动的执行与落地、数据的监测与分析、活动效果评估与总结等。

三种运营方式不是泾渭分明的，只是侧重点有所不同，大多数情况下三种运营往往是同时进行且互为依托的。无论是宏观层面的运营还是微观层面的运营，运营的最高层次是追求"自运营"状态，即在搭建和营造一个环境生态后，不需要过多的手段干预，便可与用户产生情感上的共鸣，用户愿意主动与产品发生互动，并能从中获得满足感，运营生态才能得以长期稳定和有序。

二、新媒体运营发展史

新媒体运营的发展是伴随着互联网经济的发展逐步兴起的。2000年前后是互联网产品与经济发展的初生期，大家对于到底什么是"好产品"还没有深刻的经验，这一阶段对运营的理解还停留在刚刚萌芽的概念认知上；2000年到2015年是互联网发展的成长期，在这一阶段，随着互联网的飞速发展，各种线上产品也越来越多，在竞争加剧的业态下，各类互联网产品开始重视"用户体验"；2015年至今是互联网行业的提升阶段，运营得到广泛的重视①。

（一）运营萌芽期：2000年以前

2000年以前，我国互联网尚处于萌芽阶段，网民数量较少。各大互联网企业热衷于对用户的争夺，以此抢占市场先机，如1998年推出的"新浪"和"网易"，分别致力于满足用户的新闻阅读需求和邮件往来，1999年推出的"阿里巴巴"和"QQ"分别成为电子商务和聊天社交的领跑者。这个时期的新媒体运营主要体现在门户网站、社区等的编辑和用户的连接，通常是企业的程序员承担运营的角色，而无专门岗位。

（二）运营探索发展期：2000—2015年

2000年到2015年是互联网发展的成长期，该阶段的互联网企业都集中于完善自身的产品、进行优化与延展。如阿里巴巴在外贸网站的基础上推出了阿里旺旺、支付宝等产品；腾讯在QQ的基础上开发了QQ秀、QQ游戏、QQ空间等衍生产品。这个阶段的新媒体运营工作重点围绕产品展开，包括产品的研发、需求反馈、技术优化等。同时，同质化现象开始严重，竞争驱动下不少企业开始主攻品牌的树立和推广，于是"用户体验"得到很多越来越多互联网企业的重视，围绕着如何做出体验

---

① 黄有璨著：《运营之光：我的互联网运营方法论与自白》，电子工业出版社，2016年，引言第2—5页。

更好的产品，整个行业也慢慢地建立起了关于运营的基础方法论，活动运营开始大展拳脚。这个阶段"产品经理"几乎成了新媒体运营者的同义词。

（三）运营成熟稳定期：2015年至今

随着智能设备的普及，读屏时代的用户"注意力"属于稀缺资源，吸引、调动用户注意力并使之尽可能停留成为产品运营的主攻方向。这个阶段的运营逐步走向精细化。此阶段的运营主要体现在内容方面，因为内容的好坏直接影响产品是否能抓住用户的注意力、吸引用户持续停留并完成转化。为了能够在注意力稀缺的时代脱颖而出，新媒体运营的重点就需要分析用户喜好、进行数据追踪、撰写优质的内容，辅之以精心设计形式，以达到更好的运营效果，同时不断更新，同步用户喜好，探索更多新颖创意的运营手段。如支付宝自2016年开始定期推出"支付宝集五福"活动，以爱国、富强、和谐、敬业、友善为关键词进行多场景联动，将产品与春节进行深度绑定，打造了一场全民集福的网络盛宴，在商业上也成功转化了巨大流量。支付宝自2018年开始推出的"年度账单"，将平淡的数据转化为具有人文情怀的走心文字，配上动态的图文和生活场景，进行用户画像，以新颖的形式刺激了用户的主动传播。这一运营策略如今在行业内被广泛效仿。

（四）未来：新媒体运营将向生态化迈进

随着互联网技术的进一步发展，新媒体组织的竞争不断演化升级，可选择性产品丰富，新的生态环境被塑造，各大软件已经嵌入到用户的日常生活，扮演着"沉浸式媒介"，未来新媒体运营将更加注重用户的体验，不断细分市场，不断打造各种生活"场景"，进行情感绑定和提高用户黏性。在当下数字技术发展的时代，新媒体平台的单一产业运营的商业模式已被超越和重构，进一步提升到互联网的生态系统的运营阶段。

三、新媒体运营基本流程和关键要素

（一）基本流程

无论是哪一种运营方式都会遵循基本的流程，一般运营的基本流程可分为：明确目标、制定策略；目标拆分、逐步规划；执行落地、目标达成；监测数据、及时调整；反馈目标、评估效果。

1.明确目标、制定策略

所有的运营都是从目标出发的，都具有明确的任务导向，不同的产品类型、产品阶段、使用频次的差异都决定着运营的多样化，我们需要给产品进行定位，根据产品形态，产品当前所处的阶段，以及当前一些核心相关数据来选择最适合产品的运营并制定相关策略。

2.目标拆分、逐步规划

这是对运营目标进行"操作化"的过程，我们需要根据之前制定的运营策略，进行细化的拆分，将宏观的总目标落地到具体的方面，然后根据不同的子目标进行导向规划，调动和整合资源，为具体的工作计划做准备。

3.执行落地、目标达成

准备工作完成后就需要投入执行，执行的过程是运营中周期最长的过程，也是决定运营成效的关键环节。具体的运营手段都需要在这个阶段进行发力和集中展示，最大限度地调动各方资源来达成运营的目标。

4.监测数据、及时调整

数据的监测是在目标执行过程中同步进行的，判断运营成功与否就体现在数据上。因为通过收集和分析数据，可以实时监测运营的进度和成效、发现问题并及时进行反馈和方向的调整。在这个过程需要注意的是要及时进行"埋点"，即对监测运营前的相关数据进行"前测"，在投入具体的运营手段后再进行数据的"后测"，通过对比才能够更加明确地发现运营的成效。

5.反馈目标、评估效果

在监测数据时，还应当对数据进行分析并能够从中发现问题，通过对比数据形成总结性经验，反馈给最初的目标制定者，以此可以衡量自身产品的定位和行业的相关情况。同时，数据还可以用于评价具体的运营手段是否适当，便于新一轮的目标制定，以此形成良性循环。

（二）关键要素

1.耳聪：听到用户声音，变痛点为契机点

这涉及产品定位的问题，要真正找到用户所需要的。当运营者设想到一个产品或活动灵感时，不能停留于自我满足，忽视对用户的了解与调查就急于上线。而是应当尽可能地去倾听用户的声音，以用户为起点，做好市场调研，找准用户痛点再

发力，这是运营取胜的关键一步。只有切实解决了用户的难题才能得到用户的认可与信任。需要注意的是，在确定用户需求的同时要注意"需要""欲望""需求"，区分"表面需求"与"真实需求"，区分"首要需求"和"次要需求"。

2.目明：看清产品盈利逻辑，拥有对于市场的洞察力

我们需要区分传统行业一维、线性逻辑和互联网行业多维、发散逻辑的区别。传统行业的买卖双方是对等的关系，盈利具有短期可见性，而互联网行业之间的逻辑关系是多方参与的，例如我们先行开发一个产品让用户免费使用，当用户积累到一定的数量之后，我们再引入广告进行变现，相当于让广告商为产品开发和维护成本买单，这就是多维、发散逻辑。互联网行业的商业逻辑有：直接面向用户售卖某种产品、服务获得盈利，免费+增值服务，或者是免费+流量及数据变现。互联网运营的盈利点就在于将清局中的相互利益关系，从而层层撬动之。

3.嘴巧：学会更具有打动力和说服力的表达

在信息碎片化的时代，运营者需要以最小的成本将自己最想表达的内容推销出去，进而说服用户接受你的某个立场、观点，这是一个换位思考、磨炼话术的过程。例如支付宝"年度账单"中将冰冷的数据转换为走心温情的言语，就是一种话术的变现。在内容的策划中，我们需要注重两大原则，一是迅速获得用户的注意力，二是简洁明了地将你的产品内容和价值推销出去，从而引发用户的感知、共鸣和认同，在其中，借势传播是新媒体运营常用的方式和手段。

第二节　微信平台的运营

2011年，微信横空出世，上线433天用户量即突破1亿，而后迅速成为移动互联网时代最主流的社交应用之一。2014年后，微信以每个季度新增5000万用户的节奏稳步增长，目前用户量已经超过12亿。有数据显示：每天有10.9亿人打开微信，其中有7.8亿的用户打开朋友圈，有1.2亿的用户发表了朋友圈，有3.6亿的用户会读公众号的文章，有4亿的用户会使用小程序……[1]随着微信个人号、企业号、公众号、微信支付、微信小程序、视频号等功能的相继推出，微信已渗透到人们生活和工作的方方面面，从最初的即时通信工具升级为一个重要的网络基础设施。相对于

---

[1]《张小龙公布最新微信用户数据每天有10.9亿使用微信》，腾讯网，2021年1月20日，https://new.qq.com/omn/20210120/20210120A0E6A800.html.

微博，微信属于私域流量，同时内容更垂直、功能更加丰富，对内容深度的要求也比较高。微信的运营种类繁多，针对不同的模块，其运营也有侧重点，总体来说，微信的运营包括个人号、企业号和公众号，本节内容主要侧重于对公众号的掌握，具体涉及以下几个方面。

一、定位：做好账号规划，找准深耕发力点

每一个账号的运营首先要根据自身的产品定位来开始。不同的运营者掌握着不同的内容生产能力和社会资源，不同的产品类型也决定了其账号的风格和走向，在初次接手微信公众号运营时就需要进行自我提问：我打算如何定位和使用这个账号？这个账号所对应的产品是什么？我为什么要写这篇推文？从类别上看，公众号有"服务号"和"订阅号"；从属性上看，有官方账号、商业绑定的电商账号和提供信息服务的平台型账号及个人生活账号等，他们之间的差异决定了运营者在着手运营前必须明确好账号定位，然后才能找准深耕发力点。无论是提供信息服务、售卖实体产品还是通过内容吸引流量，为了便于表述，我们将其统一称之为"产品"。

（一）账号定位

账号定位是一个宏观规划的过程，包括纵向定位和横向定位。首先明确你所运营的公众号是做什么样的内容？处于什么样的阶段和类别？此内容为用户传递什么价值？后期靠什么逻辑变现？付费内容如何引流导入？在这一领域有哪些竞品账号？如何分析有参考价值的相同领域、表现形式、变现模式的账号？充分了解这些问题后，运营就有了一定的针对性。尤其是在分析对标账号时，对自身的账号具有很强的参考价值，运营者可以从以下几个方面分析对标账号：

（1）从封面、标题、内容三个维度去判断风格并记录。

（2）分析最近的账号选题，了解其爆款内容的特点，探究变现方式。

（3）关键词提炼，研读内容后进行总结，提升对用户需求点的把握。

（4）找到自己和对标账号的差异，结合已有的资源确定自身的表现形式。

（二）用户画像

推文的发布需要有很强的针对性，因为文章的推送最终是为了实现转化，如今的"客户"即"用户"，账号运营成功与否十分依赖于用户的使用习惯和需求能不

能得到满足，故为了精确到目标用户，获得更高的转化率，就需要在确定自身账号的定位时，进行客户的定位和画像，即回答好"我写出来的东西主要是给谁看""要达到什么样的目的"等问题，用户画像可以从地域、性别、年龄阶段、教育程度、行业特征以及使用场景等维度入手。通过明确账号定位和对用户画像进行描摹，就相当于找到了账号运营的出发点。例如账号"考新闻"主要针对新闻类考研的相关信息，定位于新闻专业的学生，运营侧重于转化和变现；"新世相"的受众群体是 80 后、90 后，经常推送一些基于现实的人生感悟，分享心得以及启发用户思考。

做好用户画像是一切运营手段执行的参照和基础，而对于用户画像的账号可以从"开源""节流""促活跃"三个角度来入手运营。开源，即如何更有效地提高注册率、使用率、点击量、阅读量等；节流，即防止用户流失，账号价值对部分用户群体而言已经饱和，所以应该思考如何提供更优质的服务，以及如何对流失的用户进行召回，是进行物质补贴还是情感触动等；促活跃，即搭建用户成长体系、建立用户激励机制，表现在用户的点赞、转发、评论、付费等行为，要确保用户从入口到转化的渠道顺畅且自然，同时确保用户行为的日常化和常态化。

需要注意的是，很多运营者在初期单纯地追求数据，也就是阅读量，认为高的阅读量就是成功的运营，阅读量的确能够在一定程度上说明问题，但是阅读量不等于一切，转化和实现商业变现才是最终目标。猎奇的推文或短期的强促活动也许能够获得一时的数据流量，但如果无法形成规律性和稳定性，热度冷却后就会带来用户的大量流失，这要求运营进一步跟进，坚持维护好账号与用户的关系。

二、形式：排版美观，风格明确

不同定位的微信账号需要确定其专属的形式，包括账号的门脸设置、推文的封面、头图、开篇导航等。因为用户对账号的第一印象就体现在形式上，同时账号自身的风格和呈现方式也需要通过特定形式加以强调。每个账号都需要找到契合用户、主题的形式，而无论形式如何创新，都需要遵循"适应主题""建立风格"的原则。

（一）门脸设置

无论是微信个人号还是公众号都需要进行门脸设置，这是他人对账号产生的第一印象，门脸设置包括昵称、头像、简介、关注问候语、关键词回复等。一些成功的公众号其昵称和头像都简洁明了，便于记忆，能够让用户一看到门脸就基本可以判断其公众号类型和服务类别，同时门脸的基本设置要有自身独特的风格，必须去适应账号定位和用户定位。如公众号"书单"，其定位于为读书爱好者提供优质读物，实时更新最新书籍并进行交流讨论，其推文也多是深入思考和讨论，所以其整体色调是高级蓝，头像和昵称简洁明了，每次推文的标题封面都是同色系的蓝色边框。关注问候语直接且提炼重点："每早9点，和400万读者一起提升自己"，交代了时间（每早9点）、阅读规模（和400万读者一起）和阅读目的（提升自己）等。

（二）界面排版

一个好的界面排版会让用户赏心悦目，微信公众号的基本界面包括封面图、标题，内部的头图、开篇导航、二维码位置等。在进行微信公众号的界面排版时，我们可以选择使用一些第三方工具，如秀米编辑器、135编辑器、i排版编辑器、易点编辑器、96微信编辑器等。编辑器之间虽各有优缺点，但基本功能都有所保障。字体、颜色、行距、段距、边距、对齐方式等方面应当如何在美观简洁的原则之上，维持前后的统一性和一定的账号辨识度，则需要由运营者自身不断推敲和把握。总体来说，一个公众号的界面排版设计最基本的要素有以下几点。

1.标题

标题是吸引用户的关键之处，标题应该起到吸睛和强化主题的作用，为的是让用户在最短的时间把握最关键的信息。在运营的时候我们应尽量添加封面标题，吸引用户注意，如公众号"丁香医生"的标题"比太阳的紫外线还强！让手变黑的产品，很多女生都用过"，这一引发用户好奇心的标题分外醒目，激发用户阅读的欲望，同时在系列推文中分别设置为"丁香较真""好物""好课""拼团""直播""医生怎么说"，用户在看到标题时就可以迅速了解其内容方向。

2.封面图

在封面图上可以做特别的栏目标志，如具备辨识性的表情包、人物设计等，贴上自己的标签后，文章每被转载一次，就会强化一次形象，如公众号"顾爷"便是如此，它的封面图会经常采用其公众号的形象设计，以呼应其头像加深用户印象。同时，如果当期推文为多篇一组的话，要根据内容的重要程度注意文章的叠放顺序，因为在首页的文章会被更多人看到。

3.开篇导航

公众号的内容比较多，如果用户不能尽快看到自己感兴趣的内容就会很快蹦失，故开篇导航十分重要，导航条是为了让内容分门别类，让用户了解栏目规划，更加具有针对性，这一点在以上的案例中同样可以体现。

（三）元素调动、增强辨识度

要顺应"读屏时代"的要求，微信公众号的形式创新还需要注重各种元素的协同调动，多元素的加入不仅使得文章更加新奇有趣，提高用户的阅读量，而且进一步刺激用户的点赞、转发及实现变现。

1.视听结合

微信公众号的排版首先需要在视觉上美观，图文并茂的同时往往也会注意色彩与主题、品牌一致等，同时也注重调动听觉系统，在文章中加入音乐元素或者置入超链接，添加短视频、快闪等，更加直观地呈现内容。如一些夜读的公众号，会比较倾向添加舒缓的音乐；"顾爷"的关注问候语是一段走心的语音问候；"听歌学英语"从听觉入手，每篇推文都在配有文字、静图、动图的基础上插入音乐和视频，以听促学，以音增识。

2.动静结合

除了视觉和听觉上的调动，一些公众号在排版时会讲究动静的结合，会在静态的文字图片外，添加动态元素以增强趣味性，如表情包的使用、头图的动态制作、结束板块的流动设计、H5以及开设直播等，这从另一方面也印证了视听结合的重要性。

（四）赏玩结合

沉浸式体验的时代，各大产品都注重用户的互动参与，公众号也不例外。一些公众号在进行单向的信息输出外，也开始探索新的双向互动形式，如开设直播间、增加趣味小游戏、问答设定等，让用户在游戏的过程中不仅享受到乐趣，同时也通过游戏获取了新的信息，更加强化记忆。如专注推介新闻传播类专业学生采风实践的公众号"新新公社"，在介绍某地的景色人文时，采用了拼图小游戏的方式，将不同的景色人文碎片化打乱，让用户根据认知自行完成，用户在完成拼图的过程中加强了对地方的了解。

（五）建立风格

在形式上，公众号的发挥空间很大，我们在决定采用何种方式进行呈现推文时，不可人云亦云、亦步亦趋，因为同一种形式的推文可能适合某些产品，对另一些产品或许起到相反作用，这在于每一个账号所对应的产品定位是不一样的。同样一种形式的短期成功如果不加以创新也会遭到用户的厌烦，我们要做的是寻找差异，从细分的市场中找到自身的定位，从而建立自己的风格。如公众号"顾爷""黎贝卡的异想世界"在形式上如配色、标题、封面图等就有自己典型的风格。总的来说，推文的形式是服务于更好更优地达成运营目标，遵循的是"适合性"原则，即所有的形式都必须围绕账号的内容定位展开，而不能是单纯的"炫技"。

三、内容：追求质量、提高转化

微信公众号在形式上的美观必不可少，但真正靠质量取胜的仍在于其内容，相较于微博，微信虽然是私域，但对其监管仍然相当严格，对原创性的要求也很高，如涉及敏感词汇、抄袭等会被禁或举报，严重的甚至会遭到封号。同时微信公众号的发布需要审核，尤其是视频内容，需要先上传至后台通过审核之后才能添加至文章内，严格的审核机制使得微信的时效性无法做到与微博相当的程度。但内容方面的"强审核""高要求"并不代表在内容上无施展空间，做出精细化内容可以从以下几个方面入手。

（一）如何撰写优质内容

1.选题

微信公众号的选题自然离不开其产品定位，对选题的发掘可以从常规选题、热门选题和系列选题入手。

首先，常规选题。第一步是了解账号用户的关注点，分析用户的个性标签，找到用户们最关心的点进行切入，同时要及时接收用户的反馈信息，评论区和私信意见要加以重视，用户关注较多的要点就是很好的选题来源。除此之外，可以参考对标账号的选题，精耕细作。

其次，热门选题。热门选题往往就是流量的代名词，能抓住热门选题，就相当于抓住了流量的"钥匙"，但不是所有的热门都适合你的产品，必须对这个选题有一个明确合理的判断，明确其匹配度，同时要避免敏感选题，在此基础上探索出恰到好处的表现方法，让文章脱颖而出。

最后，系列选题。系列选题是相互关联的成组内容，通常都是固定话题、形式、风格、专题，并以规律性的时间进行呈现，是一种持续输出内容的写作形式。这样的选题创作题材比较固定，一旦确定框架，可以聚焦明确的方向，突出系统性和品牌性。但同时也有限制性，一旦方向固定，很难大幅度更改，并且往往需要做到定时定量地输出内容。所以在做系列选题时，一定要有充分的准备，拥有丰富的素材库和资源来源渠道，与信息提供方建立长期的合作关系。

2.表现技法

推文的撰写为的是吸引更多用户的阅读，实现流量汇聚，同时在此基础上实现转化，引导用户完成某个特定行为。所以标题的最大意义，就是要能够吸引读者去阅读正文，而商品详情页所展示的文案的最大意义，就是要能够促成用户下单购买。很多文案前期的90%的文字都是为了最后10%的广告，但生硬的广告会让用户产生反感，所以很多公众号会在内容上采取迂回战术，如先讲一个故事、先设定一个场景、先对当下热点进行评述等。对于微信公众号，尤其是商业产品的微信公众号，内容表现可以参考以下逻辑方式。

（1）递进逻辑：我们需要先有一部分"共通的"内容引起用户的注意，通过经历共享再逐步激发起用户的兴趣，满足用户好奇心，勾起其欲望，最后促成用户行动，带来转化。如下面这则推文：

美白又抗老，原来悄悄变白的人用的是它

夏天又快过去了，虽然各种防晒装备齐全，但当你偷个懒或者疏忽大意时，无处不在的紫外线，还是能把你打回原形。

那么想要让皮肤变白，该怎么办？最简单的方式是在家捂着，依靠皮肤的自我代谢慢慢变白！可这时间真的有点久，因为虽然细胞代谢是28天，但是每个人还是会因人而异，并且足不出户太难了，平时还得上班，马上也快要开学，肤色根本来不及恢复……

这时候，就要向有实实在在美白成分的护肤品求助了！

今天给大家带来这款OLAY家最新款小白瓶，实打实地含有高浓度、高纯度的烟酰胺，可以有效地美白皮肤，变白程度，肉眼可见！再搭配上抗氧化成分抵御暗沉，你的蜡黄脸也有救了！

这次全新升级款小白瓶（30mL），开团只要229元！还加赠了一支正装OLAY眼霜+OLAY小白瓶面膜2片，一共价值190元，几乎和正装小白瓶一样的价格，太值了！

更划算的是，一定要搭配会场中的焕白精华手霜（日销48元，开团24元）一起购买，还能参加2件9折的活动！只要实付227.7元，就能到手小白瓶+眼霜+面膜+精华手霜！单算小白瓶到手只要206.1元，手霜相当于白送，搭配入手，划算到哭！99.7%高纯度烟酰胺，有效拦截黑色素，让我们的皮肤轻松白回来……

最后再说一句，如果你还想让身体一起变白，我们还给大家准备了OLAY的烟酰胺身体乳！这次身体乳开团，买250mL，送4支65mL=260mL，最终到手整整510mL！比买一赠一还多！

同样可以和OLAY小白瓶搭配购买，参与2件9折的活动，直接在99元的基础上再打9折！

首先，标题"美白又抗老，原来悄悄变白的人用的是它"就足以引起用户注意，其次，提出一些现有的困境，最后发问："那么想要让皮肤变白，该怎么办？"激发用户的兴趣和好奇心，随后引出产品——OLAY家最新款小白瓶的种种好处和优惠策略，配上买家亲测的变化图片更具说服力，最后，促使用户的转化，以套餐开团更优惠为动力，间歇性附上购买链接，刺激用户购买。以此循序渐进，逐步引导用户的转化，其效果远高于生硬的广告推送。

（2）情景带入逻辑：在这种逻辑下，我们往往会以一个故事或营造一个情景的方式把用户代入某个语境，然后围绕着这个情景制造出某些矛盾和对比落差，引起用户的好奇，再基于这些矛盾提出关键问题，最后顺水推舟，把问题的解决方案推送给用户。

每天出门都要戴的口罩，对颜值的影响到底有多大？

口罩，全民的健康必需品，有人还发现，自己摘口罩前后，颜值大不相同：

戴上口罩，抵御病毒和飞沫，颜值变高显脸小；

卸下口罩，口红粉底被粘掉，出油严重痘痘冒。

…………

长期戴口罩颜值可能会"明升暗降"!

由于口罩密闭性良好，不透气，会使得呼吸/出汗产生的水汽挥发不出去。这种潮湿的环境，会刺激皮脂腺分泌更多的油脂，摘下口罩的脸就会油油的。

戴口罩会压着面部皮肤，可能导致皮脂腺导管阻塞，引起皮肤局部耐受力下降。

口罩之下的面部，很容易成为细菌、螨虫滋生的温床。长此以往，可能会诱发黑头、粉刺，进而闷出痘痘，成为"口罩脸"。

不想要"口罩脸"，我们能做点啥？……

做好控油工作

长时间佩戴口罩的人，特别是油性皮肤人群，容易毛孔堵塞。相比女性，男性的皮脂腺会受雄激素影响而分泌更多油脂。因此，平时要做好清洁控油工作，在家里可以用一些酸类护肤品，像低浓度水杨酸就很不错。水杨酸在浓度低于2%时，具有较好的耐受性，对于疏通堵塞的毛孔很有效果，还能够加速老旧角质代谢，细腻肤质。不仅如此，水杨酸还可以和其他成分配合使用，达到1+1>2的效果。比如水杨酸和烟酰胺搭配，在控油的同时，还能改善皮肤粗糙、痘印等问题。

肌本科毛孔细致淡印精华原液（肌本科细肤小d瓶），就是这样一款能够帮你抵御"口罩脸"的优秀精华，肌本科毛孔细致淡印精华原液（肌本科细肤小d瓶）的主要成分是1%水杨酸和10%烟酰胺……

首先，将用户带入一个情景，"每天出门都要戴的口罩，对颜值的影响到底有多大？"其次，围绕着这个情景制造出一定矛盾和对比落差，"颜值变高显脸小"的同时却带来"出油严重痘痘冒"，随即基于这个矛盾提出关键问题："不想要'口罩脸'，我们能做点啥？"最后，引出重点——"需要控油"，随后进行水杨酸和烟酰胺的介绍，顺理成章引入"肌本科毛孔细致淡印精华原液"。

3.价值立场和质量

微信公众号的内容质量水平直接决定了用户对公众号及其产品的态度与评价，所以在价值立场上，公众号应拒绝陈旧的套路，追求原创至上、观点突出、实事求是的立场。随着内容创作者越来越多，各大平台机制的不断完善，自媒体迎来了"内容为王"的时代，对内容原创性和品质的要求越来越高，原创能力几乎是对运营者的必备要求。并且，通过认证的"原创账号"可以开启更多的账号权限，打通必要的变现渠道，而转载和搬运无法真正建立起账号自身的竞争力和内容含金量。此外，一个优秀的微信公众号一定是在不断追求更高的行业地位和用户忠诚度的，所以要求内容上是观点突出、立场明确、逻辑清楚、合理合规，不能因单纯追求阅读量去夸大和扭曲事实。如果一个公众号所推送的内容不能被用户所信服和接受，那么用户的转化和忠诚度的培养更无从谈起。运营者可以从权威性、深度性、趣味性、实用性、及时性等方面去检验账号的价值立场。很多公众号的运营都会陷入常见误区，例如在首尾添加无关内容或者过多载入广告以扩充篇幅，给用户留下内容强行拼接、无意义地重复等不良印象。文章的质量和用户的评价息息相关，所以优秀的运营者和原创内容生产者应该清楚地回答好"是什么""为什么""怎么办"三个问题：

是什么——文章的中心论点是什么？

为什么——我提出中心论点的前因后果是什么？

怎么做——针对文章提出的观点，有什么样的思考和对应步骤？

总的来说这些问题的本质就是让运营者时刻注意到，要让读者能够快速、高效地获取文章的主要观点，并能对内容的逻辑、深度有所认同。

（二）如何提升阅读量？

1.优化标题

用户是否点开文章，很大部分原因在于文章标题是否足够吸引他，即使文章内容优质，如果标题平淡无奇，也可能导致点击率不高。微信公众号的标题不宜过长，最多可承载30个字符，在用户手机端显示的时候，如果标题过长的话，后端内容很有可能会以"……"的形式被隐藏，因为碎片化时代，人们习惯了快速阅读和第一眼印象，标题是否亮眼决定着用户的下一步动作。对于标题的撰写可以有以下几种。

（1）抛出结论、直截了当：将文章主要的观点进行提炼，标题重心前置，一目了然，如《澳洲最凶残的动物，每年上亿只动物遭殃，政府下血本消灭!》。

（2）颠覆常识、形成落差：通过颠覆读者的常识或者是他们对某种事物的固有认知，用反转的方式塑造一种意料之外的感觉，如《中国人觉得违背常理的事，埃及却十分盛行，是为什么?》。

（3）戛然而止、引发好奇：有意调动用户的某种好奇心，把关键要素进行隐藏，或者利用"……"设置悬念，激发用户点开全文一探究竟，如《大蒜不抗癌！真正抗癌的其实是……》《越美白越黑的产品，90%的女性都会中招》。

（4）迎合热点、借势传播：热点话题本身带有一定的流量，在标题中迎合热点，进行借势，往往会取得不俗的效果，如《奥运会结束后，世界冠军现状曝光：把我看哭了！》。

（5）科普知识，息息相关：科普式的文章，很适合由在某一领域有丰富知识储备或有独到见解的作者撰写。若作者身份或内容来源具有一定的权威性或时效性，那么对有相关需求的用户吸引力更大，如《这有一份最全的群面技巧，大学生求职必看》《有驾照的人注意了，明天起，这些新规将会影响你的生活》。

需要强调的是，无论是何种平台的运营，其标题都不可逾越"真实性"的红线，避免通过猎奇、夸张、断章取义等方式博取眼球，否则极易被用户贴上"标题党"的标签，直接影响到账号的长远发展。

2.利用转发多渠道推广

现代社会是公众号信息"供大于求"的现状，即使是优质的文章也不会被每位用户所关注，所以不能仅仅依靠公众号的首次推送，还应在转发中扩大文章的曝光度，从而进行推广和流通。流通分为对内流通和对外流通。对内流通可以在一篇文章中嵌入链接打开另一篇文章从而提高阅读量，或者在每篇文章的末尾建立文章矩阵，利用"相关文章"或者"往期推荐"产生联动效应；对外流通是通过一些机制或手段，让我们已有的内容可以流通到外部平台去（如微博、朋友圈），带来内容的传播和用户转化，除了自身转发外，还可以通过社群提升阅读量（如微信群、QQ群），同时也可以和一些平台、App或者是"大V"进行资源互换，以提供一定的奖励。

公众号的变现方式有读者打赏、广告费、知识付费、分销课程等，这一切的基础都是基于海量的流量池，为了保持优质内容的长期生产和持续变现，在内容分销上也要"去中心化"，需要注重用户的生产，从普通用户中挖掘爆款内容。用户是最了解用户的，用户所关心的话题一般能够调动大家的关注度。运营者要时刻注意气氛的营造，尤其是需要及时回复用户的评价、留言等，将用户置于较高的地位，和用户进行交流讨论，才能进一步激发用户交流、评论的热情。此外要对内容生产者进行激励，如增加曝光和关注度，进行一定的物质驱动等，尤其是对部分的种子用户进行特殊关照，从而利用种子用户的宣传和辐射，邀请更多用户加入生产，从而形成内容的生产循环，在此过程中，运营者可以时常引入一些话题、热点刺激讨论，进一步刺激更多的用户参与，提升用户原创内容（User Generated Content，UGC）的质量和规模。

第三节　微博平台的运营

相比较微信，微博属于广场式传播平台，拥有公域流量，也正如它的宣传语——"随时随地发现新鲜事"。微博上发布、传播消息速度快，用户互动性强，平台上热点层出不穷，往往是公共话题讨论的爆发地。总体而言，相对于其他平台，微博平台运营的特性可以概括为注重打造爆款、利用平台裂变，关注用户互动、保持平台活跃度及O2O活动联动、打造品牌三个方面，这分别对应着我们所说的内容运营、用户运营和活动运营。

一、内容创作：打造爆款、平台裂变

微博平台是热点集聚地，具有爆发性。开放性微博几乎是什么话题都可以进行探讨，限制性相对较弱，因而对微博内容创作的要求更高。同时微博的内容简短，不能超过140字，否则就会被折叠，必须在140字内将重点加以突出，让营销直接走向核心。此外，微博的审核机制是先发后审，编写文案后即可发布，很便捷，节约了大量的时间和成本。综上，微博的内容创作讲求短平快，需要在平台上打造爆款内容，然后利用平台进行发酵裂变，从而获得较高的关注度，对此，具体可以从以下几个方面入手。

（一）讲求效率质量两手抓

一篇文章在触及微博引爆点后，短时间就可以直接触达几亿用户的首页，所以必须讲求效率，同时也必须讲求质量。发布者如果不严谨，发布了具有争议的内容，很容易被网民发掘放大，甚至遭到官方删除或封号。

1.注重原创、产权意识

微博的触达率（触达率即内容所能触达目标用户群体的比例）很高，对时效的要求很高，所以表意不明确、错字、掉字、多字的问题，语法偏差、文字歧义、基本信息缺失、千篇一律等低级错误更应该避免。在微博运营中犯错成本远远大于微

信，这在于微博的传播速度很快，低级错误很快就会被网友捕获从而影响用户评价，即使删除或修改重新发布也会在时效上落后一步。微博是一个搬运转载频繁的平台，在对图片、视频、文字等进行二次传播的时候，注意添加原创作者的标识，利用"#"或者"@"符号添加链接、提供标识，避免引起版权争议影响账号声誉。如果是自己账号原创也可以适时添加LOGO，这不仅是对原创的保护，也是一种流量共通、相互联动、加强交流的表现。

2. 找到与众不同的切入点

在微博平台也需要找到自己本领域的特色，然后进行深耕细作，但同质化的时代，相同领域的账号很多，这就需要运营者找到与众不同的切入点，而不是盲目从众随大流，即使对同一事物，也需要从不同的点切入，尽可能做到观点新颖、形式新颖，给人耳目一新的感觉。

3. 语言简单直接、开门见山

表达的内容说清楚，且尽可能突出重点，这就决定了在文案的撰写中，不能推出类似微信公众号的长篇幅文章，太过烦琐的内容反而让读者不知所云，抓不住重点，导致用户失去阅读兴趣甚至取消关注，所以语言要尽可能的简练，通俗易懂，深入浅出。尤其是新闻类文案，重点把新闻五要素交代清楚即可，不需要追求华丽辞藻，简单直接的语言更能拉近与读者的距离、更能打动读者。

4. 满足用户需求，输出有价值的内容

优质的内容一定是能够满足用户需要的内容，这在账号的定位时就需要把握，分析自己的受众人群的特点和标签，从而有的放矢地布局全文，如喜欢土味文化的群体更适合以土味语言的方式进行输出，偏爱文艺受众群体的账号在语言上就可以追求文艺。同时在内容输出时并不是盲目地例行公事，而是必须输出有价值的内容，即在不违背平台规则和个人原则的基础上能引发读者共鸣，或者让读者收获有用的信息内容，这样才会促使用户进行一定的行为转化。

（二）注重图文并茂、形式多样

"一图胜千言"，一篇好的文章，图的作用不容忽视。在做好优质内容的同时也需要注意文章配图与排版的美观，做到图文并茂以此美化文章、提升阅读体验。有时候读者在刷文章时，第一眼看的不是标题而是图，包括长图、动图、表情包、H5等。除了图片外，视频也是微博需要把握的形式元素。目前，微博平台上动态化的视频比静态化的图片更能够吸引用户注意，达到与用户共情的效果，从而促进转化。在进行图片、视频的运用时，需要注意以下几点。

1.保持清晰度、干净利落

图片和视频要保持清晰度，无截断、干净利落无水印。要避免使用像素模糊的照片，或画质粗糙、晃动、有杂音的视频，否则就会拉低文章质量。同时避免使用有马赛克和水印等特殊标志的图片或视频，或者把水印处理掉，但同时要标明来源，保护原创。此外，在保持清楚干净的基础上要尽可能选择饱和度高、颜色鲜艳、色彩风格尺寸统一的素材，同时图片和视频等遵循"要横不要竖"的原则，这样文章看起来版式更自然，手机阅读体验会更好。

2.注重内容正确、舒适和谐

图片、视频还是要根据自己的内容来配，一定要有其存在的意义，内容要正确，要符合文字主题，避免出现相关度低或者图片丢失的情况，更不能为配图而配图；配图的数量要满足整洁度、舒适度的要求，尽量不要多出一角或缺少一角，要站在读者的角度考虑，视觉舒适对文章的好感度才会增加。同时，图片和视频要醒目，一些模糊或色彩黯淡的图片或视频很容易让读者对文章失去兴趣。算法评介和编辑推荐文章时也会关注于此，即好的图文能够得到更多的推荐。

如果原始图片或视频内容适合但色彩不够鲜明，我们可以选择用软件进行适当的调整，但注意不可以修改其中的主体内容，更不可"断章取义"或"嫁接修改"等，避免丧失图片和视频的基本真实性。最后需要注意的是，舒服和谐不仅在于色彩、风格、大小保持统一，还要在选图和视频的时候避免重复和相似，否则会给读者以水平不够、创新不足的印象。如果选用的视频与主题的相关度不高，视频意义不突出，并且视频的尺寸大小、分辨率不够，那么和谐美观便有所欠缺。

3.可以对图片或视频添加说明

在对内容进行文字、图片、视频等多种形式的表达时，为了进一步便于读者对各种形式的理解，可以通过说明或标注给图片或视频加上一段简洁的文字描述或"划重点"，对其进行适当、合理的解释，这样既能体现出作者的细心贴心，同时还能方便读者理解图片、视频。

添加说明可以分为于内添加和于外添加。于内添加即在图片和视频制作之初就添加说明，于外添加指在图片和视频插入后再另行添加文字，例如一些商品推广类的文章会实时添加购买说明或链接等。

二、用户互动：激发用户行为，保持平台活跃度

微博是热点发酵的场所，如果说微博是平台，热搜发酵是追求的结果，那么用户的互动与活跃度就是促使发酵的"催化剂"。微博作为一个公共场域，比任何社交平台更依赖于用户的互动与活跃度，即使是一些尘封的旧事也可能被冲上热搜。根据微博发布的2022年Q1财报，截至一季度末，微博月活跃用户达到5.82亿，同比净增5100万，日活跃用户达到2.52亿，同比净增2200万[①]。同时月活跃用户中，用户主体为30岁以下人群。微博群体越来越呈现年轻化的态势。

（一）以老带新，建立标签

前面我们在讨论微信平台的运营时已经提及用户画像，这是挖掘潜在客户、直达目标受众、进行精准投放的基础。据《2020微博用户发展报告》显示：微博在京津冀、长三角、川渝、珠三角和闽三角地区的用户数量最大。午时（11时至13时）和亥时（21时至23时）是最高的互动时间，另外上班路上也是用户互动较多的时间段。90后、00后依旧是追星的主力军等[②]。这决定了我们在内容和形式上的宏观定位，但对于具体的微博账号运营，还需要进一步地细分用户，建立标签，从而不断挖掘潜在用户，即"以老带新"，这是微博需要定期做的任务。其实微博平台在注册时就会将用户进行分类编号，根据用户的喜好进行画像，后期加上用户的关注、搜索、转发、点赞、浏览、讨论等行为被后台大数据记录，诉诸微博的push算法进行推荐，由人工根据后台数据甄别出值得推荐的内容（设有一级、二级、三级），再用算法加权系数推给用户相关的内容。很多运营者会认为用户画像是科技算法的任务，其实在算法推荐中很大一部分也源于人工的甄别，如微博界面上常见的"你可能感兴趣的人"，在此基础上，微博可以发挥账号之间的联动作用，可以通过账号互粉、相互关注的方式建立关系网络，这样用户就会在关注另一个账号时连带着关注着你，同时这也是你发掘潜在客户的过程。

①《微博发布2022年Q1财报：月活跃用户达到5.82亿》，新浪科技，2022年6月1日，https://app.myzaker.com/news/article.php?f=qqconnect&pk=62975cd98e9f0916f05d8c20.

②《2020微博用户发展报告：90后和00后占比近80%》，站长之家，2021年3月12日，https://www.chinaz.com/news/1229505.shtml.

（二）借势传播，刺激互动

微博是公共讨论的平台，每天虽会有亿级的用户汇聚于此，但更多的微博账号和微博文章往往将一些内容湮没，要保持热度不减就需要刺激用户的互动，做好微博的N次延伸传播。"借势"就是流量绑定、刺激互动的一大法宝，因为微博营销是一种口碑营销、主动营销，粉丝对于感兴趣的微博内容转载速度十分快，每一次转载都是在进行一个好的推广和宣传，借势巧妙，可获得事半功倍的效果。借势包括借关联产品的势、借旺销产品的势、借消费者自身之势、借新闻事件的势、借名人效应的势等。

我们可以借助"大V"、红人、达人、明星等流量大户增加账号曝光率。例如抖音尚在扩大影响力的阶段时，就曾因岳云鹏发布了一条带抖音水印的微博而被众多粉丝知晓。我们要敢于利用微博的"@"功能，通过粉丝与明星的互动以激发粉丝热情，进一步激发谈论意愿等。此外，还可以通过"##"热点话题进行引流，同时要多参与话题的讨论，多借助当下热点进行评述、发布观点等，进行相关性绑定，并撰写出具有深度的内容等。

（三）话题造势、传播长尾

除了借势之外，我们自身也可以"造势"，一方面可以自己抛出观点，放置多方面相互争议的内容、抛出具有联系性的话题、开放评论区、设置投票等引发讨论，如话题"你想住爱情公寓还是同福客栈"；也可以推送新鲜有趣的故事、介绍有意思的现象等；也可以发起活动，如"店庆""纪念日""购物节"等；也可以找个有悬念的开放性故事、脑筋急转弯、智力测试等，让用户参与讨论，结局或答案可以私信回复，也可以下期公布，或者转发到社交平台，回复多少个赞或关键词就可以获得，这不仅可以提高关注度、增强与粉丝的互动，也可以助力新的话题产生以及培养用户的阅读习惯。

另一方面也可以做用户原创内容，收集用户的讨论内容，让用户决定当下热点并制作推送，通过用户的转发，在提高曝光率的同时也培养了用户黏性，例如开放性故事可以让用户决定下一步的剧情走向，活动奖励可以让用户决定活动奖品的形式等。

借势和造势不是孤立而存在的，在把握微博平台运营的长效机制时需要对热度加以引流，即"平移法"，因为热点是有时效性的，在热度渐退用户散去之前要尽可能地平移，激发其长尾效应，在湮没前发挥其最大效应，即以"热点"为引子逐步过渡到另一个主题上，以刺激更多话题的讨论。

同时，自我造势还可以通过一些付费行为来增加内容的曝光率、提升阅读量和转发量等，如"推广"。微博的热榜是根据用户点赞、评论、转发等数据实时更新的，在这其中，加上运营人员的智慧和资本的支撑，话题的引爆和传播长尾也具有一定的可能性。

三、活动推广：助力商业变现、品牌打造

做活动是刺激用户的常用手法，通过组织活动可以在短期内快速提升相关指标。活动推广有抽奖类、红包类、收集类、返利类、竞猜（彩）类等。微博的公共属性和到达用户的及时性、迅速性、广泛性，决定着在该平台进行活动推广可以取得不错的效果，如集赞、满减、团购、抵用券抽奖等都是活动推广的常用方式。

（一）明确活动推广的关键目的

对于微博来说，活动推广主要基于以下几个目的。

1.让数据"涨"起来

即"流量建设"，促进关键绩效指标（Key Performance Indicator，KPI）的提升，如注册、活跃、付费等。当我们发起一项活动就是为了吸引更多用户的参与，同时发掘潜在客户进行关注使用。用户参与基数越大，活动的规模就越大，就越利于进行变现，这也就是为何很多活动要求用户进行关注并转发的原因。

2.让用户"动"起来

即促进用户行为。用户活跃是实现商业变现的基础，通过活动可以促进用户相关行为，如功能使用频次、电商客单价、转化率、用户原创数量等。这里的商业变现是基于用户的行为的，如分享、转发、评论、晒图、艾特好友等行为，对用户来说，这样的行为成本很低，但却有机会获取"丰厚"的大奖，加之娱乐心理的助推，用户很乐于参与此类活动，对于微博运营者来说，这是利用用户帮忙进行裂变宣传和推广的过程，同时，流量的汇聚和用户的活跃是后期引进付费业务、广告投入、产品联合，顺理成章进行转化的必要环节，如日常签到领福利、会员绑定优惠活动等。

3. 让软实力"强"起来

即品牌树立。产品是有生命周期的，而好的品牌则是长久的、深入人心的。很多运营者只看到短期的数据目标而忽视了品牌的树立，其实真正成熟期的产品更应该关注品牌的打造，这是实现"自运营"的必要前提，加之在"互联网+"时代，用户的口碑评价已经成为其他用户参考的重要依据，微博的宣传费用很低且影响范围广泛，因此，树立良好的品牌形象是营销的基础。用户对产品的信赖和依赖取决于品牌实力，包括捐赠、助学、环保、扶贫等公益等。据《微博2020用户发展报告》显示，2020年，全民公益成为时尚，1786万微博用户通过微公益平台为1544个公益项目捐出超过1.41亿元善款[①]。

（二）需要把握的几个关键点

1. 做好成本预算

成本是决定整个活动运营规模的基础，也是评估活动效果的基础，任何运营都绕不开成本预算的问题。活动规模再大、参与人数再多，如果远远超出了成本预算，那么活动也是不成功的。运营人员最痛苦的事莫过于，预算不够或指标要求过高。所以在活动设计阶段，要根据实际情况，综合考究现有的用户数、平均阅读数、转发数等，对标账号的活动效果以及以往活动的数据总结等因素设定一个合理的总成本、人均成本及活动目标值。如果想以尽可能少的成本最大化地提升指标，那么可以采用借势传播，给出合理的活动理由以此降低成本。

2. 把握好时间节点

在进行活动推广时，还需要注重时间节点这一细节，运营者要明白什么时候投放活动才能达到参与度最高、吸引性最强的效果。恰当的时间节点会让活动效果事半功倍，例如支付宝每年推出的"集五福"活动，随着除夕临近，活动细节和规则也在不断丰富，并在除夕黄金时间22：18进行开奖，从而斩获最大流量。微博平台也是如此，一般选取的时间是用户活跃度最高的时间阶段，如节假日、季节交替、纪念日或历史上的今天、基于产品本身的策划（如"双11"）以及社会热点事件关注度的爆发期。

3. 活动设计要简单清晰

对于用户来说，操作成本低的活动才会乐于参加，如果用户认为操作成本高于

---

① 《微博2020用户发展报告》，搜狐网，2021年5月10日，https://www.sohu.com/a/465523832_120176836.

所获奖励，其积极性就会降低乃至消失，所以在活动规则和流程的设计上要是尽可能简短直接，文案清晰无歧义，同时活动的重点突出，活动设计与活动理由要无缝衔接并匹配活动，同时要注意避免隐私获取和用户打扰。

4.上线前要进行测试和宣传预热

很多运营者在开发活动完成时就忙于上线正式投入，而忽视了关键的测试环节。测试是"试错"和"检验"的环节，尤其对于功能界面的开发一定要确认功能是否可用与易用，用户体验是否良好，否则活动运行一旦有问题，在正式上线后撤回修改的成本是高昂的。所以活动正式上线前的测试必不可少，可以先在一小部分群体中投入推广，根据反馈实时进行调整。

活动测试的同时还要进行宣传预热，最大化地"广而告之"，让用户尽可能了解活动信息。借助一切可以触达用户的渠道，协调资源来保证活动曝光。需要注意的是宣传和预热一定要预留充分时间，因为碎片化时代，用户接收信息的效果不一，只有留出足够的时间发酵才能使信息范围最大化。同时在宣传中需要定期进行阶段性强调，如"距离活动开始只剩 X 小时"的倒计时，也可以事先释放一些用户感兴趣的信息片段，或者邀请"大 V"进行"信息透露"，以营造活动的紧张感和稀缺感，达到"万众期待""翘首以盼"的效果。

5.要有活动风险防控与应急预案

即使是资深运营者也无法保证运营效果百分之百地按照计划进行，尤其是在进行活动推广时，用户体验直接决定了其对产品的印象和评价，因而必须确保"万无一失"，这就需要有"plan B"意识，做好风险防控和应急预案，在任何一环节都留有备用计划。无论是何种运营都有可能出现意外状况，例如在策划环节，运营人员和市场人员对接不顺畅、信息不对称；在开发环节，没有按照原定时间完成，细化流程不到位；在测试环节，没有双重检查机制或随意对待而导致未发现潜在问题；在上线阶段，未按时上线、未明确投放渠道、未及时收集用户反馈等。运营人员需要把一切可能发生的情况都要设想到位，并设定好应急预案，比如多层次人员配备、再次增加审核机制、做好备用活动策划，甚至在 O2O 活动涉及线下操作时，还要在后台准备备用发电机。

6.学会监测和分析数据

数据是会说话的。对于活动推广，十分重要的环节就是对数据的监测和分析，因为对活动效果的评估基本上都是通过数据进行评判的，通过数据可以发现问题、解决问题，总结经验并成为后期运营提供参考的依据。如果没有数据的监测和分析，那么活动就易演变为一场"派对"，更无法获得有价值的经验。我们需要在活动上线前进行"埋点"，即"前测"，记录原始数据，待活动结束后再次进行数据的收集，即"后测"，通过对比分析得出结论。在整个活动进行中，我们要根据活动的目的，针对性地实时监测需要提升的重要指标（而非逢数据必监测），并根据指标反映的问题进行适当的调整，待活动结束后更需要投入精力去做数据的分析。

做好了数据的分析并不能说明对活动进行了充分总结，运营者必须从数据层面上升到理论层面去总结每一次活动的运营经验。活动总结并非一篇活动报告，而是要针对活动中的任何有关指标的变化进行理论层面的分析，这是对活动效果的判定和经验教训的总结，否则难以对未来的活动运营产生指导作用。活动总结包括活动流程的基本介绍、核心数据的波动、变化的原因及影响因素、关键绩效指标达成情况、有待提升之处、成功经验的提炼等。

对于活动总结，要遵循"实事求是"的原则，不能因为活动效果不佳而推诿责任，也不能为了得到奖励而美化夸大活动效果，即使是活动策划的预期关键绩效指标未达成，也需要如实上报并着重分析其原因。如果一场活动过于"成功"，即远远超过策划预期，其实也是一次"失败"的运营，这说明活动中存在策划时未能预料到的元素或细节在发挥作用，那就要求运营者重新分析活动策划和举办的过程。

第四节　常用客户端的运营

当前，科技发展日新月异，新媒体产品也层出不穷，尤其是网络客户端的发展更是一日千里。根据《2022 年软件行业现状及发展前景分析》数据显示：我国软件行业发展势头强劲。软件和信息技术服务业作为拉动国内经济增长的重要引擎，在稳就业、促发展方面持续发挥着重要作用，为打造以国内循环为主的新发展格局奠定了坚实基础[①]。根据软件的服务类型，可以初步将客户端的类型划分为网络资讯类、社交类、娱乐平台类、电子商务类及生活服务类。笔者将根据当下的使用情况选取一个典型的案例进行分析，针对其特色进行总结分析和相应的运营要点的讨论，社交类客户端上文已涉及了微信和微博的相关分析，故在此不做赘述。

---

①《2022 年软件行业现状及发展前景分析》，中研网，2021 年 12 月 2 日，https://www.chinairn.com/hyzx/20211202/145049605.shtml.

一、网络资讯类——今日头条

自2014年8月推出今日头条，短短90天时间，订阅用户量就突破1000万[①]。今日头条除了其技术加持之外，能在市场占据一席之地离不开运营的辅助，除了很多相通的运营技巧外，在"信息定制"方面体现得较为明显。

（一）产品特色：机器推荐、个性化定制

与权威的门户网站不同，今日头条颠覆传统业态，用"搜索引擎"的方式做资讯，首创"个性化推荐"，定位于挖掘用户最感兴趣的内容，根据客户的需求进行"定制化"推送，即内容与用户的精准连接。今日头条个性化推荐的产品思路被网易新闻、ZAKER、腾讯新闻等效仿，如今已成为资讯类产品基础性的行业模式。

通过个性化的推荐，系统可以定制初用户的专属资讯首页，其推荐内容也会根据用户的使用记录不断更新然后"投其所好"，包括各行业资讯、热点新闻与评论、优质用户原创内容、问答交流、影视娱乐等。不同用户打开今日头条的界面是不尽相同的，这源于对用户以往使用行为的捕获和算法预判，以标签化的形式给用户定位，同时根据文章标签进行匹配。当标签与用户有一定相关度时，文章就会被系统自动推荐给用户，甚至还可以根据用户的地理位置推送不同城市的热点资讯。具体的机器推荐流程为：

文章发布→关键词识别→内容标签分类→推送给阅读过该内容标签的用户→评估效果→根据反馈决定下一步推送计划。

基于这样一种运营机制，头条号受到很多内容创作者的喜爱，且其速度快，推送精准，实时追踪用户的兴趣变化和更新标签。在推送信息时，用户可以实时反馈，选择屏蔽理由，如"不感兴趣""低俗""旧闻"等。

（二）运营要点：垂直创作、细分明确

由于个性化推荐，用户所接收的信息相对比较垂直，细分较为明确。今日头条上"人设鲜明"，用户想看什么样的信息都可以一一链接。对于创作者或运营者来说，发文内容更需要体现垂直化，要尽量把握一个账号的方向进行深耕，要符合所

[①]《通过大数据挖掘,他创办了手机App,市值达1200亿》,搜狐网,2018年10月22日,https://www.sohu.com/a/270487932_117373.

定位的标签，这样才能在算法中排名靠前，从而被更多人阅读，同时垂直化的内容更加有深度，也更加专业化。如果发布的内容不垂直、细分不够明确，无法进行标签定位，就会导致用户黏性较差，从长远来看，流量也处于不稳定状态。

故在保持个性化定制和垂直化方面，运营者要时刻关注用户画像，精确并拓展其标签，同时在审核把关头条号文章或转型热点新闻时对关键词进行提取，注意选取热门标签或者打上推广标签，做好选题库、标题库、素材库、灵感库和数据库的准备。此外，还需要不断关注平台规则的变动，以保证内容在符合规范的条件下提高质量。

二、娱乐平台类——抖音

5G 时代，短视频全面爆发，逐步挤占了图文市场。抖音站在了时代的风口，在市场上已存在快手、西瓜视频等同质化产品的背景下，于 2016 年 9 月上线并杀出重围，目前已成为市场上最火热的短视频平台。在互联网人口红利见顶、获客成本越来越高的格局下，流量就意味着一切。抖音日活用户已经超过 6 亿[①]。已成为仅次于微信、支付宝的国民级应用平台。为了满足用户多种生活场景的需要，抖音先后推出并完善了直播、社交、电商、搜索等全新的用户服务场景，丰富了人们的日常生活，力争实现"生活成就抖音，抖音丰富生活"。抖音能够在竞争激烈的市场中脱颖而出，其中运营的智慧是功不可没的，相较于其他平台的运营，抖音在鼓励用户创作方面较为突出。

（一）产品特色：优质内容输出，鼓励原创

抖音在上线之初，市场上已存在同类产品，为了争夺市场就必须在内容上与众不同并精益求精，即"内容初始化"。内容初始化是引入种子用户的关键要素，所以在初期，抖音坚持自生产，从短视频的导演到拍摄等都是专业人员配备，以高成本保证初始内容的质量，给抖音平台打下优质基调。随后，在慢慢搭建起相对完备的生态体系后，抖音开始引入账号体系，签约一批"大V"、达人、机构账号等来保证优质内容的持续输出，加之抖音的生产激励机制，这些"大V"、达人、机构账号等在抖音平台拥有较顺畅的变现渠道，因而进一步刺激其内容生产，以此循环辐

---

①《抖音用户数据分析（2021 抖音大数据报告）》，长城号，2021 年 11 月 23 日，https://www.changchenghao.cn/n/826639.html.

射，一方面吸引了大量用户的关注，另一方面也为后期的内容生产树立标杆。抖音推广的初期通过名人效应、热点效应与年轻人喜爱的潮流玩法相结合，以此迅速裂变，大规模导入流量。

在用户形成规模化后，抖音开始实行内容分发机制的"去中心化"，注重挖掘普通用户的爆款内容，维持用户活跃度，这体现在鼓励用户原创、生产者激励方面。抖音的门槛低、操作轻便，集文案、视觉、声音、动态的多重刺激于一体，只要会拍摄，任何人都可以拍摄自身的作品进行上传。同时抖音自带资源丰富，拥有镜头、特效、滤镜、音乐库等丰富效果，以及第三方合作的特效平台，这些效果新颖独特且更新及时，基本满足用户的各种需求。那些看起来专业的剪辑特效，抖音只需要一键"拍同款"即可完成，操作便捷性的同时也保证了视频的可观性。

同时，抖音通过算法功能能够精确每位用户的观赏偏好，通过定位可以快速获得用户的人脉圈，进行精准推送。用户通过抖音得到放松的同时，也在观赏和分享中得到视觉和情感的冲击，一方面得到了娱乐体验，同时也在群体中获得了认同感，抖音平台因而成为个体绑定情感、展现自身的舞台。与此同时，抖音的变现渠道明确，用户可以通过直播等渠道进行盈利，以此进一步激励用户创作。

（二）运营要点：提升曝光率、培养用户黏性

抖音通过商业合作、广告曝光、产品销售等获得可观的收入，因而运营模式也各有侧重，无论是哪种变现渠道，平台的用户基数是基本要求，所以吸引用户关注、提升曝光率是运营模式的基础。目前，抖音在内容分类方面逐渐精细化，要迎合用户喜好、提高用户黏性，就要坚守其原创、优质的原则，做好用户精准画像、账号内容垂直，同时必须时刻注意以下细节：

短视频的拍摄质量要满足基本要求，如画面清晰度高、声音清晰、画幅合适、字幕合理等；还需要把握一定的发布细节，如发布的时候要有标题，标题不能挡住画面主体；在主题选择上，可以选择一些校园、家庭、职场等可以引起情感共鸣的主题；注重文案的写作，要反复推敲文案，以文案带话题从而提升互动率，同时确保更新时间有规律等。尤其是短视频的封面，一定要十分关注，因为短视频的封面是吸引用户是否点进去的敲门砖。标题封面可以遵循吸引注意—满足好奇心—经历共享—诉求达成等逻辑，采用悬疑性、故事性、核心关键帧、标签性以及效果对比的方式进行，最大化地吸引用户。

创作短视频的基本标准可参考如下：

账号昵称：有人物感、包含高频词

简介：第一人称介绍；回答"我是谁？在做什么？带来什么效果？"

封面：封面要与内容契合；视觉风格一致；主体清晰，优选人物关键帧

原创：原创首发；且不重复发送

格式：竖屏，无广告、水印、二维码等

体验：视觉上画面清晰、稳定不抖动；听觉上收音清晰，有人声或音乐

标题：标题清晰明显；10字以内，表达明了；标题不可严重遮挡主体

内容：有用、有趣，能够给用户提供价值

互动：多与用户进行互动（评论回复、私信回复），参与粉丝群或线下讨论

更新：更新频次稳定，更新不断档

此外，在运营过程中，我们需要时刻保持与他人的高频互动，如私信交流、评论回复、参与社群讨论等，或者是开启"一起拍同框"、直播连麦互动、进行同城定位互动等。与此同时，为了让自己的视频被更多用户看到，也可以采用"推广"和"话题标签"的方式运营内容，或采用活动推广的方式，如举办"短视频大赛"等。

三、电子商务类——拼多多

2015年9月，拼多多上线，开启了"社交+电商"的新模式，其利用社区进行团购的特点吸引了大量用户购买，攻下了其他电商平台无法下沉的用户群体。2022年3月21日，拼多多发布2021年第四季度及全年财报，数据显示，拼多多四季度营收272.309亿元，同比增长3%。全年营收为939.499亿元[①]。以用户规模计，创立不足6年的拼多多，其用户规模已达8亿，初步实现了服务中国最广大用户的目标。其广告语也从"一亿人都在用的购物App"发展到"两亿""三亿"甚至更多……

[①]《拼多多发布2021年财报：买家8.687亿 全年成交额暴增46%》，中华网，2022年3月22日，https://digi.china.com/digi/20220322/202203221034574.html.

（一）产品特色：利用社群，圈层传播

与淘宝、天猫等电商平台不同的是，拼多多主打"社区团购"，即利用社群进行圈层传播。拼多多的主要受众群体来自三四线城市，且家庭妇女和中老年群体占比很大，这些群体具有看重价格、追求优惠、时间相对充裕、圈子固定、线下交流频繁、口碑传播效果强的用户特点，恰好契合了拼多多这种社交+电商的运营模式。拼多多作为一个电商平台，在用户进行购物时会鼓励用户进行分享与团购，如"参与拼单"和"分享给好友"的界面，从而获得双倍的成交量，同时，通过满减、复购优惠等福利，进一步提升用户的交易量。与此同时，拼多多利用用户分享进行裂变，这种"强社交性"为产品的推广提供了天然的便捷性。拼多多善于利用用户心理（以微小的奖励撬动流量），通过各种优惠吸引刺激用户进行圈层传播，如邀请好友帮忙砍价、免费领礼品、中奖分享领礼品、返还代金券、做任务赚钱、0元购物，甚至利用现金提现的方式刺激用户。对于拼多多用户来说，这些福利具有足够的驱动性，只需要进行简单的"分享"，就可以获得"大奖"，因而乐此不疲，甚至成立了很多"拼多多互砍群"。拼多多的"病毒式营销"还体现在氛围的打造上，如营造"全民参与"性，营造机会的"稀缺性"，甚至营造"高成功率"的假象，每个场景都直击用户的心理，当用户作为好友帮他人助力时，其界面与界面之间的无缝链接会辐射更多的用户参与社群的圈层传播。

（二）运营要点：树立形象，提升口碑

拼多多利用算法推荐，不断推送用户感兴趣的内容，利用社交链进行快速裂变，形成循环式的用户圈层传播。尽管拼多多的业务范围不断拓展，其"强社交性"仍是其特色。目前拼多多在产品质量和干扰用户等问题上虽存争议，但其用户规模确实在持续扩张。拼多多经过几年的锤炼摸索，已经奠定了其市场地位，因而在运营层面需要关注的是，如何进一步提升口碑，从而打造品牌形象。

首先，作为电商平台，产品质量过硬才是王道。拼多多要在继续保持其"低价"优势的基础上把关商品质量。拼多多践行的是商家端"0佣金"和"0平台服务年费"的平台策略，作为中间桥梁，它将商家和消费者都汇聚在平台上，大规模的数据池和流量池使得入驻商家不断增多。平台要确保商家在遵守相关规定的基础上严格把关其产品质量，完善售后服务等，对于口碑差、退货率高的商家进行分类管理，因为对于用户而言，好物的标准在于"物美价廉"，只有质量本身过硬，才能

进一步激发用户的购买行为，否则用户的体验不佳，便会对平台的好感度降低，从而很有可能从平台上流失。

其次，进一步完善平台搭建和服务管理。在平台搭建方面，可以优化界面设置、优化标题、管理评论区、分享好物、点评产品等，如从已购买的消费者视角，辅助实体照片，对商品外观、品质、价格、售后等几个视角对商品开展评价，给其他用户提供参考价值，从而提升曝光度和转换率等。同时，平台可以开展活动引流或进行付费推广打造爆款，从而提升各项综合指标值。在用户服务方面，拼多多需要进一步提升奖品兑现率和避免打扰用户，目前对拼多多争议较多的便在此，由于福利和奖励的比例过低，部分用户认为平台存在"圈套""欺骗用户"的现象，因而拼多多需要进一步完善活动规则和说明，避免使用过于绝对的诱导性话语。同时要注意避免对用户的打扰，控制推送时间和频次，否则会引发用户的厌烦情绪乃至对软件进行卸载。

最后，企业合作、公益推广。一个产品自运营的状态是基于情感"触动"而非"推动"的说服，拼多多要树立形象、提升口碑，就必须使得"拼多多"三个字深入人心并获得较高的评价，在售卖平台服务的基础上追求售卖情感和品牌。如与各大企业进行合作，对知名品牌的分流和绑定可以提升用户对拼多多的好感，还可以进一步投入公益事业，助力乡村振兴、外贸企业、科学研发等。

四、生活服务类——美团

和拼多多相比，美团网是率先走进团购赛道的"前辈"。2010年至2011年是团购网站的"千团大战"阶段，美团、拉手网、糯米网、大众点评、窝窝团、24卷、满座团、高朋网等遍地开花，经过耗时的火拼和激烈的角逐，不少网站被迫退出市场，而成立于2010年3月4日的美团却能在"千团大战"中屹立不倒、脱颖而出，成为5000余家团购网站的领导者。2015年，美团和大众点评合并为"美团点评"，但很快美团借助密集的组织架构调整，蚕食了大众点评，坐上了团购行业头把交椅。美团发展至今，平台交易用户数达6.3亿，活跃商户数增至770万。2022年8月26日，美团发布第二季度及半年度业绩。今年第二季度，美团实现营收509亿元，同比增长16.4%。第二季度，美团平台用户人均交易频次同比增长16.2%至38.1笔[①]。

---

①《美团发布2022年二季度财报：营收同比增长16.4%至509亿元》，中国经济网，2022年8月26日，http://tech.ce.cn/news/202208/26/t20220826_38061868.shtml.

美团目前市值已经超越京东、拼多多等互联网企业，成为仅次于阿里和腾讯的国内第三大互联网巨头企业。

（一）产品特色：以点带面，立体辐射

美团作为国内最大的生活服务平台，其功能齐全，涵盖范围广，可以为用户提供外卖、美食、酒店、休闲、电影、门票、跑腿等生活领域方方面面的服务。

美团自成立之初就定位于满足消费者的日常需求，主体业务是针对消费者"吃喝玩乐"的日常需求而争取最优的团购优惠的服务，秉持薄利多销和量大价优的原则而将网民汇聚起来进行拼单，正如其标语"吃喝玩乐全都有"。美团之所以能够在"千团大战"中胜出，在于善于把控时间节点，市场上各网站大量投放广告时，美团反其道而行，将广告成本控制在一定的范围，不大肆宣传，而是借助和利用了其他平台对用户的宣传效果，借势借力，保证了资金储备，把钱花在刀刃上，这为后来的资金流通打下了基础。同时在争夺市场时采用长远规划、迂回路线，在城市布局上，在北上广深等一线城市必争的基础上，把资源集中在各省的省会城市，集中力量攻克，对于其他三四线城市暂不进驻，而是等其他网站退出后再去拿下被培育过的市场。

美团目前已发展为一个综合服务性的平台，但其并非"万箭齐发"，而是以点带面进行立体辐射，即在坚持主体业务的基础上进行延伸拓展。美团坚持以本地生活服务为宗旨，通过定位，可以实时为用户推荐附近好物、新店，或者根据用户的日常消费偏好和已消费用户的评价进行推送相关内容，牢牢稳固这部分的用户群体，最大化地提高用户黏性、稳定自身优势。

在稳定自身的优势服务后，美团开始进行业务延伸，其策略是在不同领域上一次只打一个点，将这个领域做细做深，形成良好口碑以后，再拓展新业务并顺其自然地进行用户的引流。目前，美团在主体业务之外，也开始不断地拓展其他方面的业务，如美团优选、美团闪购、美团买菜、美团打车等。

美团在市场上不断下沉，开始辐射乡村市场，如美团优选，目前已覆盖全国约2000多个市县，通过"当日下单、次日自提"的方式，消弭了乡镇居民时间和空间上的难题，真正实现"万物到家"的愿景，也为农村脱贫、乡村振兴助力。

（二）运营要点：服务升级，形成品牌依赖

目前，美团已经进入经营和市场的成熟稳定期，它以主打业务作为O2O的基

础，为拓展业务带来大量的流量，依托口碑效应反向又辅助主打业务，从而形成了良性循环。成熟期的美团在相应领域中的用户数增长空间已经很小，在这个阶段，美团应该将运营的重点聚焦于全面精细化上，总体上以品牌形象的树立、确保用户活跃和商业变现为导向，同时需要尝试服务升级，满足用户日益增长的新需求，用品牌更好地引导商业变现，具体可以从以下方面入手：

作为服务类平台，首先，质量仍是王道，美团需要继续把控产品质量，稳定供给端。只有在源头将质量把关好，才不会为后期的运营"埋雷"，同时在供给端进行谈判合作，以庞大的数据池撬动更优惠的政策，从而形成良性循环。其次，在树立形象上，平台要跟进时效，提升服务态度以及各种售后的服务质量和水平，因为用户对产品的评价和依赖可能更多地体现在这些小细节的处理上。与拼多多运营共通的是，美团也需要跳出商业本身的服务，助力公益事业以及在突出时刻发挥企业精神和模范作用。

同时，美团优选在助农增收方面也表现出色，推出"农鲜直采"计划，让多地的特色农产品销往全国。为了确保日常活跃度，平台可以开展大量品牌传播活动与事件以及面向特定群体且周期相对固定的活动，情感驱动、强化品牌，例如"骑士节"活动。

此外，美团在坚持本地生活服务、求深求精的基础上，可以进一步创新探索新的业务和服务升级，开发更多的服务功能，做好市场的调查和细分，挖掘出更多潜在的商业变现方式，不断满足用户群体的特征和与时俱进的需求。在投入技术支持上，细致打磨IT技术，将自身平台运营让利于商家，如已推出的"半自动结算系统"和"外卖管家服务"等，助力入驻商家的数字化运营，让更多的商家和用户享受数字红利，并进一步探索运用于运营的各个环节，发掘更多可能性。

总之，新媒体运营是一个年轻且生命力旺盛的行业，其内涵远不止我们提及的这些线上平台，且其包容性广，会随着时代的发展不断延展。无论是宏观层面的运营还是微观层面的运营，无论是线上平台的运营还是线下实体的运营，最终目的是提升产品质量、延长产品的生命周期。在各种产品的运营中有一些共性的关键点需要把握：

首先也是最关键的，在运营中尤其是在内容运营时，要坚守运营的底线和伦理道德，要遵守规范，不能因追求关键绩效指标而逾越底线，发布标题党、负能量、失实或者具有不良社会影响的内容，坚决抵制有违社会主义文化方向的内容，否则用户会对产品彻底失去信任，平台也会遭到禁号或抵制。

其次，运营除了具有产品形态的差异，还需要根据产品的生命周期阶段来把握具体策略。运营虽然贯穿着整个产品的萌芽、成长和成熟，但不同阶段有其侧重点，在萌芽期要重点把握市场方向，快速成长期在于最大化抢占市场，成熟稳定期目标转向为品牌的打造和追求"自运营"，而在产品的衰退期则要注重用户的召回和生命线的延长或转型。因而运营是个动态性、整体性的以及具有针对性的实践，需要运营者不断去探索。

再次，在这个市场竞争激烈的环节，内容同质化严重，产品的"单打独斗"已经无法适应一日千里的市场变化，作为运营者要学会加强合作，善用平台之间、企业之间的联动作用。

最后，用户是产品的最高诉求，运营的最高境界是实现"自运营"（即建立一些机制，让用户自发遵守规则，不过多依赖运营人员的引导），无论是什么产品的运营都应该以实现"自运营"为导向，注重用户黏性的提高及品牌的打造，基于情感诉求让用户将你的产品嵌入自身生活，形成依赖，这才是新媒体运营的最终目的和追求。

对于初次接触新媒体运营的人来说，需要在心态、技能和思维模式上进行转变，了解产品、用户、活动的要点；要有对数据的敏感度，具有想象力和创造力、口头表达能力和文字表达能力、沟通能力、执行力；要具有目标导向意识、效率意识及发散性思维、逆向思维、结构化思维等，如此才能从"红海"的浪潮里再创出一片"蓝海"。

第六章 新媒体短视频创作

学习新媒体短视频创作，首先需要厘清两个问题。问题一：何为新媒体？问题二：何为短视频？新媒体的界定主要集中于传播学领域，往往是相对于传统媒体（报纸、杂志、广播、电视）而言，主要指基于互联网为主要载体进行信息传播的媒介（手机、电脑）。短视频主要通过时长来进行判定，其呈现与发展伴随着影视行业发展的全流程。自电影发展初期，受制于影视成像技术的束缚，以《火车进站》《工厂大门》为代表的影视作品时长便只有短短几十秒。而电影、电视节目、电视剧、纪录片等影视作品类型的丰富，也促进了"广告""预告片""微电影""微视频"等一系列短时长视频在影视发展历程中占据一席之地。

艺无定法。不可回避的现实情况是，新媒体短视频对于影视专业性的要求大大降低，新媒体平台的爆款短视频作品，只有简单的包装甚至无包装剪辑，即可获取10万多乃至百万级的点击率。因此，新媒体时代短视频创作者应比传统媒体时代更要正视"内容与形式"的关系。内容是"爆款"的保证，形式是传播的基础，二者缺一不可。同时，新媒体平台的定位，也在一定程度上主导着新媒体短视频风格的形成，值得关注。

第一节 新媒体短视频概述

一、新媒体短视频的时长与界定

通俗来讲，新媒体短视频即在新媒体平台上播出的时长较短的视频。但是，由于新媒体平台开放、多元、多变的特征，使其承载、传播的影像作品类型一直处于动态调整状态，既有利用新媒体软件制作的几秒钟视频，也有从传统电视媒体平台平移过来的十几分钟电视作品，至今也缺乏较为明确的分类与定义，其中难以统一的标准是如何界定短视频的时长。

快手在 2017 年曾将短视频行业的工业标准定义为"竖屏、57 秒"，但用户也可发布最长 15 分钟的视频；抖音的短视频创作时长也分别有 15 秒、60 秒、3 分钟的区间选择，特定视频可延长到 15 分钟；微博视频没有明确时长限制；美拍视频时长最短是 3 秒，最长是 5 分钟。一般达到 15 分钟时长的视频，多来源于电视节目成片或片段。

得益于新媒体技术的更新迭代以及新媒体 App 软件的普及，用户可以便捷地利用手机软件进行视频创作并发布至新媒体平台，实现新媒体短视频的极速传播。新媒体短视频也逐步形成了鲜明风格，带有典型的短、平、快与碎片化的新媒体时代特征。因此，本节将利用新媒体 App 平台制作与传播的，具有明确主题，时长较短（5 分钟内）的视频作品统一称为"新媒体短视频"。

二、新媒体短视频的特征与功能

（一）新媒体短视频的特征

新媒体短视频注重观众的参与性、互动性，通过加强感官性刺激强化短视频的吸引力，缩短短视频与观众间的距离。同时，新媒体传播平台的定位，对于短视频内容特征、传播形式、传播主体有较大的影响。

综合而言，新媒体短视频有以下几点特征：

（1）短：时长较短，一般在 15 秒到 5 分钟间。每部短视频均有固定主题和叙事结构，通过系列片的形式来弥补内容短、信息量少的缺陷。

（2）平：多采用平视视角拍摄，旁白解说生活化、接地气，通过产生情感共鸣，达到价值共振。

（3）快：时效性强，跟踪热点时事并开发多元题材风格，以此提升短视频的曝光度与关注度，便于快速传播。

（4）碎：内容信息碎片化，一部短视频只传达一个观点，无法展现事件全貌。解说词要语句简单，关键词突出。

（5）奇：内容新颖，既能实现知识教育的传达功能，又可满足部分观众猎奇心理。

（6）简：制作简单，易于传播。对于制作者的专业及理论性要求低；专业器材设备要求低；传播平台限制低。

（二）新媒体短视频的功能

1.信息传播功能

主流媒体机构通过融媒体矩阵，在新媒体平台传播官方主流信息；自媒体平台根据主题需求，制作传播信息；个体用户，利用技术赋能权力，也可成为信息发布端。

2.娱乐功能

提供戏剧化、趣味化的内容，娱乐大众。

3.审美功能

通过精致的艺术形式及高质量的主体内容，为观众呈现高水平的新媒体短视频作品，并在传播过程中实现艺术的审美功能。

4.教育功能

内容聚焦行业领域专业信息，提供专业性的知识或技能。

5.商业功能

一方面通过品牌宣传等方式实现商业利润；另一方面，部分平台的激励奖励功能，促使用户连续大量创作特定视频，并获取利益。

6.社交功能

直播、弹幕、连线等方式，可以实现主播和粉丝以及粉丝彼此之间的互动和交流。

（三）新媒体短视频的不足

新媒体短视频的极速发展也带来一定的问题。首先，内容过于浅层化，无法深入阐释事件主题，只能浮于表面，且信息碎片化。其次，部分内容低俗化，门槛的降低以及观众的猎奇心理，导致新媒体短视频质量不高，甚至通过低俗化、情绪化、感官化来刺激观众。最后，信息爆炸与信息茧房的两极化问题日渐严重，一方面独立平台会根据用户搜索习惯推送类似风格作品，另一方面平台间个性降低，同质化视频过多，无用信息过杂，严重影响了新媒体短视频的平均质量。

三、新媒体短视频的分类

（一）按新媒体短视频内容划分

（1）新闻类：跟踪时事热点，对新闻画面进行剪辑、包装并传播。

（2）教育类：聚焦某一行业领域的专业知识。

（3）美食类：分享美食的做法或直播品尝美食的过程。

（4）美妆类：介绍化妆技巧或分享化妆商品。

（5）娱乐类：多为小品、相声、综艺等传统电视节目的片段或自制情景剧。

（6）纪实类：采用纪实风格制作的短视频，或以个人为主角创作短视频。

（7）旅游类：以旅行者主观视角展现自然景观风光。

（8）评测类：对于特定产品设备及型号的使用感受，如家用电器、手机、汽车等。

（9）游戏类：直播游戏过程或讲解游戏技能。

（10）公益广告类：以公益题材为主，传达公益理念。

（11）音乐类：以音乐为主、画面为辅，类似音乐短片风格。

（12）电影类：多为电影片段的片花式剪辑。

（13）动漫类：动画片或利用特效结合实景做的短片。

（二）按新媒体短视频制作形式划分

（1）单镜头式：镜头画面无剪辑，一镜到底剧情式或仿直播式，即主播面朝镜头讲述故事。

（2）多镜头剪辑：根据节目主题内容，利用蒙太奇剪辑技巧对镜头进行组接，形成具有完整结构、叙事线索的影视艺术片。

（3）人工智能剪辑：利用软件的特定功能，创作者只需提供文字素材，软件便能智能识别文字信息，并通过朗诵配音及匹配影像画面进行剪辑。

（4）图片相册式：以静态图片为素材，根据音乐节奏进行画面切换并配以文字说明。

（三）按新媒体短视频制作来源划分

（1）个体：以个人为创作主体，依托便携式自拍影像设备进行新媒体短视频制作。

（2）团队机构：分为商业机构、传统主流媒介机构、公益平台。

四、新媒体短视频平台

新媒体短视频平台与新媒体短视频是相辅相成的关系。新媒体短视频平台影响力的扩大，离不开新媒体短视频所吸引的粉丝流量；新媒体短视频的传播，更无法离开新媒体短视频平台。目前网络上的新媒体短视频平台已经形成了各自的风格和特色。从另一角度看，新媒体短视频是内容，新媒体短视频平台是形式。

（一）基本功能

1. 传播功能

传播功能是新媒体短视频平台的基本功能。传播主体是短视频创作者，传播内容为短视频，传播媒介为新媒体短视频平台，传播受众为粉丝或网民。

2. 视频制作功能

通过获得授权，新媒体短视频平台可以读取手机内部文件或手机相册，利用自身视频编辑功能制作短视频。

3. 社交功能

新媒体短视频平台通过用户留言、弹幕、粉丝圈等功能，聚集人群，实现人与人之间的交往。

（二）新媒体短视频平台定位

当下新媒体短视频平台众多，且各有特色。本章选取部分平台作为案例进行分析。

1. 抖音

LOGO	官网标语	使命	系列产品
			抖音极速版
	记录美好生活	激发创造,丰富生活	抖音火山版
			剪映
			多闪

2.快手

LOGO	官网标语	使命	系列产品
	快手,拥抱每一种生活	快手是记录和分享大家生活的平台,每天产生上千万条原创新鲜视频。在这里,发现真实有趣的世界。在快手,了解真实的世界,认识有趣的人,也可以记录真实而有趣的自己	快影
			一甜相机
			AcFun

3.美拍

LOGO	官网标语	使命	系列产品
	懂女生,更好看	让每个人都能简单变美	美图秀秀
			美颜相机
			美图问医
			美图定制
			美妆相机

4.小红书

LOGO	官网标语	使命
	标记我的生活	小红书以"Inspire Lives 分享和发现世界的精彩"为使命,用户可以通过短视频、图文等形式记录生活点滴,分享生活方式,并基于兴趣形成互动

第二节　新媒体短视频技法

一、新媒体短视频传播流程

新媒体短视频的传播基本包含四大方面的内容:总体策划、创意内容、视频制作、发布运营。

（一）总体策划

新媒体短视频的发布与传播需要依托视频运营号。因此，若要获取较高的传播效果及影响力，应提高对视频运营号的重视程度，并对此做长远的系统性规划。新媒体短视频的传播，一方面自身的优质内容是其核心基础，另一方面，新媒体平台也会根据系列的数据，将视频推送给不同的用户群体。另外，在后续的运营过程中，新媒体短视频的总体策划及制作还应根据实际的效果做必要的调整。

1.定位

在此阶段，首先应明确视频运营号的定位。定位意味着后续选题、视频制作风格的确定。选题尽量集中在同一产业或行业领域内，且能够保证内容持续性及视频作品风格的统一性。

2.垂直度

这是新媒体网络用语，指新媒体短视频作品的标签或选题与流量粉丝兴趣度、个人标签的相匹配程度。

3.赞播比

赞播比指新媒体短视频获得的点赞数和播放总数的比值。

4.完播率

完播率指新媒体短视频完整播放完和播放总数的比值。

5.标签

标签指新媒体短视频的主题或话题，主要以关键词的形式出现。

6.距离感与新鲜感

距离感强调的是新媒体短视频与观众的心理距离。新鲜感是指观众对于内容的兴趣度及新鲜程度。

（二）创意内容

1.选题

首先应依据视频运营号的定位确立合适选题。选题范围可以是既定的选题库中的内容，也可以依据时事热点进行内容挖掘或延伸。

2.专业性

内容应体现一定的专业性，包含制作的专业性和信息观点的专业性，能为观众提供实用性的帮助或娱乐。

3.创意性

创意是提升内容戏剧性的核心，也是吸引观众注意力的关键。在系列作品中，创意应具有连续性，并以此提高视频运营号的生命力与活力。

4.故事性

内容应包含人物、事件、主题。

5.功能性

内容除了娱乐功能，还可以通过升华主题，提升内容的高度。

6.文案

创意内容最终形成文案及分镜头脚本。

（三）视频制作

1.组建团队

新媒体短视频，既可由单人创作，也可由双人或多人组成团队创作。一般而言，团队是保证新媒体短视频专业性的基本保障。

2.现场拍摄

新媒体短视频的制作对摄像器材要求较低，主要根据视频的风格确定。一大类是选择专业的影视器材进行拍摄（有关摄影摄像的专业实践参考本书第十章）；另一大类是选择手机自带相机功能进行拍摄。

3.剪辑包装

同拍摄环节一样可以选用两种平台。一种是在电脑上，利用剪辑软件对素材进行剪辑、配音、配乐，并进行文字、特效的包装处理；另一种是在手机上对素材进行剪辑、配音、配乐，并进行文字、特效的包装处理。

（四）发布运营

视频运营号需要维护。比如通过贴标签、制造话题、评论互动、分享等方式提高用户黏性，提升传播效果。

二、视频技术基础

在技术赋权的时代背景下，新媒体短视频来源广泛，对于器材的专业性要求较低。一方面，创作者可以选用中、高端影像设备制作精美的视频；另一方面，智能手机影像功能的更新，为新媒体短视频创作带来了极大便利，弱化了对专业影视设备的限制。

（一）视频技术参数

1.像素

电子图像技术中，组成图像的最基本的信息单元称作像素[①]。单幅图像中，像素按照一定的规律排列组合，像素越多，图像的清晰度也越高。同样的，手机的像素越高，其清晰度也越高。如图6-1。

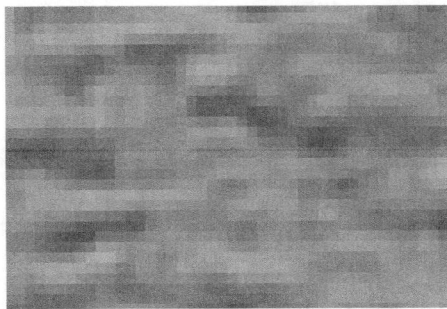

图6-1　电子图像放大后的像素点

2.帧

在电视技术中，由像素构成的一幅画面称为一帧，一帧画面就相对于电影中的一格画面[②]。中国大多数地区适用PAL制电视播出标准，25帧/秒。

3.分辨率

分辨率由水平分辨率和垂直分辨率组成。水平分辨率是沿图像水平方向的像素总数，垂直分辨率是沿图像垂直方向的像素总数。常见的横屏高清电视分辨率有：1920×1080、1440×1080、1280×720。

4.宽高比

宽高比指水平分辨率和垂直分辨率的比值。常规情况下横屏为16：9，竖屏为9：16。

（二）影视构图基础

1.“画框”

“画框”这种说法来自美术绘画，也叫“景框”。这个范围大致相当于镜头的取

---

① 李铭、王春水、朱梁编著：《影视技术基础》，北京联合出版公司，2016年，第106页。
② 李铭、王春水、朱梁编著：《影视技术基础》，北京联合出版公司，2016年，第107页。

景框。构图，必须在画框内完成。

2.构图中的空间认知基础

根据人们的空间生活常识，观众总是认为画框的上部将会用来表现天空，而画框的下部将会用来表现土地，并依据此经验对图像是"正立"还是"倒立"做出基本判断。如图6-2与图6-3相比。

图6-2　正立的图像

图6-3　倒立的图像

3.视频构图与人的生活经验相似

将影像画面类比为现实世界的场景空间，图片的上、下、左、右四边框则可以被视为"墙壁"。

例如以单个成年人为主体的近景画面，可将画面四个边框视为"墙壁"。由人物视线方向起始至画面边框，视为鼻前空间；人物后背脑后方向起始至画面边框，视为脑后空间。常规意义上，鼻前空间尽量大于脑后空间，防止出现"面壁思过"的形象。人物头顶起始至画面边框，视为头顶空间；人物脚底起始至画面边框，视为脚底空间。如图6-4。

图6-4　构图中的空间

4.视频影像画面的重心

从影像画面的正中心画一条中心线，画面中的主体在中心线上方，则画面重心较高，视觉感官印象中不稳定因素增加；主体在中心线下方，则画面重心较低，视觉感官印象中稳定因素增加。如图6-5。

图6-5　构图中的重心

5.视频影像的竖屏构图

（1）横屏、竖屏的基本区别（表6-1）。

表6-1　横屏、竖屏的基本区别

构图	长宽比	视场角	主体
横屏	16:9	宽	略散
竖屏	9:16	窄	聚焦

（2）实现竖屏构图的两种方式。竖屏构图基本沿用横屏构图法则。

①直接拍摄：使用手机进行竖屏拍摄或将摄像机旋转90°拍摄。

②在横屏画面上进行裁剪。如图6-6。

图6-6　横屏、竖屏构图

（三）剪辑理念

同视频构图中的空间理念一样，剪辑也要尽量贴合观众的生活经验，包含叙事内容的基本逻辑和视觉感官的生活经验。叙事内容上的逻辑性体现为叙事背景的时间、结构段落符合观众的常规认知；视觉感官的经验体现为视觉上的连续性，以视觉方向性和运动的方向性为主。

1.对话的方向性

画面主体的运动朝向及人眼的视线方向均可以确定方向性。

以双人（人物A和人物B）对话为例，对话意味着对视，对视意味着方向性的相对。若人物A视线方向为向右，则人物B视线方向应为向左，以此形成对话的含义。如图6-7。

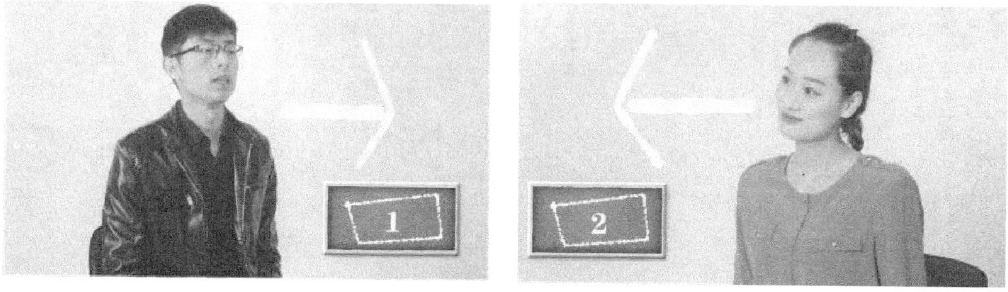

图6-7　双人对话镜头一

反之，若两人视线方向同向，则对话意味减弱。如图6-8。

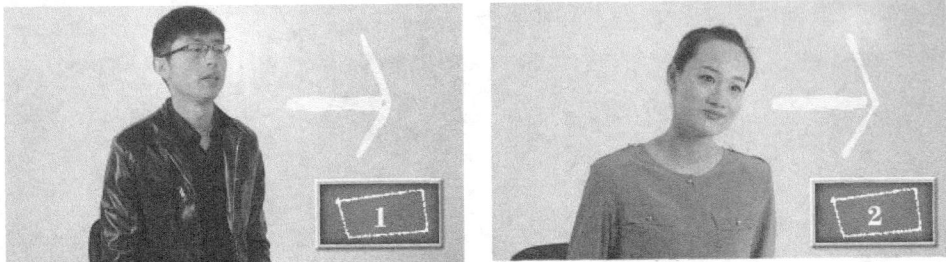

图6-8　双人对话镜头二

2.动作反应镜头

常规的基本组接顺序为：首先，第一个客观镜头显示角色正在看镜头内（外）的某处；其次，第二个镜头显示出角色看到的某样物体或场景。第一个镜头称为动作镜头，二个镜头称为反应镜头。如图6-9。

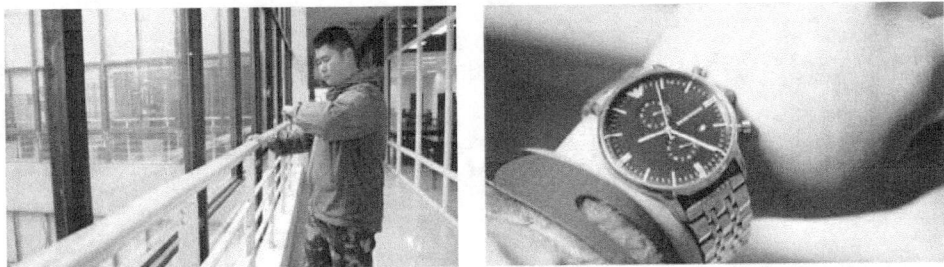

图6-9　动作、反应镜头

（四）节奏理念

形式节奏：影响形式节奏的因素有镜头长度和镜头运动速度。单个镜头长度越短，节奏越强；镜头运动速度越快，节奏越强。

内容节奏：人物动作越激烈（含语速快慢），节奏越强。

（五）文案叙事理念

主要为故事的叙事时序及结构方式。

1.叙事时间

从时间角度来看，主要包含顺序叙事、倒叙（插叙）叙事。

顺序叙事是指按照事件发展的因果脉络及时间向度进行叙事。如以阿拉伯数字为例，顺序叙事为"1、2、3、4、5、6"。

倒序（插叙）叙事是指打破常规的时间顺序，将后发生的事件提前叙述。如以阿拉伯数字为例，倒序叙事可为"6、5、1、2、3、4、5、6"。

2.叙事视角

主要体现为第几人称的叙事视角，即故事叙述者从什么角度讲述故事。叙事视角包含第一人称视角"我"、第二人称视角"你"、第三人称视角"他""他们"。在叙事中，既可以全程使用单一的视角，也可以选择综合性视角，即在三种视角间切换。

3.叙事技巧

悬念叙事：通过开场设置戏剧悬念或片花预告的形式，增加故事的可看性，吸引观众注意力。

矛盾叙事：在叙事中，设置矛盾冲突，提升故事的戏剧性。

（六）包装理念

字幕：新媒体短视频的播放媒介终端为手机，而手机的播放环境多样化，无法保证播放环境的清静，因此，新媒体短视频除了依靠视频画面讲故事外，更要依靠在画面上添加字幕辅助叙事。

封面：封面即新媒体短视频未播放时的静帧画面，多为首个镜头画面。封面设计应包含一定的信息，如信息关键词、主体内容，方便用户检索。

三、新媒体短视频剪辑软件

视频剪辑软件有很多。有依托于计算机操作系统平台的如 Adobe Premiere、Edius、Vegas、Final cut pro 等，此类剪辑软件功能强大，专业性强，需要操作者具备一定的专业基础。也有依托于手机移动媒体终端的 App 软件类，如剪映、美拍、快影、快剪辑、爱剪辑等。

这些剪辑软件的工作原理相同，只是操作方式、界面布局、功能侧重点有不同。

剪辑软件工作基本原理：首先将素材（含视频、图像、音乐）导入到剪辑软件内的素材库，其次利用剪辑软件的功能进行剪辑、包装，最后输出为完整的视频。

本节以剪辑软件剪映（手机版）为例，进行示范讲解（由于剪映软件内部包含有详细的视频教程，因此本部分只对主界面菜单基本功能进行说明）。

软件的主界面底部为功能板块区。分别为"剪辑区""剪同款""创作课堂""消息"和"我的"五大功能区。如图6-10。

图6-10　功能板块区

（一）剪辑区

在此板块中，主要功能是提供软件基本设置和剪辑创作相关操作两大块。

1.软件的设置菜单区域

包含帮助和设置。如图6-11。

图6-11　菜单设置

帮助部分主要是软件的操作说明，内含基本剪辑功能及软件使用过程中的问题解答。例如最新功能的详细介绍"图文成片""智能抠像""识别字幕""色度抠图""画中画""曲线变速""自动卡点"等。

设置部分为软件的常规使用功能设置，如"意见反馈""用户协议""隐私条款""版本号""清理缓存""申请使用权限"等。

2.软件的剪辑操作区域

包含开始创作、一键成片、图文成片、拍摄、录屏、创作脚本、提词器、剪辑草稿等板块内容。如图6-12。

图6-12　剪辑操作区域

开始创作：软件的手动剪辑界面，专业性较强，可以对素材进行删减，增添字幕、音乐、贴纸、特效等一系列操作。

一键成片：用户只需导入素材，选择合适模板，软件自动进行剪辑、包装、配乐等操作。

图文成片：用户只需输入文字或新闻稿链接，软件会自动根据文字内容去匹配图像、音乐、旁白、字幕等。

拍摄：通过实时拍摄，得到素材。

录屏：通过录制手机屏幕，作为素材导入剪辑软件。

创作脚本：根据视频模板，获取脚本结构（即分镜头脚本）。

提词器：模拟电视拍摄中的提词器功能，在手机上滚动出现旁白文字。

（二）剪同款

剪同款的基本功能是提供剪辑风格模版，创作者可以通过替换模版中的素材得到类似的特效效果。

（三）创作课堂

创作课堂包含基本操作技巧讲解以及软件的功能介绍，如"图文成片""智能抠像""识别字幕""色度抠图""画中画""曲线变速""自动卡点"等。初学者可以在此模块获取专业的讲解知识。

（三）消息

消息指账号内部的一些信息，含官方消息、评论消息、粉丝消息、点赞消息。

（四）我的

"我的"包含个人账户的一些内容，如关注数、粉丝数、获赞数。

第三节　新媒体短视频类型及案例

新媒体短视频的类型有很多，也呈现出百花齐放的特点。本节按照内容形式划分，梳理出常见的五种类型，供读者参考。

一、VLOG模式

VLOG，即 Video blog 的缩写，指利用视频记录自己的生活、行程、旅游等。一般而言主观性较强。

（一）案例信息

平台：小红书

账号：皮皮在蓝色星球

点赞数：1.6万（截至2021年9月）

风格：VLOG

主题：可爱、感人

时长：2分40秒

叙事线索：送花

（二）结构分析

结构	入场	转折发展	主题升华	结尾
主题	对拈花一笑的片面理解	寻找拈花一笑新含义	发现新含义后的抒情	自我哲学总结
内容简介	我按照拈花一笑的字面理解去拍照，结果感觉傻傻的，拈花一笑失败了	想看看别人的拈花一笑是怎么样的，于是通过与他人交流，送他人一朵花，看到了别人的微笑	由彼此的微笑领悟拈花一笑的深度含义，即心领神会，心意相通，心心相印	为他人送花，带去欢乐，也给自己留下了美好的精神世界
时长	25秒	1分14秒	45秒	16秒

（三）文案

【入场】听说拈花湾取自成语拈花一笑，拈花一笑，不就是，拈着花一笑嘛。于是，为了好好应个景，我在拈花湾的每个角落，拈花一笑，可是来回看都傻不愣登的。是不是有点傻啊，算了算了，走走走。恰逢星光嬉水节玩得太high，连花儿都丢了，今天的拈花一笑，只好以失败告终。

【转折发展】于是第二天，我背着一大筐向日葵，想看看是不是别人的拈花一笑，会美一点。我认识了这个大伯，其实他热得满头大汗，他依旧滔滔不绝地讲这个拈花湾。

大伯：我们划船的这位置，三面环山，面朝太湖，这个风水不要太好。

我：叔叔这是送给你的。

大伯：两个字呢，挺感谢。

我跟大伯在拈花湾，拈花一笑。

我认识了客栈的高阿姨，她的口袋里随时都备着小皮筋。

高阿姨：我最喜欢帮客人编辫子，因为我以前在幼儿园上班，我帮幼儿园小朋友编。就喜欢编头发。很好看的。真的好看。

我：高阿姨，送你一朵花。

高阿姨：哎哟喂，谢谢。

我跟高阿姨在拈花湾，拈花一笑。我跟糖人阿姨在拈花湾，拈花一笑。

我：阿姨送给你。

阿姨：谢谢。

我：阿姨拜拜。

【主题升华】这一天，我看到了无数人拈花一笑。即使他们都是陌生人，但在他收到花儿的那一刻，我感觉我俩早已心意相通。他们拈花一笑。我，会心一笑。而根据禅宗史书上的典故，拈花一笑也正是心领神会、心意相通、心心相印的意思。

【结尾】太阳下山了，我的花也送完了。才发现都忘了留一朵给自己。我背着空空的背篓，回忆那一个个拈花一笑的面容，无意中，我拥有了整片花海。

（四）特色评析

本片出彩得益于三个亮点：第一个亮点是女主人公的个人魅力，主人公的笑具有感染力，性格爽朗洒脱。第二个亮点是故事并未停留在单纯的浏览风光景色，而是另辟蹊径，去深入挖掘或提炼更有意义和价值的观点，带给观众一种耳目一新的感受。第三个亮点是虽然全片时长较短，但仍具备完整的叙事起承转合结构，有开端、发展、高潮、结尾。

本片选用传统横屏模式拍摄，景别切换流畅，节奏清晰，音乐也配合故事内容渲染出特定的情绪。

二、微电影模式

依照电影叙事规格及技巧进行制作，具备完整的叙事结构，制作精良，主题各异。

（一）案例信息

平台：抖音

平台号：我有个朋友

点赞数：220.3万（截至2021年9月）

风格：微电影

主题：青年人奋斗、励志

时长：2分26秒

叙事线索：买房

（二）结构分析

结构	入场	发展阶段一	发展阶段二	转折	成功	结局升华
主题	主人公出场	人物目标	内心的困惑	改变,闯荡事业		点题
内容简介	主人公和女朋友买水果被鄙夷	见女朋友父母,被提出要结婚必须有房	无力借钱给自己的好友,对人生产生了迷茫	遇到了好老板,一起打拼	水果店老板的惊讶	感谢自己的努力
时长	20秒	30秒	20秒	36秒	30秒	10秒
功能	介绍主人公,塑造坏人"水果店老板",建立同情心	交代主人公叙事的任务:买房。目标:与女朋友结婚	展现主人公的困境。外界现实困境和内心困境	植入广告	前后呼应	成功
人物	水果店老板的鄙夷	女朋友父母	高中好友	老板	水果店老板	女朋友父母

（三）文案

【入场】记得有一次去买水果，看见车厘子特价，我和女朋友挑了很久，硬是从一堆烂果中挑出一袋好果。去称重的时候，我永远也忘不了老板的眼神。那个眼神充满了鄙夷，仿佛在质问我。

水果摊老板："这么穷也来买车厘子啊。"

【发展阶段一】后来又去见女朋友父母，打肿脸充胖子，买了好酒好茶，然后聚餐吃到尾声的时候，他爸爸终于开口了。

女朋友爸爸："那彩礼啊，随便给，等你们结婚的时候啊，我们再把彩礼还给你。"

女朋友妈妈："但是呢，我们只有这么一个女儿，房子是要有的，我们不能看她以后连个家都没有，你说对吧。"

我："叔叔阿姨，你放心，我会努力的。"

女朋友妈妈："好，那就好。"

【发展阶段二】可是只有我自己知道，我每个月工资6000。而这里最便宜的一套房子都要几百万。高中时有一次夜里我发高烧，我最好的朋友背着我一口气跑到两公里外的医院。晚上回家后，他给我发消息，说最近有些困难，能不能借些钱，然而我连自己都帮不了，怎么帮别人？回想起那天夜里，满头大汗的他，又看了看自己的出租屋，感觉这辈子也就这样了。

【转折】直到有一天找工作，认识了一位好老板，他人实在，从不在意别人的眼光。

老板："这家开了好几代了，水平不错，你也试试。"

还问我有没有兴趣一起去三线城市。

老板："带着一线思维去三线城市发展。说不定还有机会啊。"

他真实到会嫉妒富人，但并不仇富。

老板："那是人家四代人积累的家产，咱们是第一代，就应该有第一代的模样啊，对吧。"

【成功】他积极的心态，无时无刻不影响着我。久而久之，我也变得务实，收入也见涨。

我："还是特价是吧。"

水果摊老板："对。"

虽然没能买到大城市的房子，也在三线海滨城市威海安了家。更意料之外的是，阿姨私下帮女朋友相亲，结果没有找到合适的。后来在新家再见面的时候，阿姨对我异常的热情。

女朋友妈妈："他就是个潜力股。"

女朋友爸爸："咱们不也是打拼出来的嘛。"

【结局升华】那一刻，我突然很想感谢自己，没有在最颓废的时候选择抱怨，而是选择积极面对。

（四）特色评析

本片聚焦现实题材，通过生活化的故事叙事，激发观众的共情。有几个关键词如"低收入高房价""丈母娘""买房""毕业奋斗"等皆是如此。本片叙事结构基本沿用了"困境中挣扎、努力拼搏奋斗、最终成功"经典三段式模式。通过安排困境时水果摊老板鄙夷目光、丈母娘的买房要求，到片尾成功时水果摊老板的惊讶与女朋友妈妈的异常热情形成鲜明的对比与转折，也满足了观众的"复仇"的情绪快感。

本片以主人公的人生某一阶段为故事，虽然时间跨度较长，但是选用了旁白解说式，选取了人生中代表性的一些事件进行全景式概述。故事采用微电影的叙事理念，人物角色设置功能齐全，有"坏人"提供阻力（阻力：工作、岳父岳母、路人的鄙夷形成对内心的考验），有"好人"提供动力（动力：老板的榜样作用、自己的坚守与积极面对）。选用了专业影视器材，竖屏构图摄制。景别以中景为主，全景为辅，视角丰富，剪辑动作流畅。音乐情绪与段落风格匹配。画面和旁白相辅相成，协作叙事。画面强调刻画人物内心情绪，而声音旁白填补画面叙事的不足。

三、小品剧模式

类似于舞台剧或小品样式的内容，剧情简单，场景单一。

（一）案例信息

平台：快手

平台号：郭冬临·暖男先生

点赞数：62.6万（截至2021年9月）

风格：剧情演绎式，娱乐搞笑

主题：至少还有你，值得我去珍惜

时长：24秒

叙事线索：夫妻间处理余钱的事

（二）结构分析

结构	入场	发展转折	升华
主题	交代背景	故事	感动
内容简介	丈夫清算这个月家里的余款	老婆要丈夫给点钱,丈夫给钱	老婆很感动
时长	6秒	8秒	10秒
功能	做铺垫	"抖包袱"	煽情

（三）文案

夫：这个月啊，咱们交完了房贷，还有水电费，还剩三百二十五。

妻：老公，这么有钱，给我点呗。

夫：行啊。咱俩一人一半。你这三张，我这三张。走，回家。

（四）分镜头脚本

"至少还有你,值得我去珍惜"分镜头脚本					
场景:路边凳子 日景					
人物:丈夫,妻子					
道具:一百元人民币三张,十元两张,五元一张					
镜号	解说词对白	画面	景别	音乐	时长
1		夫妻二人坐在路边长条凳子上。丈夫开心地数钱,妻子看着丈夫	全景	温情钢琴曲	1秒
2	夫:这个月啊	丈夫手里拿着钱	特写	温情钢琴曲	1秒
3	夫:咱们交完了房贷	丈夫数钱	单人中景	温情钢琴曲	1秒
4		妻子点头	单人中景	温情钢琴曲	1秒
5	夫:还有水电费,还剩三百二十五	丈夫数钱		温情钢琴曲	2秒

续 表

	"至少还有你,值得我去珍惜"分镜头脚本				
6	妻:老公,这么有钱,给我点呗	妻子颔首跟丈夫讲话	单人中景	温情钢琴曲	2秒
7	夫:行啊。咱俩一人一半	丈夫跟妻子讲话,然后低头数钱		温情钢琴曲	2秒
8		丈夫手里拿着钱,把三张一百元钱抽出	特写	温情钢琴曲	1秒
9		丈夫把三百元给了妻子	单人中景	温情钢琴曲	1秒
10	夫:你这三张,我这三张	丈夫和妻子讲话	单人中景	温情钢琴曲	1秒
11		妻子抬头看丈夫	单人中景	温情钢琴曲	1秒
12	夫:走,回家	丈夫起身离开,妻子抬头,深情地看着自己的丈夫走开	由丈夫单人中景转为妻子单人中景	在丈夫起身的一刻,起音乐"至少还有你"	10秒

（五）特色评析

通用的情感,即丈夫对妻子的爱,在小细节里面展示,同时也贴合了账号"暖男先生"的定位。且剧情后半段有意外,"咱俩一人一半",常规理解是平分金钱总额,但是丈夫的意思是平分六张钱,即每人三张,而且妻子三张一百,自己两张十元,一张五元。通过理解的偏差,体现丈夫对妻子的爱。这种生活化的细节,贴合了观众的生活体验。在郭冬临其他的剧情短片中,也基本沿用了这种模式。

在形式上,本片有以下特色:竖屏构图;旁白以字幕的形式展现;双机位拍摄（单人中景镜头）,后期剪辑穿插特写镜头。利用简单的镜头语言传达清晰的叙事,同时在结尾高潮处铺垫音乐,强化、推动渲染情绪,让故事主题得到升华。

四、纪实直播式

模仿现场直播的形式,主持人或主播面向镜头直接（或假装）和观众互动。

（一）案例信息

平台：抖音

平台号：猴哥说车

点赞数：94.7万（截至2021年9月）

风格：纪实记录式

主题：点评车

时长：2分22秒

叙事线索：女车主送猴哥一辆车

（二）结构分析

结构	预告	起幅	发展	广告	结尾
主题	精彩片花	主人公见面	猴哥和阿张看车	送礼物	
时长	2秒	20秒	1分27秒	23秒	10秒
功能	吸引观众	人物出场,并建立冲突	阿张出场,凸显专业性	植入广告	收尾煽情
人物		路人、猴哥、女车主	猴哥、女车主、阿张	猴哥、女车主、阿张	猴哥、女车主

（三）文案

【预告】路人甲：猴哥，这部是你婚车吗？

路人乙：猴哥什么时候结婚？什么时候吃喜糖？

彩条屏。

【起幅】路人丙：嫂子过来了。

猴哥：什……什么？（猴哥脸单独放大特效）什么嫂子？

路人丙：猴嫂。

猴哥：啊？

猴哥走出车间，看到女司机（此段剪辑加速）。

猴哥：不是……你怎么又来了？

女司机：送你的七夕节礼物。

猴哥：七夕节礼物（看向镜头）？

女司机对货运车师傅说：师傅，把它卸一下。

猴哥：什么情况这是？

女司机：你肯定喜欢。

猴哥：不是，七夕节礼物。这个不能乱送（冲镜头挥手说），我跟你说这……

猴哥掀开盖货物的罩子（画面特效字幕在猴哥头顶：好奇）。

猴哥：你那台老的G500是吧？你想通了。没事，我喊阿张过来。今天50多万收你的了。

【发展】扭头，冲别处喊：阿张！收车了。

远处，阿张小跑过来（头顶特效字幕：来活了）。

猴哥：快点快点。

阿张：老板娘好（画面突然放大，然后猴哥头顶出现特效字符"？"）。

猴哥：什么老板娘。咱们去验验车。我之前给她开50多万，她不同意的。估计出去问了一圈，没有人收这个车（冲镜头笑着说）。呵呵呵（脸部放大特效）。

阿张开始检查车况。

猴哥：都老车了。还盖个车衣。现在这车也就50多万。也就是个家用车SUV价格。

猴哥对女司机说：一会我让阿张给你看看（女司机头顶字幕特效：微笑），这个车该多少钱，咱多少钱。问题全说出来，是不是。

这时，阿张的声音从旁边车里传出来：方向盘跟脸盆一样（文字字幕特效：吐槽）。

猴哥：呵呵呵。涨工资阿张，验验车。

女司机：验呗（画面顶部文字提示：验车环节）。

阿张：贴了膜。我们就看不到原来的漆面了。

猴哥：哪年的？

女司机：我不知道，家里的。

阿张：我看一眼多少公里了。14万公里了。2009年的。

（视频左上角开始出现字幕：2009年G500收购计划，收购价50万）。

猴哥：赶快看看哪里出问题。

阿张：前面两个转向节有点漏油。

女司机：转向。转向头？

猴哥：转向头，漏油就是有问题（特效字幕：忽悠）。

女司机：如果修的话它贵吗？

阿张：大奔它修肯定贵啊。一起弄下不得一万多吗……

……省略中间关于修车的讨论（约40秒）

【广告】阿张打开后备箱，从后备箱取出来一个盒子。

阿张：你的盒子，怎么在人家车里？（特效音效：啊？）

猴哥：什么我盒子？

阿张：这不写了你名字吗？

女司机：这给你的（猴哥头顶出现特效字幕符号"？"）。

猴哥：啊？

女司机：这是我在"得物"给你买的礼物（"得物"字幕变色放大）。

猴哥：不是你送我，这什么这个。

女司机：正好马上七夕节了有活动，他们家大牌包款式多，都是有专业鉴别的。我就想着给你买点东西。

阿张抱着"得物"的外卖盒：老板娘真贴心，我也想要礼物（头顶字幕特效：羡慕）。

猴哥：哈哈哈哈哈。不是礼物。

女司机：车送你了。

猴哥：不是这车子不合适啊。

阿张：怎么不合适，你看又是车又有包的。吃软饭不丢人（字幕强调）。

猴哥：什么吃软饭（面朝镜头），你说什么呢，你开回去给它修修。

路人：猴哥这不你婚车吗！猴哥什么时候结婚？我们什么时候吃喜糖？

猴哥：不是。不是婚车。

女司机：走了走了。

猴哥被女司机拽走。

猴哥：不是，有误会啊。

【结尾】片尾放大特效：送车照片，在车上用手托猴哥下巴。

（四）特色评析

插科打诨式的生活记录，依托个人IP设置包袱及热点。快节奏的剪辑及人物对白，增加全片趣味性。主角猴哥（胖子）带来的亲切感及配角阿张看似木讷的专业性，形成了风格迥异的两种人物角色。

在技术形式上，采用竖屏构图，单机位（一镜到底式）拍摄，营造一种无剧本的真实感。开场预告式的片段，提高故事悬念的戏剧性。全片以全景为主，通过实时放大画面获得景别切换的效果。同时在关键时刻配以恶搞字幕，在形式上提升了短片的喜剧性。主人公自由切换视线方向，如在现场对话时，时不时面向镜头说话，营造一种与观众的对话交流感，增强观众参与性。

五、美食类

主要内容为分享美食的制作过程或品尝过程，并实时点评美食。

（一）案例信息

平台：秒拍

秒拍号：日食记

播放数：1343.6万（截至2021年9月）

风格：清新风格

主题：美食制作

时长：2分36秒

叙事线索：做豆豉蒸排骨

（二）结构分析

结构	入场	发展一	发展二	发展三	发展四	结尾
主题	环境	做饭	煮茶	饭的成品	吃饭	逗猫
内容简介	几个空镜头，铺垫情绪	做饭的步骤及细节	茶具洗净，并开始煮茶	饭蒸熟，并出锅	几个人一起品尝美味	喂猫咪吃饭
时长	20秒	1分27秒	12秒	15秒	8秒	14秒

（三）文案

文案即做饭的关键步骤，通过在画面备注字幕的形式展现。本片中出现的字幕如下：

备料：生粉、盐、糖、小排。

清水。

浸泡半小时去血水。

吸干水分。

盐。

搓匀至黏稠。

糖+生粉。

揉搓至起胶。

清水。

放冰箱静置1小时。

冲洗小排。

沥干水分后备用。

糖+姜丝。

搅拌均匀。

盖保鲜膜腌制半小时。

豆豉切碎。

大蒜切碎。

炒出香味后备用。

白酒+白胡椒粉。

盐+水淀粉。

搅拌均匀。

隔水蒸18分钟。

枸杞。

完成。

小猫咪，我的早茶呢？

给猫咪吃。

（四）特色评析

以日式料理风格为主的环境基调，营造清新风格。片中使用的锅、碗、瓢、盆等，艺术设计感强，都不是普通家居生活所常见的款式，比如全程采用木碗木勺、陶瓷水壶，甚至锅也没有锅灰等使用痕迹。全程有一只白色猫咪陪伴，增加趣味性。做饭的间隙，还通过展现洗杯、煮茶细节，进一步加深短片的文艺质感。

全片以特写镜头为主，且镜头长度短，剪辑频率快。个别镜头使用慢动作来提升文艺感。

第七章　数据新闻制作

对于众多新闻从业者和新闻专业的学生来说，数据新闻和一般新闻的界限似乎更明显。数据新闻要求从业者能够在程序员、记者和设计师之间自由切换身份，仅程序员一项就让很多文科生望而却步。

但数据新闻的核心仍旧是新闻，即通过数据挖掘、分析以及可视化完成新闻报道，从而使公众发现和理解传统新闻可能忽视的事实真相。

第一节　数据新闻的历史与未来

一、数据新闻的概念与特征

（一）概念的提出

数据新闻也叫数据驱动新闻，是一种基于数据抓取、挖掘、统计、分析和可视化呈现的新型新闻报道方式。

中国传媒大学传播学部郎劲松、杨海这样定义数据新闻：通过挖掘和展示数据背后的关联与模式，利用丰富的、可交互的可视化传播，创作出新闻报道的新方式①。中国人民大学新闻学院方洁则认为，数据新闻是在大数据时代新闻学发展形成的新领域，代表未来新闻业发展的一大方向，其内涵是"基于数据信息的采集、

---

① 郎劲松、杨海：《数据新闻：大数据时代新闻可视化传播的创新路径》，《现代传播（中国传媒大学学报）》，2014年第3期。

分析和呈现的新闻工作方式"[①]。

事实上，数据新闻迄今并没有业界公认的定义，但数据新闻教育一直选择将数据采集、分析和呈现作为其核心内容。欧洲新闻学中心和开放知识基金会于2011年共同编写的《数据新闻学手册》（The Data Journalism Handbook）并没有直接给出数据新闻的定义，而是指出数据新闻同其他新闻形式的不同之处，即数据新闻为传统的新闻敏感性和有说服力的叙事能力，与海量的数字信息相结合创造了新的可能。

（二）数据新闻的特征

由于数据新闻内核仍旧是新闻，那么它的基本功能与特征必然与一般新闻一样，即要以公众利益为导向，维护社会秩序，推动社会健康发展。同时，作为新闻业发展的未来方向，数据新闻又具有不同于其他新闻报道方式的特征。

1.以开放的数据为基础

数据是数据新闻得以存在的基本要素。随着政府、社会其他组织信息公开的进程加快，数据新闻也越来越成为新闻报道的重要方式之一。

2.以数据分析结果为驱动

完成数据的搜集之后，依靠不同的分析工具对数据进行处理，发掘隐藏在宏观、抽象数据背后的真相，并通过分析结果展示数据背后的结构性关系，从而完成数据到新闻的演变。

3.以可视化为主要呈现方式

可视化是数据新闻的主要展现形式，主要是利用图表、符号等，降低数据、信息、知识的理解难度，为公众提供具有高可读性的数据新闻作品。

二、数据新闻的发展历程

数据新闻其实并不是互联网时代独有的新闻报道方式。它的萌芽是从计算机辅助报道开始的。20世纪50年代，美国就有媒体记者利用大型计算机对政府提供的数据库中的信息进行分析，以调查和发现新闻事实。记者在政府机构、企业等所发布的有限数据中，发现新闻选题或者将这些数据作为佐证发现、拓展深度的重要资料。而在如今大数据的背景之下，记者能够获取和利用的数据量相较而言是那时的

[①] 方洁著:《数据新闻概论:操作理念与案例解析》,中国人民大学出版社,2019年,第2页。

无数倍。

在学习数据新闻之前，我们先来看一个经典案例。

1845年，一次小范围的霍乱疫情在伦敦出现，约翰·斯诺开始详细调查霍乱与水源的关系。为了证实当地水源受卫生环境污染，斯诺从该范围内主要供水源内抽取水样进行观测，发现水里有米粒状的颗粒，化验后发现是霍乱患者的排泄物。随后，斯诺发现水井附近居民相继染上霍乱，短短4天内便有344人死亡，而不远处的啤酒厂几乎没有人死亡。经过走访询问，斯诺了解到啤酒厂有自己的水井，且厂内的啤酒供员工免费饮用，因此工人平常只喝啤酒。为何相距不远的两地死亡人数相差如此悬殊？显然，被患者排泄物污染的水源在霍乱疫情的发展中扮演着至关重要的角色，这也使斯诺更加确信霍乱传播与水源有关。

与此同时，少数学者开始从新的方向解释霍乱的传播，他们发现霍乱的传播与下水道的污水有关。例如：下水道委员会（the Sewage Commissioners）的助理观测员约翰·格兰特在《豪勒顿的塞利庭院的状况》中认为，索尔福德地区下水道修建期间，由于与公共排水沟相通的管道水溢出，引发了更多的霍乱病例。这份不同地区、不同时间的报告也有力地说明了霍乱传播与水源有关。

1848年，霍乱第二次在英国暴发。即使此时斯诺已成为英国著名的麻醉师并在医学领域建树颇丰，但若想在以"瘴气论"为主流的时代论证霍乱传播的新途径，仍并非易事。不过当看到其他人的研究与自己观点不谋而合时，斯诺深受激励，决心找出霍乱与水源的确定关系。1849年，斯诺在原有调查基础上，查阅并搜集相关资料，结合与其他学者的交流，最终总结发表论文《论霍乱的传播模式》。这篇文章系统地阐明了霍乱与水的关系，进一步论证了自己的观点。他认为，霍乱患者的排泄物进入水中污染水质，健康者饮用被排泄物污染的水后会感染霍乱。不仅如此，斯诺还自费将论文印作手册，呼吁人们注意饮食清洁，时时注意排水道和水供应清洁。

1854年，霍乱再次袭击伦敦。第一天56人死亡，第二天143例，第三天178例……近500人在5天内死亡。原本繁华的索霍区成为人间地狱。为了收集该地区内所有死亡病例的基本信息，斯诺挨家挨户走访患者，一次次与死神擦肩而过。为了让数据更加直观，斯诺参考艾德蒙·库博为大都会下水道委员会绘制的流行图，将污染水源的可能来源，即13个公共水泵和区域内所有死亡病例（578名）的具体位置标记在地图上。斯诺通过该地图注意到布罗德街和坎布里格街交叉口的一处水泵，其周围聚集了大部分死亡病例标记。斯诺用粗黑线代表感染霍乱死亡的人，这样在地图上，粗黑线越密集的地方，因霍乱而死的住户越多。从这幅地图上，可以清晰地看到，有个水泵周围布满了粗黑线。斯诺认为，这个水泵就是传染源。

在进一步的调查中，斯诺发现该水泵的深度与曾出现霍乱患者的小马尔堡街排污口深度基本一致。尽管证据确凿，固执己见的瘴气论者仍不愿信服，试图用他们的理论解释斯诺的调查结果。斯诺坚信诡辩在证据面前无处可盾。

但斯诺同时也意识到第一幅地图中的漏洞：这幅图用空气传播的观点也可以解释。也就是说如果水泵在往空气中释放有毒气体，离这个水泵越近死亡率越高也可以作为这幅死亡地图的注解。

斯诺在绘制第二幅地图时同时标注了空间和时间。他首先绘制了伦敦苏豪区的水泵分布。比如有几栋房子到A水泵打水最快，那在地图上就把这几栋房子圈在一起，又有几栋到B水泵打水最快，也把它们圈在一起。

最后再看地图，最初被他确认为传染源的水泵周围，都是被虚线圈起来的街区，画满了代表死亡的粗黑线，而在这个范围之外，几乎没有粗黑线。

为了完善地图，斯诺开始为地图中的"破绽"寻找解释。很快他注意到一个被死神忽略的地方——该区内一监狱。当全区被霍乱乌云笼罩时，监狱内竟无死亡病例。为了找出原因，斯诺开始对该监狱水源展开调查。原来该监狱使用自己的水井或从另一水厂购买饮用水，并不从布罗德街水泵取水。除了这个"破绽"，地图也无法解释一位寡妇及其侄女的死亡，因为他们的居住地离水泵较远。倘若水泵是"真凶"，那么为何距离水泵较远的地方仍然有死亡案例呢？带着疑问，在亲自询问寡妇儿子后，斯诺得知该寡妇十分喜欢布罗德街水泵中的水，特地让其侄女担水回来饮用。斯诺按迹循踪，最终将"破绽"变为"铁证"。

斯诺立即将详细的调查报告递交至索霍区当局手中，建议当局关闭水泵。当局尽管不愿相信，但面对愈演愈烈的疫情也只能采纳意见，第二天取下水泵把手，当人们不再从污染源头取水时，疫情逐渐减弱[①]。

约翰·斯诺的死亡地图证明了数据可视化的力量：

一是运用数据可视化解决当时医疗水平无法解决的霍乱问题。

二是制图简单，划线代表死亡人数，累计标注。

三是选用图表正确，使用地图，而非其他图表。

数据新闻有别于精确新闻和数字新闻。精确新闻由美国学者、新闻记者菲利普·迈耶在20世纪60年代提出，指记者在采访新闻时运用调查、实验和内容分析等社会科学研究方法来收集资料、查证事实，从而报道新闻。这类新闻报道在20世纪70年代风行于美国新闻界。80年代，中国新闻界开始运用这种新闻报道方法。它的特点是用精确的具体数据分析新闻事件，以避免主观的、人为的错误。它侧重于微观的具体调查、实验和内容分析。而数字新闻，则指以数字、公式、字母等静态形式来辅助文字报道。现在所说大数据新闻，显现的是对大数据的挖掘与处理的结果，可以通过复杂的交互式、动态化的图片和视频来呈现这类新闻。

（一）西方数据新闻发展历程

1821年5月5日，《曼彻斯特卫报》，即今天的英国《卫报》（The Guardian）在头版刊发了一篇题为《曼彻斯特在校小学生人数及其年平均消费》的数据新闻。

2006年，《华盛顿邮报》的软件工程师阿德里安·哈罗瓦提首次提到，报纸应该结束以叙述故事为核心的世界观，而以通过计算机处理原始数据为公众提供一种更深刻理解世界的报道。

2010年，万维网的发明者蒂姆·伯纳斯·李预言，数据新闻将是新闻业的未来。同年，《卫报》利用"维基解密"对阿富汗战争的报道一时成为业界典范。此后，数据新闻这个概念就在新闻界备受追捧。

自2013年起，国内媒体紧跟国际新闻界步伐，在数据新闻与可视化领域的探索方面不断深入，掀起数据新闻本土化实践热潮。作为一种新型的新闻生产模式，数据新闻改变了传统新闻的生产模式和整个运作体系，引发新闻报道理念、思维与模式的变革，成为大数据时代新闻学发展的新领域。

[①] 王晓雨、徐文婧、吴俊等：《运用标点地图法寻找霍乱流行真相：约翰·斯诺》，《中华疾病控制杂志》，2020年第12期，有改动。

（二）中国数据新闻发展历程

数据新闻在国内的勃兴与西方数据新闻的滥觞几乎是同时进行的。

2011年5月21日，搜狐推出了中国最早的数据新闻栏目《数字之道》。2012年1月13日，网易新闻中心下属的数据新闻频道开设了"数读"栏目，旨在"用数据说话，提供轻量化的阅读体验"。该栏目每周一、三、五更新，每次发布一到两条数据新闻。2012年6月4日，新浪的《图解天下》上线，2012年12月3日腾讯的《数据控》上线。同年，《北京晚报》《新京报》等也开始尝试数据新闻报道，不定期推出涉及政治、社会、经济、文化、体育等领域的数据新闻。

2013年10月，财新传媒成立财新数据可视化实验室，开设数据新闻专栏《数字说》，凭借"轻松看新闻"的口号，赢得了众多用户的关注。其发表的《青岛中石化管道爆炸事故》报道获得亚洲新闻奖，还有报道获得国际新闻设计协会（SND）多媒体设计大赛优秀奖。财新传媒团队成为国内首个获得过大奖的数据新闻团队。

之后，传统媒体也陆续涉猎数据新闻领域，央视《晚间新闻》于2014年1月25日正式推出"据"说系列节目，使数据新闻迅速升温，成为中国学界、业界的热点。

随着数据公开进程的加快，数据新闻正日益成为新闻界的宠儿。许多大学的新闻学院都开设了数据新闻课程，甚至也有些学校开设了数据新闻专业。这些正是学界对业界的发展变化作出的积极回应。

三、数据新闻人才需求

数据新闻团队一般包括五种角色，即记者、编辑、数据分析师、美术设计师、程序设计师。团队的成员数量往往由数据新闻项目的工作量来决定，通常2~3人或者更多。很多时候，数据新闻团队的成员都可能身兼数职，可能既是记者、编辑又是数据分析师，或者既是美术设计师又是程序设计师。

这里，记者和编辑的主要工作通常是判断新闻价值、采访、写作稿件、编辑稿件等，也包括对相关文字、图片、视频、音频等文件的整理和编辑。

数据分析师则主要负责收集和分析数据。

美术设计师的工作主要是设计图案，包括手绘图案、图片图表设计、动画设计等。

程序设计师的主要任务是实现数据获取、分析和可视化。事实上，一个好的数据新闻人还需要掌握视频剪辑、音频剪辑等技能。

武汉大学数据新闻研究中心、国家新闻出版署出版融合发展（浙报集团）重点实验室与社会科学文献出版社联合发布的《数据新闻蓝皮书：中国数据新闻发展报告（2018—2019）》对数据新闻生产者的定位是：专业背景多元，包括新闻、金融、历史、设计、出版、信息工程、广播电视编导、视觉传达等，多样化的从业者能够带来跨界的讨论内容，这与国际数据新闻实践基本相同。与其他受访团队相比，财新传媒的数据新闻团队人员较有特点，其成员在本科阶段的专业差异很大，而且大多在硕士阶段接受了新闻学教育，形成了复合的学科背景。

由于资源限制，数据新闻职位常常不满员，在未来的人员需求方面，川报集团提出希望招具有统计学、社会学、自然科学、哲学、文学等学科背景的从业人员。因为ICT技术在新闻业中的广泛应用，行业对新闻工作者技能需求的变化很快，不过数据新闻团队对从业人员的新闻素养（包括新闻敏感性）、数据素养、专业基本素质仍然给予极高的重视（如上观、新华网、澎湃），一些团队也提出若干特别的素质要求，例如《钱江晚报》关注创新能力，搜狐则对实习生的英语水平有要求。

数据新闻生产机构的团队结构基本由内容和设计师两大职能群体组成。尽管有观点认为数据新闻可以改变新闻传播过程，但是访谈结果显示，数据新闻的中国实践对于新闻生产的工作流程和新闻业的组织结构等方面没有明显的影响，这可能是因为媒体产业内部具有传统的惯性，但是，数据新闻已经让新闻传播从业者更有数据意识。不过，根据从业者的理解，由于中国大数据分析类的数据很缺乏、数据不透明、数据分析人才缺乏，国内的数据新闻与国外标准意义的数据新闻还有差距，国内的数据新闻大部分看到的是简单的图解新闻，很多"数据新闻"只是罗列数据，没有做出相应分析，提炼出新闻点。

此外，相对于专业素质，界面和川报分别对"踏实能干""吃苦耐劳""有责任心""勤奋好学"等个人修养方面的素质更为看重，这不同于之前数据新闻生产机构对于专业技术人才的极度渴求。此转变一方面与媒体对数据新闻作品价值判断的转向有关，多数媒体从之前更关注数据可视化的酷炫和网页交互形式的创新转向更多地关注于数据的分析和挖掘；另一方面，数据新闻专业人才持续缺乏、技术人才费用持续上涨也是媒体在用人策略上发生变化的原因。

第二节　数据新闻的选题判断

一、数据新闻的类型

（一）展示型数据新闻

展示型数据新闻是基础版的数据新闻，只需对数据进行可视化，呈现其全貌或者部分即可，不需要进行进一步分析和处理。

（二）分析型数据新闻

分析型数据新闻呈现的是数据背后的故事，提供的是"有用"的结论。展示型数据新闻能唤起读者的兴趣，引发关注和思考；分析型数据新闻则是通过挖掘、分析、解读数据，让读者能透过表象看本质。分析型数据新闻又可以细分为探索型选题和验证型选题，其中探索型选题是通过分析已有数据，探索其内在结构、规律或进行原因推测及趋势预测；验证型选题则是对已有的结论，利用数据进行证实或者证伪。

（三）周期性数据新闻

周期性数据新闻主要是指周期性出现的选题，这类选题是可以预见的，因此媒体有足够的时间搜集相关的数据进行处理和呈现。根据周期的长短，周期型选题可以分为多年度、年度、半年度、季度、月度、每周、每日等。

周期型数据新闻常见的呈现方式是进行环比或者同比，或者是突出不同周期里数据的共性或特性，以揭露鲜为人知的规律。

奥运会四年一届，很多内容都是可以预见的，那么这类选题在处理时要考虑呈现方式和角度上的创新。如澎湃美数课对东京奥运会的报道，用H5的形式做了个历届冠军的对阵图。

（四）突发性数据新闻

有的新闻很难预测，也很难提前准备，但一旦发生，公众的关注度会瞬间飙升，读者会迫切希望知道发生了什么？情况有多糟？为什么会发生？

在这种情况下，数据新闻是一种不错的选择，能让读者在短时间内获取大量有条理有价值的信息。

案例（图7-1）：

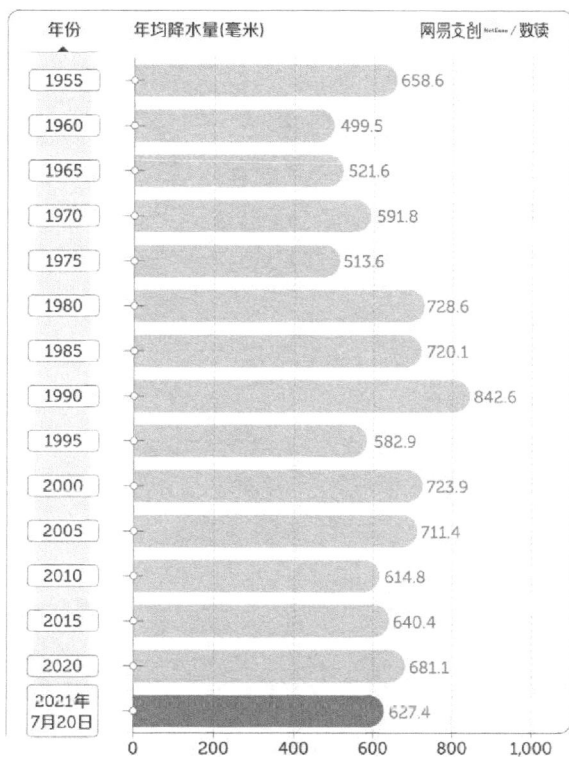

图7-1　千年一遇的郑州暴雨，到底有多大[①]

二、数据新闻的价值判断

数据新闻的起点到底是数据还是新闻，在业界一直颇有争议，至今未有定论。

[①]《千年一遇的郑州暴雨，到底有多大》，网易数读，2021年7月21日，https://mp.weixin.qq.com/s/ulWx97uuesNs6zvSQuRyKw.

从技术的层面来看，几乎所有信息都可能做可视化呈现，但并非所有可视化都是数据新闻。

在对数据新闻的选题进行价值判断之前，有几点需要我们注意：

不是所有的故事都适合做数据新闻。

能用文字说清楚的，不需要使用数据可视化形式。

不要盲目崇拜技术，为了技术忽略思考。

很多数据新闻初学者往往在都有两个困惑：一是用大量表格和数据呈现的宏观经济分析、产业深度报道、个股评述，那些使用可视化呈现的生产和加工流程，那些以游戏模式呈现的体验式作品等，是否算作数据新闻？二是有了好的想法，数据却无从下手。

其实，数据新闻首先是新闻，具备一般新闻的新闻价值，如真实、重要、显著、有人情味、有趣味性等。同时，数据新闻还需要有数据支撑，通过分析数据进而发现问题并挖掘出新闻故事。数据新闻选题判断的一个重要价值在于平衡数据、故事和技术之间的关系。

如何寻找数据新闻的选题呢？

（一）从新闻中找选题

很多数据新闻都来源于新闻报道，平时多留心那些适宜于做成数据新闻的选题，积少成多，建立自己的选题库。

案例：

苏伊士运河"堵船" 埃及政府为什么比谁都急？

贯通欧亚的全球最繁忙海运通道苏伊士运河，因巨轮搁浅被迫封航，对全球航运产生重大影响。2019年，苏伊士运河为埃及政府创造了57.5亿美元收入，占埃及全年财政收入的9.58%；而即便在新冠疫情笼罩的2020年，苏伊士运河仍有56.1亿美元收入[1]。

（二）在熟悉的领域找选题

对在校大学生来说，教育行业是我们所熟知的领域，教育类选题与大学生更为

---

[1]《苏伊士运河"堵船" 埃及政府为什么比谁都急》，财新网，2021年3月26日，http://datanews.caixin.com/2021-03-26/101681198.html.

接近；同时相比其他领域，教育领域的信息公开度相对较高；与教育类选题相关的采访对象通常更容易被找到，因而这类选题的完成难度一般不大。此外，与日常生活和娱乐相关的选题，则是在校大学生特别关注的，保持敏锐的观察力和强烈的好奇心，也可以做出有价值的数据新闻来。

案例：

谁是下一轮"双一流"评比的黑马

2017年9月21日，《教育部　财政部　国家发展改革委关于公布世界一流大学和一流学科建设高校及建设学科名单的通知》发布，137所高校入选该名单。其中一流大学建设高校42所（A类36所，B类6所），一流学科建设高校95所，自此，"双一流"正式走入人们视线，成为继"985""211"之后，评估高校实力的重要指标。以五年为建设周期的"双一流"评选，灵活竞争、动态调整为中国大学带来前所未有的机遇。

2020，首轮"双一流"建设收官之年，此前遗憾落选的高校正摩拳擦掌，要预测下一轮"双一流"评比哪些学校最有可能上车，首先要知道"双一流"评比的标准是什么。谁表现亮眼？谁又能成为这一轮"双一流"评比的黑马？

这位同学将选题锁定为"双一流"高校的评比，并从目前遴选"双一流"高校的信息入手，从四个维度考察了26所高校的情况，给出了自己的判断。

（三）发散思维找选题

学习优秀数据新闻案例，举一反三。关注优秀媒体的数据新闻栏目，多看数据新闻优秀案例，学习别人的方法，对找选题就会有启发。澎湃湃客平台"有数"栏目，截至2019年8月共有91支数据新闻和信息可视化团队入驻，"有数"每天发表大量作品。多看作品，就会逐渐培养数据新闻的选题策划能力。除了澎湃"有数"，新华社、新京报、界面、每日经济、中国日报、网易等媒体，都设有数据新闻栏目，初学者可以先从看作品学起。

案例：

根据腾讯新闻发布的一则数据新闻《宝贝回家：历年失踪儿童数据分

析》，安徽师范大学新闻与传播学院2018级本科生制作了寻找失踪孩子的数据新闻《千百次呼唤着你　爸妈等你回家》。

2021年儿童节来临，当无数父母为他们的孩子庆祝节日时，"宝贝回家"公益网站上还有超过两万个家庭正在苦苦寻觅他们的孩子。

中国每天有多少失踪儿童？目前还没有权威数据公布。"宝贝回家"是中国最大的寻找失踪未成年人的公益网站，因与公安部合作，被看作是"中国失踪儿童的晴雨表"。虽然网站没有涵盖所有失踪孩子的信息，但也能最大限度描绘出中国近几十年来失踪儿童的情况。

（四）从政府信息公开网站中找选题

随着政府部门和教育部门信息公开工作的推进，政府部门网站和高校网站都有很多公开信息，包括结构性数据、非结构性数据。

如果有足够的新闻敏感度，我们就可以从这些公开的信息中，找到具有新闻价值的数据，从而制作数据新闻。

案例：

江苏人力资源和社会保障网公布了一份"三支一服"招募计划名单，有详细的学生姓名、性别、毕业学校、学历等信息。很多学生对"三支一服"并不了解。什么是"三支一服"？每年有多少"三支一服"名额？什么学生选择参加"三支一服"？参加"三支一服"有什么好处？……带着这些问题，学生们去寻找答案，除了查找资料和数据，厘清大学生村官、西部计划、"三支一扶"三者之间的关系，还要采访参加"三支一服"的大学生，在冰冷的数据之外，增加有温度的人物故事，南京大学新闻传播学院新闻可视化实践平台的研究生们最终形成了《数据告诉你，哪些大学生选择下基层？》。

（五）从行业报告、企业年报中找选题

很多行业协会、调查咨询机构、中介组织都会定期或者不定期发布行业报告，阅读行业报告和企业年报，可以从中挖掘数据新闻的选题。

（六）从生活经验中找选题

案例：

一碗面 40，谁在给小吃偷偷涨价

这个夏天，网红小吃店的生意异常火热。

倒不是来消费的顾客多了很多，而是来了一批又一批的投资人。五爷拌面、遇见小面等数家面食店，都在 7 月完成了新一轮的融资。

除了面食店，烧烤店、卤味店、米粉店等一众小吃店，在过去的半年多时间里，也受到了投资人的追捧。

虽然各自卖的食物不尽相同，但这些成功融到钱的餐饮店往往都有一些相似之处：店面装修精美、品牌风格鲜明，大多布局在一、二线城市。当然，人们在这些店铺点单时，还会有一个感受，那就是真的贵[①]。

第三节　数据获取与分析

数据（data）是事实或观察的结果，是对客观事物的逻辑归纳，是用于表示客观事物的未经加工的原始素材。数据可以是连续的值，比如声音、图像，称为模拟数据；也可以是离散的，如符号、文字，称为数字数据。

数据在这里对应的并非数字（number），而是一个抽象的概念。数据作为生产要素、无形资产和社会财富，可以为不同用户创造不同价值。在数据新闻从业者眼中，数据是构成数据新闻的基石。

数据新闻记者会是一个程序员吗？对我们很多文科背景的同学来说成为一个程序员，显然不太现实，但我们最好能够学会如何跟程序员对话。可以先用 Excel 做一些简单的报道开始，从小处着手逐渐到数据库分析及数据制图。你可以在 Excel 中做很多事情——它是一个非常强大的工具，但大多数人对 Excel 功能的使用却少得可怜。

获取数据的工具也并非都需要 Python 爬虫完成。随着数据公开进程的加快，国

[①]《一碗面 40，谁在给小吃偷偷涨价》，网易数读，2021 年 8 月 18 日，https://www.163.com/data/article/GHMTIUMF000181IU.html.

家和政府的许多数据可以直接从网站上下载。

一、政府、国际组织与第三方机构的公开数据

开放资源包含不同国家和政府部门的公开数据资源和非政府机构的数据资源，有免费和收费两种模式。

（一）官方数据门户

越来越多的国家都开设了数据门户网站去促进民众或企业对政府数据再利用。在 datacatalogs.org 这个网站上，你可以找到这些数据门户网站最新的索引信息。还有卫报世界政府数据网站，这是一个元数据搜索引擎，囊括了许多国家的政府数据条目。

国家机构、国际组织公开数据，往往汇集了全球的宏观统计数据，时间跨度也较大，来源通常是各国统计部门或大型组织，权威性高，信息来源上极具说服力。

宏观数据平台，以政府部门和官方机构为主，官方披露的统计数据，通常偏向于宏观经济指标。如中国统计信息网：http：//www.stats.gov.cn/，可查询经济、文化、人口等各领域的常用宏观数据，如 GDP、出口额、CPI、PMI、总人口及人口结构、社会消费品零售总额、线上销售总额、分行业市场规模等数据；中国政府网：https：//www.gov.cn/，可以查询国家发布的政策、中央有关文件等，PEST 分析中很多政策出处都来源于此处；中国人民银行：http：//www.pbc.gov.cn/，则可查询社会总资规模、货币供应量、外汇储备、利率变化、汇率、Shibor 等金融领域的权威数据；中国互联网络信息中心：https：//www.cnnic.net.cn/，可查询互联网网络相关的调查报告，如网民数量、分领域用户规模、细分互联网领域调查报告等，是互联网从业者必看网站之一。

此外国外网站如美联储官网、联合国商品贸易统计数据库等也都是重要的官方权威数据库。

（二）政府信息公开数据申请

修订后的《中华人民共和国政府信息公开条例》，自 2019 年 5 月 15 日起施行。

该条例是数据新闻工作者获取我国各级政府部门在多个领域信息公开的申请基础。申请信息公开的步骤如下：

第1步：明确所需数据属于哪级政府部门；

第2步：登录相应网站进行申请；

第3步：点击首页"信息公开"或者"政府信息公开"频道，了解所需信息是否属于信息公开的范畴；

第4步：根据网站的信息公开指南，下载各部门的信息公开表，等待回复。

政府信息公开条例显示，行政机关不能当场答复的，应当自收到申请之日起20个工作日内予以答复；需要延长答复期限的，应当经政府信息公开工作机构负责人同意并告知申请人，延长的期限最长不得超过20个工作日。

（三）第三方机构公开的数据

1.各类数据中心

PremiumDatasets（收费）：从多种资源搜集、清理并分类的非原始数据集，采取一次性收费政策。

FOIAData（免费）：依据美国信息自由法案请求的原始数据是免费提供的，可以自由下载。

ExternalData（免费）：仅供在线使用的免费数据。

2.数据集散中心

CEIC：涵盖超过195个国家400多万个时间序列的数据源，最完整的一套超过128个国家的经济数据，能够精确查找GDP、CPI、进口、出口、外资直接投资、零售以及国际利率等深度数据。

TheDataHub：一个免费且强大的数据管理平台，是由开放知识基金会运作的社区推动型（community-driven）数据资源，其包含了大量国家、地方政府、研究机构等收集的数据。这让寻找、分享、再利用这些开放数据变得非常简单，特别是以机器自动化的方式来进行数据操作。

搜数网：截至2023年6月23日，已加载到搜数网站的统计资料达到11977本，涵盖2833325张统计表格和552131807个统计数据，汇集了中国资讯行自1992年以来收集的44个行业所有统计和调查数据。

3.镝数聚

以"数据新闻"为核心，融合新闻学、信息学、统计学、计算机科学、艺术设计等学科的跨领域创新性公司。这是中国首个数据写作社区，提供高质量数据，帮助用户完成从数据处理到发布的过程。

4.其他数据资源

空间数据平台：包括国家地球系统科学数据中心共享服务平台、寒区旱区科学数据中心、中国科学院资源环境科学与数据中心、全球变化科学研究数据出版系统等。

中国行业发展报告：包括宏观、外贸、农业、建筑、房地产等综合基础类，也包括金融类、交通类、能源类、原材料类、装备制造类、消费品产业类、现代服务类等报告。

二、数据众包

在众包新闻生产过程中，用户的参与形式是多种多样的，包括提供线索、分享观点、发布照片、撰写报道等。

2009年，《每日电讯报》揭露了英国国会议员的违规消费情况之后，英国政府公布了所有议员4年来所有的花费清单，涉及100多万份未经整理的原始数据文件。《卫报》设计了一个类似于游戏网站的Web界面，邀请读者参与调查议员的开支情况，调查项目上线80小时，有170000万份文件被审查完成。同时，令人意外的是，读者在对数据进行分析的过程中还提供了大量的有关数据背后的故事。

成功地做好一篇众包数据新闻，首先，选题非常重要，要选择那些大众切实关注的事情去做调研。其次，需要众包的部分要有趣味性或者带有游戏性质，这样会更吸引参与者。

众包采集的步骤：

第1步：发出任务邀请函；

第2步：等待用户回应和反馈；

第3步：统计分析用户提供的内容，制作数据新闻。

邀请函的制作需要注意三个方面的内容：一是选用对话式标题；二是直陈报道目的；三是主体部分交代报道背景，说明报道价值，明确所需内容，给予用户指导。

三、搜索引擎的使用

搜索引擎的作用有两个，分别是抓取网页和处理网页。

抓取网页：每个独立的搜索引擎都有自己的网页抓取"爬虫"（spider），"爬虫"顺着网页中的超链接，从一个网站爬到另一个网站，通过超链接分析连续访问以抓取更多网页。

处理网页：搜索引擎抓到网页后，要提取关键词，建立索引库和索引。用户输入关键词进行检索，搜索引擎从索引数据库中找到匹配该关键词的网页。

搜索指令：

1.Intitle 和 Allintitle 指令

Intitle 指令将搜索范围限制在网页的标题。

Allintitle 指令是将搜索的所有关键字都限制在网页的标题中。

2.Intext 和 Allintext 指令

Intext 指令将搜索范围限制在网页的正文（忽略超链接文本、URL 和标题等）。

Allintext 指令是将搜索的所有关键字都限制在网页的正文中。

3.Inurl 和 Allinurl 指令

Inurl 指令将搜索结果限制在特定 URL 或者网站页面上。

Allinurl 指令是将搜索的所有关键字限制在特定 URL 或者网站页面上。

4.Site 指令

Site 指令将搜索限制在站点或者顶层域名上。

在"Site"后的站点或者顶层域名前不能加 http：//

5.Filetype 指令

Filetype 指令将搜索限制为某类特定后缀或者文件名的扩展名。

6.排除（-）

"-"代表不包含减号后面的词的页面。使用这个指令时，减号前面必须是空格，减号后面没有空格，紧跟着需要排除的词。

7.完全匹配（""）

完全匹配搜索，即搜索结果包含双引号中出现的所有词，连顺序也必须匹配。

除了搜索指令，一些网站自带的搜索工具也非常便捷，如百度搜索工具等。

四、结构信息表格化

import.io 是目前最好用的数据提取工具之一，界面简单易用，不要求使用者写任何代码即可自动识别网页结构，只要输入一个网址（其实它可以更简单到不用输入 http：//），就可以抓取内容并生成表格供使用者下载。

使用步骤：

打开 import.io 网站，申请账号并登录。在网站首页输入对应的 URL 地址，单击"TryitOut"按钮，即可抓取相关的数据。或者打开 https：//magic.import.io/输入要爬取的网址，比如 http：//producthunt.com，调整你需要的数据列，比如把 url_link 那列改为 title 点击下面的 GETAPI，然后 import.io 就会给出一个 GETAPI，一个 POSTAPI，甚至还有直接从 Googlesheets 获取数据的地址，但有一点问题就是没法实时获取数据。

集搜客也是比较常用的数据提取工具，我们来看一下集搜客的操作步骤。

一般情况下，采集列表时，可以看到多条结构相同的信息，我们把一条信息称为一个样例，例如，表格中的每一行就是一个样例，又如，百度搜索结果中的每个结果也是一个样例。具有两个样例以上的网页，做样例复制映射就能把整个列表都采集下来。下面用京东网搜索的口红作为案例，操作步骤如下：

第1步：打开 GS 爬虫浏览器，输入网址并 Enter，加载出网页后（一直拖到鼠标到页面最底部等全加载出来）再点击"定义规则"按钮，可以看到一个浮窗显示出来，称为工作台，在上面定义规则；在工作台中输入主题名，可以点击"查重"看看名字是否被占用。

第2步：标注信息。在浏览器窗口双击要采集的内容，在弹出小窗中输入标签名，打钩确认或 Enter，即完成了一个标注操作。首次标注还要输入整理箱名称。这也是标签与网页信息建立映射关系的过程。重复上一步骤，对其他信息进行标注。然后在工作台的创建规则菜单栏设置关键内容。

第3步：样例复制。点击第一个样例里的任一内容，可以看到，在下面的 DOM 窗口，光标自动定位到了一个节点，右击这个节点，选择样例复制映射→第一个。然后，点击第二个样例里的任一内容，同样，在下面的 DOM 窗口，光标自动定位到了一个节点，右击这个节点，选择样例复制映射→第二个（点完之后第一个样例和第二个样例会出现一红一蓝的方框闪烁几秒后消失）。

第4步：设置翻页包括两个步骤，第一步是设置翻页区，第二步是设置翻页记号。

设置翻页区在当前页面，点击翻页区（注意不要点击上一页、数字等框，点击左边空白处），发现整个翻页区变黄了，而且，在下面的 DOM 窗口，光标自动定位到了 DIV 节点，右击这个节点，选中翻页映射→作为翻页区→新建线索。

设置翻页记号时，工作台自动切换到了爬虫路线。继续在当前网页点击翻页按钮"下一页"。在下面的 DOM 区，光标自动定位到了 A 节点，点开 A 节点，寻找 text 节点，找到后，右击这个 text 节点，选中翻页映射→作为翻页记号。

第 5 步：存规则，抓数据。点击 G 浏览器上的"存规则"按钮，保存规则。（出现保存成功）点击浏览器上的"爬数据"按钮，或者到打数机，启动采集，在 DS 打数机里看翻页是否成功，翻页采集成功的话，在本地 DataScraperWorks 文件夹中会生成多个 xml 文件，在对应主题名的文件夹中会看到成功采集的 xml 文件，xml 文件是对应网页生成的，一页会生成一个 xml 文件，接着把这些 xml 文件直接压缩成一个".zip"的文件，不要夹杂除 xml 外的文件夹或其他文件类型。登录集搜客官网，进入会员中心→规则管理→我的规则。点击对应主题名进入到管理页面，点击"导入数据"按钮，点击附件，选择数据包 zip，点击导入。导入成功后即可"导出数据"，在"历史记录"中可以重复下载。

五、数据分析

当我们完成前面的步骤以后就需要启动第三步：数据清洗和分析。数据清洗包括把未经整理的数据整理成有规律的数据，便于数据提取。除了把数据按各个字段分开，还要将错误的数据剔除，再整理成统一的格式，这个过程称为数据清洗。

数据清理分析工具主要有 Excel、OpenRefine、DataWrangler、Python 等。

Excel 是所有数据新闻工作者必须掌握的一个入门级数据分析工具。它用于对数据做简单的清理，如使用函数、分类汇总清理重复记录，使用函数删除多余空格、转换数据类型等，使用分类汇总、排序、数据透视表等完成初步数据分析。

OpenRefine 是一个开源工具，专门用于清理杂乱的数据。就数据软件而言，OpenRefine 是非常友好的。当然，如果有良好的数据清洗原则和基础知识肯定对使用这款软件更有益。OpenRefine 有一个自己的社区，很多使用者在里面贡献和分享自己的使用心得及技巧。

DataWrangler 是一款由斯坦福大学开发的在线数据清洗、数据重组软件，主要用于去除无效数据，将数据整理成用户需要的格式等。通过使用 DataWrangler 能节约用户花在数据整理上的时间，从而使其有更多的精力用于数据分析。其主要特点是操作简便，通过简单点击就能完成一系列的数据整理。DataWrangler 还会列出数据修改的历史记录，用户可以极为方便地查看过去的修改，并可以撤销某一条修改操作。同时，由于DataWrangler是一款在线工具，用户可以省去安装过程，能够摆脱操作系统对软件使用的限制。

Python则是一个高层次的结合了解释性、编译性、互动性和面向对象的脚本语言，具有很强的可读性。Python对初级程序员而言比较友好，它支持广泛的应用程序开发，从简单的文字处理到浏览器再到游戏。

上述软件都是数据清洗整理和分析软件，但考虑到许多文科背景的同学可能难以完成写代码等工作，所以我们重点介绍Excel。

Excel功能强大，简单易学，其内嵌的各种函数能够帮助用户快速清除并修改数据，并且可以使用筛选、排序、分类汇总、数据透视和图表等工具快速查看数据规律。

Excel包含的函数通常是预定义的公式，函数包含函数名、括号及括号中的参数，参数是一些特定数值，可以按特定的顺序或结构进行计算。如图7-2。

	A	B	C	D
1	地区	最低温度	最高温度	天气状况
2	哈尔滨	3	15	晴
3	长春	2	13	晴
4	沈阳	6	18	多云
5	北京	11	19	多云
6	济南	13	21	晴
7	南京	19	29	晴
8	杭州	21	29	多云
9	福州	23	31	小雨
10	广州	25	35	阴
11	海口	23	31	中雨

图7-2　常用函数的原始数据

1.COUNT（）函数

COUNT（）函数是计算参数列表中数字项的个数。在计数时，把数值型数据计算进去，错误值、空值、逻辑值和文字则被忽略。其语法规则是：

COUNT（value1，value2，…）

其中value1，value2，…是包含或引用各种类型数据的参数（1~30个）。COUNT函数只能统计区域中数据单元格的个数。对于非数据单元格，包括空单元格，文本类型的数字单元格等，都不在统计范围内。

示例："=COUNT（D3：D9）"的值是0，因为数据区域"D3：D9"中没有数值型数据。"=COUNT（C3：C11）"的值是9，因为数据区域"C3：C11"中有9个数值型数据。

其实，COUNT函数本身很简单，难点在于到底什么样的数据算"数字"，以及COUNT函数怎么计算这些"数字"的个数。

2.COUNTIF（）函数

COUNTIF（）函数指对指定区域中符合指定条件的单元格计数。COUNTIF（）函数的语法规则是：

COUNTIF（range，criteria）

参数：range是计算其中非空单元格数目的区域。

criteria是数字、表达或文本形式定义的条件。

示例："=COUNTIF（D3：D9，"晴"）"的值是9。

3.SUM（）和AVERAGE（）函数

返回某一个单元格区域中数字，逻辑值及数字的文本表达式之和或均值分别为SUM（）和AVERAGE（）函数。如果参数中有错误值或不能转换成数字的文本，将会导致错误。这两个函数的语法规则如下：

SUM（number1，number2，…）

AVERAGE（number1，number2，…）

参数：number1，number2，…是对其求和或均值的1到255个参数。

示例："=SUM（C3：C9）"的值是160。"=AVERAGE（C3：C9）"的值是22.9。

4.SUMIF（）和AVERAGEIF（）函数

SUMIF（）和AVERAGEIF（）函数是按给定条件对指定单元格求和或平均值。其语法规则是：

SUMIF（range，criteria，sum_range）

AVERAGEIF（range，criteria，average_range）

参数：range是根据条件计算的单元格区域。每个区域中的单元格都必须是数字和名称、数组和包含数字的引用。空值和文本值将被忽略。

criteria是确定对哪些单元格进行相加的条件，其形式可以为数字、表达或文本。如，条件可以表示为8、"8"、">8"或"天气"。

示例："=SUMIF（D3：D9，"晴"，C3：C9）"的值是63。

"=AVERAGEIF（D3：D9，"晴"，C3：C9）"的值是21。

5.MAX（）和MIN（）函数

MAX（）和MIN（）函数指返回一组值中的最大值或最小值。其语法规则是：

MAX（number1，number2，…）

MIN（number1，number2，…）

参数：number1，number2，…是要从中找出最大值或者最小值的1到255个数字参数。

示例："=MAX（C3：C9）"的值是31。

"=MIN（C3：C9）"的值是13。

6.RANK（）函数

RANK（）函数指返回一个数字在数字列表中的排位。数字的排位是其大小与列表中其他值的比值。其语法规则是：

RANK（number，ref，order）

参数：number是需要排位的数字。

Ref是数字列表数组或对数字列表的引用，非数值型参数将被忽略。

order是一个数字，指明排位的方式。如果order为0或省略，则excel对数字的排位就基于ref按照降序排列列表。如果order不为0，则excel对数字的排位就基于ref按照升序排列列表。

示例：在E2单元格中输入公式=RANK（B2，B2：B11，1），复制到E列其他单元格时，number的值随之变为该单元格对应的数值。在F2单元格中输入公式=RANK（B2，B2：B11，0），复制到F列其他单元格时，number的值也要随之变为该单元格对应的数值。

7.IF（）函数

IF（）函数是根据指定的条件来判断其"真"或"假"并返回"TRUE"或"FALSE"值。其语法规则如下：

IF（logical_test，value_if_true，value_if_false）

参数：logical_test是判断条件。

value_if_true是为TRUE时返回的值。

value_if_false是为FALSE时返回的值。

示例："=IF（B2>15，"可以穿裙子"，"不建议穿裙子"）"的值是"可以穿裙子"。

值得一提的是，除了上述函数的使用，Excel也越来越智能，表格一旦导入，很多内容就可以进行自动分析，生成的图表也很亮眼。

第四节　数据可视化呈现与传播

一、数据新闻的呈现方式

（一）分布

分布包括空间分布、比例分布等。当选题涉及分布时，如果仅用文字描述，既需要较长的篇幅，也不容易表达清楚，还可能降低可读性。

如果用数据可视化方式来呈现，则能高效、精确、直观地传递信息。

（二）对比

对比是将两个及两个以上的有关联的事物进行比较对照，使得参与对比的事物呈现出区别、反差等。通过对比的方式，能使形象更为鲜明，读者的感受更为强烈，可视化能将对比展示得更为生动。

（三）变迁

同一主体同一属性通常会在不同时间有不同的值，最典型的就是股价。要体现变化过程，预测变化趋势，需要较多的数据。仅用文字描述，既影响阅读体验又难以观察规律。数据可视化能够有效传递数值随时间变化的信息，易于总结规律、预测趋势。

（四）轨迹

轨迹包括人或物的移动轨迹等。文字也能对轨迹进行描述，但会省略大量的细节，仅能展示大体轮廓，数据可视化则能展示出轨迹的全貌。

（五）盘点

盘点是常见的新闻选题切入角度，尤其是重大新闻事件突发时或到了周期性的时间节点。

盘点是罗列此前发生过的类似事件，并展示频率或规律，常见的呈现形式是文字或者表格，数据可视化会让盘点更具可读性。

（六）关系

关系包括人与人的关系、人与事物的关系、事物与事物之间的关系。关系叙事通常是复杂的，尤其是涉及多个人物或事物时，仅通过文字描述，即使能将各种关系理清，读起来也会很费力气。一张关系网图便能很好地呈现各种关系。

二、数据可视化工具

数据可视化软件可以洞察复杂数据，通过不同的方式将数据可视化为图形和图像，更便于人们阅读。数据新闻制作要求数据可视化工具具有实时性，制作迅速；同时工具操作必须简单，满足没有数学背景和编程基础的人的需求；还要支持多种数据格式和集成方式，易于输出且能够发布至互联网进行传播。

数据新闻的可视化图片将不同的时间和空间联系在一起，将繁杂的数据简单化，便于受众理解，更有利于受众参与其中，满足不同受众的各方面需求。因此，数据新闻从业人员必须熟练掌握可视化技术，学会识图制图以及各种表格的制作。

考虑到专业背景，本节我们主要关注那些不需要编程基础就可以使用的软件。

（一）图片、音频和视频编辑工具

数据新闻中往往包含多媒体信息，对新闻图片处理的常用操作包括：裁剪照片；加光和减光，即将照片的局部加黑或增亮；修掉照片上由于洗印、扫描、打印而产生的污点；改变照片的反差；对照片的局部进行漂白、清除刮花痕迹等。图片编辑最常用的工具是Photoshop，适合做非扁平化的复杂UI，如果你的可视化作品里的元素需要用到很多外部图像，那可以考虑用Photoshop来设计界面，然后分层导出它们。

对新闻音频的常用操作包括修改采样率、增强与减弱音量、制作淡入和淡出效果、降噪、录音、从视频中提取音频素材、声音特效、声音合成和导出等。音频编辑最常用的工具是audacity和Audition，前者免费而且更容易上手。

新闻视频的常用操作包括采集与导入素材、编辑素材、制作简单特效、添加字幕、混合音频、输出与生成等。视频编辑最常用的工具是Premiere和FinalCutPro。

（二）Tableau

Tableau是一个数据发现、数据分析和数据叙事的数据可视化平台，是数据新闻工作者的入门可视化工具。Tableau将数据运算与美观的图表完美地结合在一起。它方便地实现了数据连接，无须编程就可以创建地图、条形图、散点图和其他图形，还可以制作数据地图等，适合没有统计和编程基础的用户使用。

学习Tableau最好的办法就是根据数据新闻项目亲自动手实践，可以很快上手。Tableau针对不同人群有多种产品，功能也不相同。首次使用Tableau的可以下载Tableaudesktop，并申请Tableaupublic账号，有15天的免费试用版。此外还有针对学生的1年免费试用版。

（三）CartoDB

CartoDB是一个地图数据可视化工具，专门制作地图，因"一键式制图"而闻名。任何人都可以轻松地可视化位置数据，而无须任何编码。CartoDB可以管理很多数据文件和类型，甚至还有样本数据集。

CartoDB最初是两名西班牙科学家建立的，目的是展示生物多样性和自然保护研究的成果，使地图上的所有物种都能可视化。根据用户上传的数据，CartoDB就能自动检测出地理数据，分析文件中的其他信息并有一系列地图格式供用户选择、修改。

（四）Visual.ly

Visual.ly是一个全新的可视化信息图形新平台，允许用户从Twitter、Facebook、GooglePlus等社交网站采集数据，支持多种可视化模板。如分析某个账号建立的描述足迹的信息图，或者描述一张图片、一篇文章。

（五）Datawrapper

Datawrapper是一个在线工具，它可以帮助用户创建交互式数据可视化。这是一个开源工具，能在几分钟内创建可嵌入的图标。因为它是开源的，任何人都可以贡献代码，软件会不断改进。它还包含一个非常棒的图表库，可以查看其他人在Datawrapper完成的作品。

此外，Flash也是一个很好的矢量绘图工具，拿它做设计最大的优势是，你可以直接在设计好的元素上添加交互动画演示，或者是添加代码来实现交互逻辑。

三、尝试用Tableau创建一个可视化作品

（一）首次数据连接

Tableau允许连接到多种格式的文本和数据文件，如常见的文本文件（.txt）、excel文件（.xls或.xlsx）和Access文件（.mdb或.accdb）等。

我们首先来尝试连接一个excel文件。

（1）打开Tableau，在开始页面选择"连接到文件"中的"excel"选项，在"打开"窗口选择文件"data.xlsx"后单击"打开"按钮。

（2）若连接数据时不在开始页面，可以单击"数据"按钮，"新建数据源"选项连接，也可以单击工具栏中的第一个按钮转到开始页面。

（3）在"连接数据"页面左侧的"工作表"区域中选择"订单"表并拖动到数据区。

（4）单击窗口左下角"工作表1"，进入Tableau主工作区。主工作区的数据包含"维度"和"度量"两部分。"维度"是离散数据，如地点、客户名称等。"度量"是连续的数据，如利润、数量、销售额等。字符前面的符号表示数据类型，如"#"表示数值型数据，"abc"表示文本型数据。

（二）首次创建多种图表

（1）创建一个数据地图，显示现实地点和销售额的关系。"地点"字段在"维度"区，默认为文本型数据，为制作地图，需要转换该字段的角色。用鼠标单击"地点"下面的"国家/地区"维度字段，在弹出的快捷菜单中选择"地理角色"。这时候转换角色后的"国家/地区"字段前面的符号已经改变了。单击"智能推荐"打开，在"维度"区选择"国家/地区"字段，按住"ctrl"键同时在"度量"区选择"销售额"字段。然后在智能推荐中选择地图图表。

（2）美化数据地图。在"维度"区选择"国家/地区"字段，拖到"标记"卡中的"颜色"上，不同国家和城市的标记将呈现不同颜色。单击"标记"卡的"颜色"，设置透明度为75%，并设置黑色边界。单击"标记"卡中的"大小"，调整标记的大小。将"工作表1"重新命名为"各城市销售额"。

（3）创建一个水平条图，显示类别和销售额的关系。新建工作表"工作表2"，将"销售额"度量字段拖到"列"功能区，再分别将"类别"维度字段、"子类别"维度字段拖到"行"功能区（注意顺序）。将"类别"维度字段拖动到"标记"卡中的"颜色"上。

在"维度"区选择"类别"字段，单击字段右侧的三角形按钮，在打开的菜单中单击"显示快速筛选器"，将"类别"和"子类别"设置为筛选器，将"工作表2"重命名为"各类别销售额"。

这里要注意的是，使用"筛选器"可以指定要包含或排除的数据，可以使用度量、维度或同时使用这两者来筛选数据。因为筛选是独立的，所以在"筛选器"功能区上放置字段的顺序不会影响数据视图。

（4）创建一个折线图，按月显示历年销售额的情况。新建工作表"工作表3"，将"订单日期"维度字段拖到"列"功能区，将"销售额"度量字段拖到"行"功能区（注意顺序）。单击"列"功能区上"订单日期"后面的三角形按钮，在打开的菜单中选择"五月"，然后将"订单日期"字段拖到"标记"卡的"颜色"上。将"工作表3"重命名为"按月比较历年销售额"。

（三）首次创建仪表板

单击标签栏上的"新建仪表板"按钮，创建"仪表板1"，将"各城市销售额""各类别销售额"和"按月比较历年销售额"三个工作表拖放到"仪表板1"，删除"销售额""类别"和"城市"图例。

编辑标题。选择"订单日期年"图例，单击窗口上面的三角形按钮，在打开的下拉菜单中选择"编辑标题"，然后将标题修改为"年份"。

工作表联动。单击"类别"筛选器中的"办公用品"，仅有"各类别销售额"显示了筛选后的数据，其他两个工作表没有实现筛选。为实现其他工作表的筛选，单击"类别"筛选器，再单击窗口上面的三角形按钮，在出现的下拉菜单中选择"应用于工作表/选定工作表"，勾选所有工作表，生成仪表板。

事实上，在制图的过程中，除了工作表外，还可以添加用于增加视觉吸引力和交互性的仪表板对象。

水平和垂直对象提供布局容器，这些容器能将相关对象分组在一起，并微调用户与对象交互时仪表板调整大小的方式。文本对象还可以提供标题、解释和其他信息。

（四）首次输出

可以将 Tableau 作品输出为不同格式，最常见的格式就是单击"文件"→"导出打包工作簿"选项后输出为 Tableau 特定的文件格式，该格式包含数据、工作表和仪表板等，方便他人进行二次编辑。

可将本案例打包工作簿保存为"创建一个可视化作品 .twbx"，也可以单击"文件"→"打印为 PDF"选项后输出为 PDF 文档，或者直接发布至 TableauPublic 网站。

第八章　现场出镜报道

现场出镜报道自20世纪初出现，受到了大量观众的欢迎，也涌现出一批优秀的出镜记者。

所谓"出镜"，即报道者的形象和声音直接出现在传播给观众的影像画面中。记者或主播（主持人）出镜进行报道又有两种情况，一是在演播室（或类似的环境）中进行说明报道，通常还辅以分析议论；二是在新闻发生及其相关的现场，现身说法进行报道。后者属于"现场报道"。

"现场出镜报道"传播方式、报道地点的新组合形式，为电视新闻事业的发展提供了巨大空间，同时也满足了电视观众对新闻事件直接、快速、深入了解的高层级需要，成为电视新闻报道的重要组成部分，是目前电视新闻报道的主要方式之一。

第一节　现场出镜报道概说

一、现场出镜报道的定义

目前对现场出镜报道并没有一个统一的定义，但各家之言中也能发现诸多共识。将"现场出镜报道"拆解为行为主体"出镜记者"和行为内容"现场报道"进行分别阐释的较多。

如《出镜记者现场报道指南》中认为："出镜记者是指在新闻现场，在镜头中从事信息传达、人物采访、时间评论的电视记者和新闻节目主持人（新闻主播）的总称。"①"现场报道是电视报道者置身于新闻现场，面对摄像机，以采访者、目击者和参与者的身份向观众描述新闻现场、叙述新闻事实、点评新闻事件，并同时伴以图像报道的一种报道形式，现场报道分为录像型现场报道和直播型现场报道。"②

《出镜记者现场报道实战指南》中认为："出镜记者即在镜头前从事新闻采访、报道、评论工作的新闻记者。"③"现场报道，即'来自新闻现场的报道'，是记者身处新闻现场，以第一叙事人的身份对新闻事件进行的音视频报道。"④

总结上文"出镜记者"和"现场报道"两者的概念，二者的关系是："出镜"的报道不一定在"现场"，"现场"的报道不一定有"出镜"，因此"现场出镜报道"可以看作两者的交集，也就是记者或主播（主持人）所做的既有"出镜"也在"现场"的镜头前报道。两者的交集并非简单叠加，而是催生出"现场出镜报道"独有的特征，即强参与感的报道。正是这种特征使其被直播报道广泛应用，成为直播报道的主要形式。"现场直播出镜报道"成为其重要分支。

另外，从报道主体上来说，随着现场出镜报道的发展，记者、主播、主持人等都是常见的报道者，上文中谈到的"出镜记者"事实上包含着各类新闻从业者。

二、现场出镜报道的历史

1963年11月22日下午，丹·拉瑟在肯尼迪总统遇刺事件中，进行了17分钟⑤的现场出镜报道，这是历史上第一次真正意义上的现场出镜报道，丹·拉瑟也成为最早的电视出镜记者⑥。

与起步较早的西方国家相比，我国的现场出镜报道比西方国家稍晚。中国荧幕上最早能见到的现场出镜报道形态当属中央电视台《新闻联播》中播音员随国家领导人出访时所作的报道。20世纪70年代，《新闻联播》播音员的邢质斌（现已退休）随华国锋等国家领导同志出访，在朝鲜、欧洲等地发回了现场播报。这种形式被称

---

① 宋晓阳著：《出镜记者现场报道指南》，中国广播影视出版社，2008年，第29页。

② 宋晓阳著：《出镜记者现场报道指南》，中国广播电视出版社，2008年，第30页。

③ 詹晨林著：《出镜记者现场报道实战指南》，浙江大学出版社，2020年，第11页。

④ 詹晨林著：《出镜记者现场报道实战指南》，浙江大学出版社，2020年，第4页。

⑤ 也有称其比竞争对手快了17分钟（见张超著《出镜报道》，中国人民大学出版社，2017年，第5页）。

⑥ 刘静、邓秀军编著：《出镜记者案例分析》，北京大学出版社，2014年，第2页。

作"播音体"[①]，以读稿件的方式在相对固定的场景中进行的现场出镜报道，是初级阶段的形态。

中国电视史上第一次以记者身份出镜的报道，出现在1980年7月12日，当时中央电视台开办了中国第一个电视新闻评论节目《观察与思考》，在首期节目《北京居民为什么吃菜难》中，播音员庞啸完全以记者的身份采访居民，开创了中国记者出镜采访的先例[②]。1992年10月1日，正值国庆节，中央电视台《中国新闻》开播，记者高丽萍在天安门广场做了三分钟左右的现场报道，基本上都是同期声，是真正意义上的现场出镜报道。

1993年中央电视台《东方时空》开播，播出了一系列光辉卓著的电视节目，如《焦点访谈》《东方之子》等，推动了中国新闻事业快速发展。特别是1996年中央电视台《新闻调查》栏目开播，并逐渐发展为当时最受欢迎的新闻节目之一，出镜记者现场报道就是其常用的形式。记者逐渐从幕后走向台前，播音员逐渐从主播台走向新闻现场。这个时期，在新闻现场成长起来的记者型主持人成为电视荧幕的宠儿，如白岩松、敬一丹等。

1997年香港回归，中央电视台进行了72小时的直播报道，白岩松在驻港部队先头部队越过管理线时进行了现场报道，这是中国电视史上第一次大型现场直播报道。2003年7月1日，中央电视台新闻频道开播，24小时滚动播出新闻，将中国电视新闻推向新的高度。现场出镜报道，特别是现场直播出镜报道成为常态。

三、现场出镜报道的现状

卫星直播车（SNG）在媒体的普及，为现场出镜报道提供了技术支撑，民生新闻的蓬勃发展为现场出镜报道提供了广阔平台，使现场出镜报道广泛出现在各类节目中。新闻类、专题类、纪实类、生活服务类等节目中都不鲜见。

在重大新闻报道中，现场出镜报道更是发挥着突出的作用。如北京奥运会、神舟飞船发射、青藏铁路通车、航母交接、蛟龙下海、纪念抗战胜利70周年、庆祝改革开放40周年、庆祝建党100周年等，回顾这些事件的新闻报道，也无一不是现场出镜报道的盛事。

在突发事件中，现场出镜报道更成为不可缺少的报道形式。"5·12"汶川地震、

---

① 高贵武等著:《出镜报道与新闻主持》,中国传媒大学出版社,2012年,第14页。

② 高贵武等著:《出镜报道与新闻主持》,中国传媒大学出版社,2012年,第15页。

抗击洪灾等事件中，大批记者奔赴新闻一线，冒着生命危险，带回现场的第一手资讯，回应社会关切。在这些事件中，新闻报道也起到传递信息、凝聚人心的重要作用。

现如今，科学技术日新月异，信息高速路四通八达，4G、5G技术护航新技术革命——视频直播、智能穿戴、虚拟增强、无人机等技术在传媒领域推广应用，催生出许多现场直播报道的崭新形式，如数据可视化信息和现场信息的结合，多现场出镜的报道，虚拟仿真实景的融入等，给现场出镜报道注入了诸多新鲜元素。可以想见，未来随着科学技术的不断进步，现场出镜报道前景会更加广阔。

第二节　现场出镜报道分类

将现场出镜报道根据不同类别进行梳理，可以帮助我们迅速把握其全貌。分类的依据并非单一的，可以根据报道形式、报道内容、节目类型、事件性质、录制方式、叙述方式、信息组织方式进行分类。分类逻辑的多样化也反映出现场出镜报道的内涵是丰富的。事实上，每一个分类逻辑也提供了一个理解它的维度，在诸多分类逻辑中，可以看到其不同维度的不同表现形态。

一、按报道形式划分

按报道形式可分为：现场独立出镜报道、现场采访出镜报道、现场与演播室问答。

（一）现场独立出镜报道

现场独立出镜报道是指由报道者一个人完成整个事件的报道，报道者语言不中断，话轮无转换。现场独立出镜报道中间不穿插采访、对话等，主要靠报道者叙述或述评完成。有的对自己亲历的事件进行总结报道，有的对收集的信息进行汇总报道，有的是对信息进行分析、推理和评论。这种类型的报道，出镜记者处于绝对主导地位，报道的成败也主要在于出镜记者的报道内容、语言和副语言的表达。

（二）现场采访出镜报道

现场采访出镜报道是报道中穿插对现场人物或相关人物的采访，作为现场报道一部分的报道。这类报道中目击者、亲历者、相关人物的出现能大大增强信息的可信度，也能丰富报道的角度。记者在报道前要对被采访者进行筛选、沟通，采访中要对信息点进行捕捉、解释、补充、截断。被采访对象可以有一个，也可以是多个，采访多个对象要注意采访内容的差别，相互衔接的逻辑。

（三）现场与演播室问答

现场与演播室问答，是由演播室的主持人和现场记者连线，主持人发问，记者做相应回答和解释的报道形式。这种形式是各种形式中最具有动态性的形式，主播可以根据记者的介绍随时追问，可以根据事态的发展随时调整。现场与演播室问答报道，既有现场又有演播室，对导播和相关人员的配合度要求较高。

二、按报道内容划分

按报道内容分为：现场信息叙述报道、现场述评报道、现场体验报道。

（一）现场信息叙述报道

现场信息叙述报道指报道者的报道主要是导语式地叙述事件信息，有的也会对重要信息进行适当展开，但细节和形式不多。这种形式的报道能最快传递信息，使节目的信息量大大增加，重在数量，不在生动。如《新闻联播》中常见的领导人出访时，跟随的主播在出访地进行的导语式报道。

（二）现场述评报道

现场述评报道是指报道者不仅对现场信息进行解释和叙述，还结合现场观察和发现进行一定的评论，也就是叙述+评论的现场报道方式。这种类型的报道，不仅有信息，同时也提供对信息的解读，观点性较强，引导性较好。如《岩松看日本》《岩松看美国》系列。

（三）现场体验报道

现场体验报道是指记录记者的体验活动，记者在体验中进行描述、总结的报道方式。现场体验报道能较好发挥现场的动态作用，也能较好展示现场的全面信息，是人际性鲜明、交流感强烈、灵活度较高的报道形式，深受观众喜爱。

三、按节目类型划分

按节目类型分为：时政新闻报道、民生新闻报道、娱乐新闻报道。

（一）时政新闻报道

时政新闻报道是对时政类新闻进行的现场报道。

（二）民生新闻报道

民生新闻报道是对民生类新闻进行的现场报道。

（三）娱乐新闻报道

娱乐新闻报道是对娱乐类新闻进行的现场报道。

四、按事件性质划分

按事件性质分为：突发性事件报道、预见性事件报道、常态性事件报道。

（一）突发性事件报道

突发性事件报道是对突然发生的事件，即发生没有任何征兆，发展难以控制，结果影响较大的事件的报道，也被称为非常态性事件报道。突发性事件一般分为社会性的和自然性的。社会性的，如踩踏事件、重大交通事故、火灾、群体性事件等，是人为因素引起的。自然性的，常见的有地震、洪水、泥石流等，是自然力量造成的。由于事件发生突然，往往很难预先准备，对时效性的要求也更高，因此使用直播连线报道的比例大大增加。另外，突发事件报道的现场信息十分重要，是现场报道最能发挥作用，最能体现特点的类型。突发事件报道对记者搜集信息、现组织、临场应变的要求较高，十分考验记者能力。

（二）预见性事件报道

预见性事件报道是指报道者预先知道事情的发生和发展，可以提前进行报道准备，甚至可以发挥主观策划作用的报道类型。预见性事件报道，如重大节日庆典、大型活动、人物采访、赛事转播、启动仪式等的报道，在事件发生前的一段时间已经有一定的信息储备和报道准备。重大事件的报道还可以进行排练，所以通常筹备充分，准备周密。

（三）常态性事件报道

常态性事件是对日常的或经常发生的事件的报道。如国民经济信息发布、常规政令的颁发等。常态性事件，由于经常发生，或规律发生，其现场性较弱，现场报道者有时和现场信息的结合并不紧密，现场的功能不强，在现场报道中出现比例不高。

五、按录制方式划分

按录制方式分为：直播类现场报道和录播类现场报道。

（一）直播类现场报道

直播类现场报道是指节目采制和节目播出同步，中间没有时间上的滞后，也没有其他环节上的穿插。直播时现场的视频信号直接输出，因此报道者必须一气呵成，不能中断和反复。正是直播类现场报道没有中间环节并且时间同步的特点，使其具有独特的魅力，体现出巨大的优势，方便受众第一时间了解事件最新进展，也具有较强的真实感和权威性。当然，这种类型的现场出镜报道也对报道者的应变能力、业务能力和心理素质提出了较高的要求。

（二）录播类现场报道

录播类现场报道指录制时间早于播出时间的现场报道。这种类型是在播出之前录制现场报道，经过编辑加工成片，之后传输播出。录播类现场报道的录制时间不定，可能是播出当天较早时间录制的，也可能是更早时间录制的，时效性稍差。但是录播类现场报道可以通过反复录制、剪辑加工等手段追求更好的出镜效果。目前录播类现场出镜报道是视频报道的主要形式。

第三节　现场出镜报道准备

一、出发前准备

（一）明确报道主旨

报道主旨不是具体的报道主题，而是进行这个报道的总的传播目的，也可以理解为这个报道对社会的意义。报道主旨的确定要根据党和政府的大政方针政策以及当前宣传报道的方针、政策而规定的新闻报道的总的社会价值。报道主旨应该是契合时代需求，反映出对时代面貌的统领性把握，它指导具体报道的目的、重点等。有些报道还会采取系列报道的方式，对于系列报道，报道主旨更加重要。每一篇报道可能有自己不同的报道目的，但都应有同一个报道主旨。

比如"新春走基层"采访活动，是中宣部2011年1月组织中央主要新闻单位开展的全国性基层采访活动。通过明确报道主旨，能发现其不仅仅是"新春"报道，而是结合基层发展变化，充分反映我国经济社会发展取得的显著成就，生动展现基层群众的节日生活。同时也推动新闻工作者加深对基层情况的了解，增进对人民群众的感情，使新闻宣传工作更加贴近实际、贴近生活、贴近群众。结合这个主旨，才能在报道时更好地进行人物选择和报道重点的确定。

（二）确定报道核心

明确了主旨，记者或主播接下来就要依据大量背景材料确定报道的核心问题。一个事件的信息点和线索很多，在庞杂的信息"大厦"中，很容易迷失。这时候核心的作用就很显著了，根据报道核心，建立富有逻辑的信息流，确定出最佳路径，再适当拓展，就可以逐步建立清晰的信息结构。

（三）了解总体策划

要了解需要进行的报道是一次性独立的，还是系列的。如果是独立的，要跟总编、编辑或有前期经验的其他记者了解情况，梳理出一个初步的前期策划，还需要跟摄像记者沟通拍摄方案。当然，到现场后还可能发生各种变化，但是有预案才能快速应对。所谓的临场，也不是全然的"靠天吃饭"，而是在充分准备的基础上的灵活处理。如果是系列报道、主题报道等，则更要和相关负责同事做好沟通，明确总体策划思路，以确定当次报道的具体方案。方案既要符合总的策划思路，又要体现具体事件的价值点。

如2006年的《小萌探维和》，2007年的《小萌探军营》，以及2009年的《探秘阅兵村》，都是记者所作的系列现场报道，每个系列有统一的主题，每一次报道又有独立的内容，从而形成新闻传播"组合拳"。目前，系列报道因其引导性强、信息量大、观点性好、具象信息多等特点，越来越多地出现在电视和网络媒体中。

二、到达现场后准备

（一）了解新闻事实

到达现场后，既要通过走访、观察、亲身体验了解新闻事实，还要采访目击者、相关人员、有关群众了解情况。

了解的内容有：

时间信息，包括事件发生的时间点或时间段，还没发生但直接导致发生的诱发期的时间，事件可能持续的时间等。

地点信息，事件发生的地点，包括第一现场，以及相关的、可以推及的第二、第三等现场。

人物信息，包括当事人是谁，目前是什么情况；和事件密切相关的人员有谁，和当事人的关系是什么；目击者有哪些，如何寻找；相关部门和负责人是谁；影响到的群众有哪些。

现状或趋势，事件的现状，或是结果；事件还在发展中的，还要把握发展趋势。

成因，事件的直接和间接起因，主要成因、次要成因；不断发展中的事件，还要了解影响未来发展的因素。

问题，还有哪些问题尚不清晰，有哪些情况存在疑问。

对事实还要有核实意识，特别是重要信息，要经过多方核实。不可信，或存疑的问题，必须经过核实后才能报道。

（二）明确报道目的

了解清楚基本事实之后，就可以联系节目组，汇报情况。结合要求，明确具体报道目的。目的的不同，决定报道最终实现形式的不同。比如一场火灾报道中，火灾起因的分析还存在较大分歧，在播出之前无法明确。那么报道目的可能只是简单通报火灾的发生和情况。如果经过现场了解，发现火灾的发生是违规充电引发的，而当前正是用电安全宣传周，那么报道的目的就可以是用电不当的危害。

（三）确定报道重点

明确了报道目的，就能根据目的确定报道重点了。重点就是最能反映报道目的的那些事实。针对报道重点，不仅可以做陈述报道，还可以适当展开评述。如上文谈到的火灾报道，如果以违规用电的危害为报道目的，就可以将火灾原因作为报道重点。甚至还可以增加相关背景信息，如近期已经发生了多少类似违规用电引发的事故，还可以对此现象做简单点评。

（四）选择报道地点

有的事件发生的现场单一，如车祸、庆典等，报道地点的选择较简单，在事件发生的现场做报道即可。而发生地较多，或较难明确的事件，如国庆阅兵群众巡游的路线、频繁发生的入室盗窃、春节各地群众的庆祝方式等，地点的选择更复杂一些。不过，报道目的、报道重点一旦清晰，报到地点的选择就容易多了。选择最能反映报道目的，最能体现报道重点的地点就可以了。如选择国庆阅兵群众巡游的出发地；选择财产损失最严重的入室盗窃地；如果报道目的是春节阖家团圆的景象，选择家丁旺盛、四世同堂的家庭作为报道现场，如果报道目的是春节坚守在工作岗位的奉献者，选择核心保障部门或工作岗位较偏远的典型做现场报道地点。

（五）筛选采访人物

这里不是指了解新闻事实时的筛选，而是指出现在报道视频中的被采访人。

是否需要现场采访根据实际情况确定，如果重要当事人、目击者等能够现身说法，现场报道的权威度和真实性会大大提升，可看性也会增强。但是也不要为了形式完满，刻意为之，否则反而降低报道可看性。

采访人物的选择首先考虑相关性法则，相关性越强越需要采访；其次考虑信息量法则，相同相关性条件下，能提供最饱满信息量的优先选择；再次考虑语言表达能力、镜头感等，同等相关性和信息量条件下，不紧张，语言表达准确的优先选择。

特别是现场直播报道，只有一次机会，采访人物的选择必须慎重，在尊重事实前提下的沟通准备工作要充分。

（六）思考报道细节

现场出镜报道，相较于其他信息传播方式，其特点是更加直观、生动，感官调动更加多样。因此承载重要信息的细节和具象化信息尤为重要，几乎决定了采访的成败。

例如一个关于京沪高铁线路开通的现场报道，记者采用了体验式报道的方式。报道目的是介绍高铁开通，报道重点是新线路、新技术的快和稳。记者在发车后的车厢内展开报道。其中一个部分，为了使电视前的观众也能直观地体会到通过视觉和听觉感受不到的稳定感，记者别出心裁用一颗鸡蛋考验京沪高铁，奇迹般发现鸡蛋放在桌子上纹丝不动，如此，高铁行车之稳深入人心。巧用鸡蛋这个细节，使报道增加了趣味、温度，也使新闻点传达得更加准确。

三、日常中的广义准备

要想现场报道做得好，正如上文所说，并不是"靠天收"，而是靠广博的积累，充分的准备。广义上的准备，也就是日常的业务提升、知识储备等，都要日复一日地积累。现场是各不相同、难以预计的，信息是驳杂、繁多的，涉及领域也各不相同，采访的人物也千姿百态，这就需要报道者有百科知识和社会知识的丰富积累。如白岩松常年保持读报和做工作笔记的习惯，每到一个地方，也会首先买当地的报纸来了解情况。

为了做好一些专题报道，甚至还需要专业知识。如张泉灵为了做航天报道，长期关注和学习航天知识，在每一次航天报道中不断积累，成了半个"航天专家"。曾经主持农业节目多年的顾国宁，脚步走遍了中国大部分农村，和千百位农民交谈，因为有了"地气"和"土味"，使其形象可亲可信。

另外日常做好线人的发现和维护工作，借助线人的帮助可以更快获取信息。信息时代，"线人"就在无边无际的互联网信息中，这就要求报道者学会获取和使用资源。对各种信息途径涌来的信息，真假难判，报道者要谨慎验证和筛选。

在做好了一系列准备以后，报道者或许已胸有成竹，但是要想成功完成报道工作，还必须把握现场出镜报道的基本法则。

第四节　现场出镜报道基本法则

一、空间法则

"我现在所在的位置是……"这是现场出镜报道司空见惯的开场白。具有这样"标配"的开场方式，是因为地理信息和空间信息对现场报道至关重要，也是其标志性的构成。地理和空间提供的视觉信息，加上报道者有声语言提供的听觉信息，构成了"现场报道"的独特表现形态。没有了空间信息的支撑，现场报道就失去了意义。

首先，要选择最能反映报道内容的地点，或作为背景，或作为报道者活动的空间。而且进入镜头的部分，要能直观提供相应信息。有时耗费不少语言去描述也很难讲清楚的信息，通过视觉形式一眼就能实现。

其次，一些报道中空间信息至关重要，如作为2008年奥运会举办地，北京奥运村平地而起，鸟巢、水立方遥相呼应，既是建筑上的经典，更提供了现代化的运动场所。这个现场报道的空间信息就十分重要，需要选择能直观把握空间关系的地点。再如一个摩天大楼的火灾情况报道，从起火点到火势的蔓延情况，需要空间信息的支撑，也应当寻找空间关系明确的地点。一些确实无法直观体现，又十分重要的空间信息，可以用模拟手段再现，如卫星的运动、行星的轨迹等。

二、细节法则

在汶川大地震报道中，白岩松提问连线的前方记者：在救灾现场有什么细节发现。记者分别用一只手表、一个18岁的士兵只穿了三天却破烂不堪的军靴、一个从江苏连夜赶回受灾家乡的摩托车司机的一只头盔讲述了三个感人的故事[①]。这就是细节的力量。

细节具有亲和力、感染力，能使受众感同身受。细节往往是具象化的特征，典型的物品、特殊的声音、直观的性状、简单易行的实验等。

如一篇反映某地区持续低温创历史新低的报道，据了解当月平均气温在-30℃，对于南方的观众可能无法直观地了解这个温度的感受，于是记者在户外用矿泉水倒在纸巾上，通过"滴水成冰"来具象地反映这个温度的切身感受。

细节不仅能增强现场报道的亲和力和感染力，也能增强报道的真实性，通过诸多蛛丝马迹来反映真相。

细节还是真正使"现场"充分发挥作用的手段，细节是现场的细节，现场是细节的土壤，只有深入现场、认真观察才能发现细节，也只有用细节说话，才能展现更加生动的现场。一些报道仅仅将现场作为背景板，缺乏对细节的提取，使现场报道的作用大打折扣。

三、技术法则

现场出镜报道，本身就是技术发展的结果。摄像机的产生和发展催生了现场出镜报道。电视转播系统、卫星传输系统、微波通信技术、海事卫星通信技术，使现场直播成为现实，现场直播出镜报道应运而生。今天移动互联网的普及和提速使我们步入了5G时代，现场直播出镜报道可以随时随地进行，为其发展创造了广阔的空间。另外剪辑技术和后期技术的灵活应用，也为现场报道注入了新活力。中央电视台于2015年推出大型数据新闻节目《数说命运共同体》，数据的可视化和现场报道相结合，呈现"一带一路"共建国家情况。数据的可视化加工、现场报道主播新颖的转场剪辑给人耳目一新的感觉。

新技术拓展了报道空间，也给报道者提供了更多创新报道形式的手段，产生了一些新颖的形式。如便携的GoPro微型拍摄技术实现了更近距离的动态捕捉，一批优秀的体验性和追踪性报道从而出现；再如无人机技术实现了航拍的日常化，镜头景别大大丰富，不仅丰富了镜头也使空间信息一览无余。

---

① 曾祥敏著：《广播电视新闻采访报道》，高等教育出版社，2013年，第167页。

除了上面说的微型摄像机、航拍无人机，还有智能穿戴、虚拟现实、现实增强等技术不断在报道中应用和普及，在新技术的加持下，现场出镜报道将不断创新和发展。

四、动态法则

虽然现场出镜报道的最初阶段，是主播身处关联地，用播音体的方式进行报道，但是如今这种形式已远不能满足传播需要了，现场必须成为报道的有机组成部分，动态法则被不断发展完善。

首先，报道者要动态移动。报道者动态移动能增加现场出镜报道的人际性，使受众感到亲切，也能使画面形式灵活。如记者由远及近地边走边说，再如记者由画外走进画内。报道者通过走动还能拓展所触及的范围，比如从货架的一端拿起货品介绍后，走到另一端拿起另一样货品。

其次，镜头要动态移动。镜头相当于受众的眼睛，镜头的移动就相当于受众"视点"的变化，能大大增加现场信息容量。镜头移动的方式有，报道者不动，镜头移动，如从现场移动到报道者身上，再如从报道者身上移动到相应的物品上，也可以根据内容来回移动；镜头跟随报道者一起运动，使报道的动态画面更丰富。

再次，环境要动态变化。在相关联的不同环境间变化，能大大丰富报道内容。2021年7月1日中央电视台新闻频道《庆祝中国共产党成立100周年特别报道》，播出了记者王音棋的一段八分钟的现场报道，其中记者出现在了四川省凉山彝族自治州悬崖村、四川省凉山州昭觉县沐恩邸社区、三江源国家公园隆宝湖、通天河、上海外滩、上海黄浦江游轮、中国（上海）自贸试验区临港新片区、义乌国际商贸城、义乌市行政服务中心、雄安站、雄安新区市民中心、武汉体育中心、武汉大学、武汉黄鹤楼共14个现场，中间还穿插了其他场景的"罐头"（报道中穿插的制作好的小片，又称"小包"），以脱贫攻坚—生态文明—现代化都市建设—义乌模式—区域协同发展—交通文明—抗疫成绩为逻辑，对现代中国的面貌进行了生动的表现，用一系列事实和数据，使人的自豪感和爱国情怀油然而生，是极为成功的典范。这就是环境变化带来的魅力。不过，环境变化的报道，要注意场景转换的自然。王音棋的报道采用不同场景的物品，通过无缝转场的剪辑衔接场景，既自然流畅，又别出心裁。

第五节 现场出镜报道表达技巧

一、现场出镜报道的语言特点

（一）口语化

现场出镜报道具有人际传播的特点，因此报道语言要进行口语化转化，使语言平实质朴、明白清晰。注意"三少"，即少用文学化语言，少用口号套话，少用有知识门槛的概念和术语，确实需要使用专业术语的，要做好解释。

如2008年汶川地震后，张泉灵在震后第二天前往都江堰通往汶川的213国道报道道路堵塞情况。当时，这条唯一的救援和运送物资道路被1万方的土阻挡，对"1万方"观众可能没有直观的感受。张泉灵在报道中是这样处理的："那么根据工程人员告诉我们说聚集了大概1万方的土量，而事实上像现在这样的挖掘机每小时不断的工作只能挖掉30方，那么你计算一下需要300多个小时，也就是十几天的时间才能把这一段的土方完全的挖走。"这样的表述既把土方概念转换成了具象信息，同时结合报道目的，清晰明了。之后，张泉灵介绍了解决目前问题的方案。当时全国人民都在焦急等待道路打通。通过这条报道，使大家明白了救援困难点，了解了救援进展。

（二）交流感

报道者直接通过镜头面对受众，以一种交流的拟态呈现，因此语言要具有较强的交流感，而不是照本宣科，死记硬背。交流感就是在内心设想交流对象，以一种和其交流的拟态进行语言传播，既要设想对象的存在，包含谁，多少人，什么特点，又要设想对象可能的反应，以激发自己不断交流的愿望，从而使语言表达生动鲜活。

如王冰冰在《"冰天雪地"里的民生"热度"》（中央电视台"走过2020"特别节目，2020年12月29日播出）中进行查干湖冬捕的报道，针对老百姓的变化，她这样进行语言表达："这些开设农家乐的老百姓呢，原本都是渔场的职工，为了发展旅游啊，在渔场的鼓励措施下承包了农家乐，收入呢也从最初的几百块钱到现在一个冬天的收入可以达到20多万元。查干湖渔场也从最初的只有20余户人家，到今天职工近千人，今年呢，职工家庭人均纯收入达到3万元以上，让当地老百姓感觉更有保障。"她的语言质朴自然，富有交流意味。

交流感不仅体现在有声语言上，也较多体现在非语言的运用上，这部分内容将在下文"非语言表达技巧"中阐述。

（三）风格化

语言的风格化是现场出镜报道人格化的传播特点的要求和结果。虽然报道者代表的是媒体和国家，但在镜头前是以个体的身份进行报道，风格化是现场出镜报道不断发展的必然结果。同时，有风格的语言能给报道添彩增色，增加记者辨识度，也能使受众接受度大大提升。

如白岩松就是很有风格的记者型主持人。在2017年党的十九大的报道中，中央电视台派出白岩松现场进行报道和解读。在此次报道中，他具有个人风格的"提问—回答"被多次使用，如："其实在整个的见面会开始之前，我也问过外国的记者，我说你最关心的是什么？他说我最关心的就是两个：谁？几位？""我觉得重中之重大家关注的还是习近平总书记的这样的一个讲话，我觉得跟5年前相比，有相同的地方，但也发生了非常大的一个变化。相同的是什么？""接下来大家当然要关注的是常规动作结束之后，这次这个讲话会有哪些不同呢？我觉得是一个布局非常巧妙的讲话，为什么这么说？……接下来很巧妙的在哪？""到了2020年的时候，不用说了关键词是人民，为什么？""2021年关键词是共产党，为什么这一年有一个重要的历史坐标？"通过不断的提问回答，对党的十九大的变化和成果进行了剥洋葱般的解读。

（四）叙事性

事件是相互联系的、动态发展的。虽然现场是信息的重要来源，但是单一、静止的现场有时难以满足展现整个事件的需要。而事件中复杂深远的联系，事态的发展进程，人、情、事的本质概括等，还需要通过叙事进行有效传达。叙事时还要注意和现场的结合，使现场引发叙事，深化叙事，饱满叙事。因此可以说好的现场报道，也是一个好的叙事。

央视记者王冰冰在《用"草"科技构建生态共同体》（中央电视台新闻频道

2020年9月22日播出）的现场报道中，从"在内蒙古的大草原上一棵小草可以有多重要，今天我们就来讲一讲小草的故事"开始，叙事感强烈。接着从"欢迎踩踏"的标志引出"快乐小草"，从而衔接到其诞生的地方：专门从事草原生态修复的科研基地——种业中心。每一个叙事部分都由现场引出，或由现场丰富。进入种业中心，利用2012年和2017年敕勒川的对比照片引出倒叙："普通的小草在这里可一点都不平凡，我们先来看一幅图片，这幅图片是敕勒川草原的照片，也是《敕勒歌》中所描绘的草原腹地，但是我们看左边这张2012年拍摄的照片上却是沙石遍地寸草不生。我们再来看右边，这张拍摄于2017年的照片，是在同一位置拍摄的，可以说完全展现了'风吹草低见牛羊'的美景。"接下来边参观边介绍乡土植物种质资源库，以解释敕勒川的变化，也展现如今内蒙古的生态建设成果。这个报道通过独特的叙事结构，亲切自然地展现了内蒙古的今天，也穿插了它的昨天，还对变化的成因做了解释，但丝毫没有说教之感。另外，上文也提到了白岩松善于提问的语言风格，事实上也是一种利用悬念的叙事策略。因此叙事性使现场报道更加形象、生动、可信。

二、现场出镜报道的有声语言表达技巧

（一）内容结构技巧

现场出镜报道中报道者的有声语言是重要构成部分，也是报道的核心内容。有声语言的内部结构技巧可以简单归纳为：结合现场调动信息，利用采访纵深拓展，巧用细节增加温度。

首先，信息的引发和推进紧密结合现场。如上文提到的张泉灵在2008年汶川地震中的现场报道，她的报道目的是解释救援部分和救援物资为什么还没到位，何时能到位。报道中，她并不是单刀直入进行说明，而是借助现场调动关键信息："通往汶川有四条陆路，最希望能够快点打通的就是成都经都江堰通往汶川的213国道，因为更多的人员和物资是聚集在了成都这样一个方向，但事实上如果你从都江堰出发，车行20分钟到第一个山坡，你就看道路在这儿完全终止了。那么事实上它不是我们在通往北川的路上看到的一些巨大的滚石，而是整个的山体垮塌下来。"

其次，通过重要的采访深入挖掘信息。采访可以提供未知信息，打开新的切入口；采访可以对已知信息进行验证、追问。被采访者独特的经历、语言、状态、立

场是报道不可缺少的，更是报道走向深入的重要手段。

再次，细节的发现和展现能为现场报道大大添彩。如上文提到的2009年关于阅兵村的报道中，记者走访了修鞋铺，通过采访了解到换下来的鞋掌有三吨多，通过鞋掌这个细节，直观地展现了参阅官兵的辛苦。

现场出镜报道的有声语言内容设计，还应当注意和视觉信息形成补充，而不是重复。通过视觉信息能传达的，不再进行有声语言描述。通过视觉、听觉的互补提升报道信息量。

（二）表达技巧

现场出镜报道的语体应理解为典范口语，也就是规范、生动、艺术的高级口语。它不同于生活口语，也不同于书面语，它兼有生活口语的灵活亲切，又有书面语的规范严谨。

这种典范口语首先体现在用语规范，使用标准普通话，用语符合语法和相关用语规定，不使用禁用词汇和说法。

其次，体现在使用丰富的修辞手法，包括比喻、类比、拟人、对偶、押韵、排比、设问等。如，上文提到的王冰冰报道的《用"草"科技构建生态共同体》，她将内蒙古各个地区收集回来的土壤样品库，称作是"小草的诺亚方舟"。再如，上文提到的阅兵村的采访报道，记者在观察官兵的鞋掌后感慨："我手里拿的这个也是换下来的，铁掌都磨成这样了。这里没磨的这边这么厚，磨完了以后就像刀刃一样这么薄了。"这些都是巧妙使用了比喻的修辞方法。

再次，体现在表达严谨准确，不使用含糊其词的表达，情况不明确的不随意传达。如张萌在《核泄漏影响东京人心理、生活》（中央电视台《新闻直播间》2011年3月15日播出）中说"我们在综合各个专家的意思……应该是距离事发地400公里左右的地区是有辐射，所以东京应该受的影响不大。但就在刚刚，您说检测到了就在东京旁边的一根线，它的这个辐射已经超40倍了。您要知道昨天我在进行这个核辐射安全检测的时候，当时数值是0.6，然后专家告诉我只要是超过十倍，就比较危险，那马上你就要到医院去，然后你身体可能会出现问题了。那现在已经超了40倍……"可以看到，为说明事实，记者大量采用数字精确表达，而不是使用"比较大""比较高""很高"等概数。

最后，还体现在表述具象生动，使用受众喜闻乐见的、可感的方式表达，切忌照本宣科，一味说教。如《庆祝中国共产党成立100周年特别报道》中的语言："吃水难、用电难、发展难。像悬崖村这样一方水土养不起一方人的地方，正是脱贫攻坚最难啃的硬骨头。小康不小康关键看老乡，2013年习近平总书记提出精准扶贫理念，2015年党中央发出了打赢脱贫攻坚战的总攻令。党和人民披荆斩棘栉风沐雨，凝聚起摆脱贫困的强大意志，攻克了一个又一个贫中之贫，坚中之坚。"其中的语言朗朗上口、节奏明快、耐人寻味。

另外报道者的语气、速度、音高等都应和报道内容相适应。比如紧急事态时，语气紧张、节奏紧凑，节日庆典时语气昂扬、节奏有力，灾难报道时语气遗憾但不过度哀伤，节奏舒缓，声音低沉。

三、现场出镜报道的非语言表达技巧

非语言包含副语言和衣着妆发。

(一)副语言

副语言有狭义和广义之分。狭义的副语言指超音段音位学中的韵律特征（重音、语调等）、突发性特征（笑声、哭声、叹气、咳嗽等）以及次要发音（圆唇化音、鼻化音等）。广义的副语言不仅包括上述的狭义副语言特征，而且包括一些非声特征，如面部表情、视觉接触、体态、手势、谈话距离等[1]。这里主要针对广义的副语言进行讲解。

报道者身处现场，其副语言使用要和相应的场景和语境相适应。

面部表情积极，显露出对报道的投入，能跟随报道内容和情感自然做出相应的表情变化。面部表情的控制切忌紧绷、拘谨，也忌夸张、扭曲。

眼神诚恳自然，不飘忽，不过多眨眼。对受众讲述时认真看着镜头，观察现场时真听、真看。有采访对象时，要看着对方，以示尊重。

报道者进行静态报道时（没有位置移动的），体态挺拔自然，适当配合具有指示意义的手势，小动作不宜过多。进行动态报道时，动作姿态自然得体，始终注意不遮挡摄像机，并有细节展示意识。整体上报道手势点到即止，既不能幅度太大，也不宜太频繁。

交谈距离则有一个基本的社交礼节，1米以内允许身体的接触，是亲密距离；2

---

[1] 宋昭勋著:《非言语传播学》,复旦大学出版社,2008年,第70页。

米左右属于个人距离，也就是在晚会、会议、课程间隙休息时，人与人之间交谈的距离；2米到2.5米是业务交谈、新闻采访或商业洽谈等社会性活动中保持的距离。

（二）衣着妆发

衣着和妆发选择有三个主要原则：第一，职业原则。要符合媒体工作者这个职业，总体来说，是质朴、大方、干练、简洁的。如果是新闻类的，要更正式；如果是生活类的，则更亲和；如果是娱乐类的，款式可以更加时尚。第二，环境原则。结合所处的环境决定衣着。如在农田地头，要着装朴素，即使是新闻类的，过于正式也不合时宜，女性穿高跟鞋也显得不得体。相反，如果是在政府部门、外交场所，着装不正式反而不得体。如果有采访环节，衣着风格最好和受访人一致，使交谈气氛更融洽。第三，主题原则。报道主题不同会影响衣着的选择，如庆典、节日，着装要喜庆，重大节日着装隆重。如果是批评性、暗访式报道，着装不能太显眼。

另外，还要注意一些特殊场所的着装。如在建筑工地报道，必须戴安全帽。在传染病区采访，必须戴口罩或防护服等。

妆发要干净自然，不能过度修饰，特别是女性，不能使用浓妆，不戴夸张的饰品，不披发。

第六节　现场出镜报道拍摄技巧

现场出镜报道的拍摄一般由专门的摄像记者完成，随着自拍和直播的流行，也出现了不少报道者使用自拍杆、自拍器完成的情况。拍摄的主要要求是主体清晰，构图合理，使用明亮的自然光，适当补光，画面和报道者的语言相对应。

一、固定镜头

现场出镜报道的固定镜头可以分为报道者镜头和现场镜头。报道者镜头一般使用中景，报道者腰部或胸部以上出镜。现场镜头中全景镜头大小适度，能清晰观察全貌、辨别位置，中景镜头主体突出、重点明确，特写镜头细节清晰、画面稳定。

二、运动镜头

运动镜头的使用能使出镜形式更加灵活，画面信息更加丰富。画面随着报道者的介绍进行相应呈现，使用推、拉、摇、移、跟的不同运动方式，调动更多画面信息补充、拓展、验证报道者的语言。

镜头运动的原则是，能充分反映现场、能有效呈现细节、能提升观看感受。运动镜头还要注意画面稳定，运动速度和幅度适度。

从报道第1秒、第3秒和第8秒的镜头（图8-1～图8-3）可以看出镜头的运动，是从路牌摇向远处走来的记者。这样既反映了记者所处的环境信息，也强调了后面要提到的交通问题。

图8-1　第1秒镜头

图8-2　第3秒镜头

图8-3　第8秒镜头

图8-4是一个跟拍镜头，记者边走边说，镜头跟随移动，始终保持记者固定的景别，使报道的动态效果更佳。

图8-4　跟拍镜头

三、镜头调度

镜头的调度需要拍摄者和报道者充分沟通，形成具体的拍摄方案。通过镜头调度，使信息场景更丰富，大大增强现场报道的叙事空间。如《庆祝中国共产党成立100周年特别报道》中，每一段记者现场镜头后穿插更多相关镜头，并通过配音，介绍更多背景信息和相关信息。现场之间的衔接也有巧妙的调度。既让人耳目一新，又信息量丰满。

第七节 现场出镜报道个案实例

一、记者探秘阅兵村（九）

内容：探秘阅兵村（九）（部分）

播出：中央电视台《东方时空》2009 年 9 月 22 日播出

（演播室）

主播：沙河阅兵村虽然是远离城区，但是各种生活的服务设施样样都不缺。训练的闲暇之余，邮局、超市、修鞋铺……在这儿我们就跟随着记者去看看参阅的官兵生活的另一面。

（转现场）

记者：这里是一个貌似普通的超市，300 平方米的面积 1000 多种的商品，但它的不普通在于什么？这个超市位于神秘的阅兵村里面，这里专门为受阅官兵服务的，虽然说在其他的地方也有那么两三间小超市，但这儿是官兵们最爱来的地方，为什么？因为到这儿来可以一口气办很多事儿，我们出来看看。这儿就是一个非常综合的生活服务区，我们可以看到远处有话吧，有邮局，有理发室、银行，像这边还有被装修理间，你看战士们拿着鞋进去了。在远处还有洗衣房，如果说在这个服务区外面的营区里面，官兵们更多的是那些整齐划一的生活的话，那么在这个小院里面，他们更多的是在处理自己的私事和家事。

（记者在话吧采访官兵）

记者：给哪打电话？

官兵 1：给家里的父母打个电话。

记者：今天汇报什么了？

官兵 1：很长时间没跟他们打电话了，上次前一个星期了，已经十几天没有打电话。

记者：他们问你什么了？

官兵 1：他们在这里问我训练怎么样，能不能受得了什么的各方面。大多都是问我生活上的。

记者：问你能不能受得了，你怎么回答？

官兵1：我说房子好，什么苦都能吃。

（从话吧走出，边走边说）

记者：其实到这个话吧来以后，我看到的这些战士的面庞和他们在训练场上是反差最大的，可以看到他们温柔的一面，缠绵的一面，希望他们能够跟家人之间多多联系。

（边介绍边走）

记者：下面我带您去的这个地方是在阅兵村里非常特殊的一个地方，进来看看。看！修鞋的地方，我们看到这么多的鞋。咱们来看看这几个战士，你们好，打搅一下，在修鞋是吧？这是你们今天拿来的鞋，我看看你的鞋都磨成这样了，这还能修吗？这还能修吗，师傅？

修鞋师傅：行，能修。

记者：这是多长时间磨成这样了？

官兵2：一个月就磨成这样。

记者：一个月磨成这样了，天哪！你的鞋是坏在哪了？

官兵3：这个地方。

记者：为什么这里坏了？

官兵3：踢正步，压腕把它折坏了。

记者：这样是吧？老这样。

官兵3：对，脚踢出去，这样把它压坏了。

记者：这是多长时间破成这样了？

官兵3：这个也就是两三个星期就这样了。

记者：像他这鞋修一下得多长时间？

修鞋师傅：这样的修得麻烦一点，得先补平了之后再给他贴个皮子，修一双最少得20分钟。

记者：还挺快的，你以前就会手艺吗？

修鞋师傅：不会。

记者：什么时候学的？

修鞋师傅：就是抽出来做保障之前学的。

记者：就为了要到阅兵村来保障才学的，学多长时间啊？

修鞋师傅：学了一两个月。

记者：这么多掌，这是旧的还是新的？

修鞋师傅：这有他们换来的，有我们给他们钉鞋的时候砸烂的。

记者：我手里拿的这个也是换下来的，铁掌都磨成这样了。这里没磨的这边这么厚，磨完了以后就像刀刃一样这么薄了。你们所有的人从阅兵村开始到现在换这些换了多少了？

修鞋师傅：有三吨多了。包括掌还有钉子。

记者：你们这完全是幕后英雄。

修鞋师傅：能为他们阅兵同志做一点贡献，心里感到挺光荣的。

记者：你们听着他们这么说，你们怎么想？

官兵3：挺感谢他们。

…………

记者：商业服务区当中我看到虽然这是训练之余的生活，但是官兵们还是遵循了一人不单独行动，两人成排、三人成路、四人成方这样的行动的原则，也就是说他们时刻没有忘记自己是一名军人，特别是一名受阅军人。在话吧、在邮局里面，我看到了他们温情的一面，我想也恰恰是这一份牵挂，也是他们身上非常重要的动力。

（根据节目播出整理，有改动）

二、庆祝中国共产党成立100周年特别报道（王音棋）

内容：走访各地建设成就

播出：中央电视台新闻频道2021年7月1日播出

（四川省凉山彝族自治州悬崖村村口）

记者：从这里往上看，1000多米高的山坳顶上就是四川省凉山彝族自治州昭觉县的阿土列尔村。当然它的另外一个名字大家可能更为熟悉，那就是悬崖村。当年村民们进村只能够手脚并用攀爬悬崖，行路难。

配音：吃水难、用电难、发展难。像悬崖村这样一方水土养不起一方人的地方，正是脱贫攻坚最难啃的硬骨头。小康不小康关键看老乡，2013年习近平总书记提出精准扶贫理念，2015年党中央发出了打赢脱贫攻坚战的总攻令。党和人民披荆斩棘栉风沐雨，凝聚起摆脱贫困的强大意志，攻克了一个又一个贫中之贫，坚中之坚。

（悬崖钢梯上，边走边说）

记者：2016年底在精准扶贫政策的支持下，村民们修建的这条2556级的悬崖钢梯，钢梯和原来的藤梯相比，的确是好走多了。关键是安全，而且大大缩短了上下山的路程。

（四川省凉山彝族自治州悬崖村村内部道路上）

记者：村里现在开通了4G网络，随着和外界交流越来越多，现在悬崖村已经成为脱贫攻坚战的网红打卡地。

（利用四川省凉山州昭觉县沐恩邸社区的路牌划过屏幕完成转场）

今年5月，悬崖村的村民们已经全部搬进了这样的易地移民搬迁安置房，住进了楼房。

配音：到今年2月，我国现行标准下，9899万农村贫困人口全部脱贫，832个贫困县全部摘帽，12.8万个贫困村全部出列。

（四川省凉山州昭觉县沐恩邸社区的球场）

记者：脱贫攻坚战取得全面胜利，这是彪炳史册的人间奇迹。消除贫困，咱们中国人坚毅果敢。

（三江源国家公园隆宝湖）

记者：保卫地球，咱们中国人说到做到。青海三江源，中华水塔。每年可以从这里输出600亿立方米的清洁水。我现在所在的这个地方就是长江、黄河、澜沧江三大河流的发源地：玉树藏族自治州。

配音：这里河网密布，湖泊众多，三江流域面积占全州总面积的90%以上。国家公园体制试点是全面深化改革的一项重要任务，三江源的试点从2015年开启，是全国第一个，现在三江源的水体与湿地生态系统面积净增加超过300平方公里。藏羚羊、黑颈鹤、雪豹等特有珍稀野生动物数量明显增加。三江源国家公园范围内的7.2万名牧民中，有17211位牧民走上了生态管护公益岗位，端上了生态碗。绿水青山出颜值，金山银山有价值。到2020年全国森林覆盖率达到23.04%，新增绿化面积位居全球第一，地级及以上城市优良天数比例达87%，全国地表水优良水质断面比例提高到83.4%。2020年单位GDP二氧化碳排放强度比2015年下降18.8%，超额完成"十三五"下降18%的目标。

（通天河）

记者：我们要像保护眼睛一样去保护我们的生态环境，像对待生命一样对待我们的生态环境。过去这5年是我国生态环境改善最大的5年。

（利用特写通天河掬水的手，转场到上海外滩边特写的掬水的手）

记者：从源头来到长江入海口，大江一路东流，见证着长江经济带这5年多"共抓大保护、不搞大开发"的绿色发展，也体会着长三角一体化发展带来的崭新面貌。

（利用手机中普通全景的照片转场到上海黄浦江游轮）

记者：30年前浦东从一片农田变身为现在这样一座功能集聚、要素齐全，设施先进的现代化新城。

［利用撑起的伞转场到中国（上海）自贸试验区临港新片区］

记者：这里是挂牌刚刚两年的上海自贸试验区——临港新片区。浦东新一轮高水平对外开放的序幕将从这里拉开。

配音：2013年以来，我国的自由贸易试验区从无到有，今天已有21个，我国营商环境排名跃居全球第31位。中国开放的大门不会关闭，只会越开越大。从南到北，从沿海到内陆，全方位多层次多元化的开放合作格局，加速形成，更大范围、更宽领域、更深层次的全面开放正在推进。

［中国（上海）自贸试验区临港新片区］

记者：上海在打造我国对外开放的新高地，义乌已经被称为世界的小商品之都。

（利用义乌国际商贸城中被推动的货箱转场到义乌国际商贸城）

记者：走在义乌的商场，两边各色商品的最终目的地将会遍布全球。凭借着改革开放40年来的发展，义乌硬是将一个贫穷落后的农业县，发展成为现在买全球卖全球的世界超市。

（义乌市行政服务中心）

2020年义乌还发出了长三角区域跨省户口迁移的第一张电子迁移证。

配音：区域一体化发展给长三角插上了新的翅膀。进入"十四五"，义乌所在的浙江省正在高质量发展建设共同富裕示范区的探索中加快前行。长三角区域一体化蓄势发力，共建"一带一路"，京津冀协同发展，粤港澳大湾区建设，长江经济带发展不断推进。

（义乌国际商贸城）

记者：进入新时代，区域协调发展新格局在中华大地日益清晰，为经济高质量发展注入澎湃动力。

（雄安站）

记者：从雄安到北京最快需要多长时间？7年前这个答案是4个半小时，而现在只需要19分钟。我手上这张京津冀公共交通一卡通，可以在北京、天津、河北三地的43个县之间互联互通，预计到今年的11月底，可以在京津冀所有的县级以上城市之间自由穿梭。再来看我手上这是一张京津冀旅游一卡通，有了它，我们可以逛遍三地500多个景区。还有这张卡是河北的医保卡，有了它，我们可以在北京天津的1113家定点医疗机构实现跨省异地就医，还能够实时结算。

配音：三地资源共享，优势互补的成熟效应正在显现，而雄安正在打造新时代中国高质量发展的全国样板。

（雄安新区市民中心）

记者：各种前沿科技布局让5G成为智慧雄安的重要符号，让这座承载了千年大计的创新之城，初露端倪。

（武汉体育中心）

记者：我现在就在武汉体育中心，一年前这场抗疫大战中，这片8000多平方米的场地曾经迅速转变为方舱医院，住进了1万多名新冠肺炎轻症患者。

配音：一切为了人民，一切依靠人民，人民至上的价值理念，体现在抗疫斗争最艰苦的时刻，也体现在百姓日常生活的点点滴滴。最近5年每年新增就业1000多万人，3800多万困难群众住进公租房，2200多万困难群众领取租赁补贴。我国织就了一张世界上最大的社保保障网。

（武汉大学）

记者：人民对美好生活的向往就是我们的奋斗目标，在中国特色社会主义新时代，奋斗从不停步，奋斗中有你有我。

（根据节目播出整理，有改动）

第九章　网络直播技巧

中国互联网络信息中心（CNNIC）2023年3月2日发布的第51次《中国互联网络发展状况统计报告》数据显示，截至2022年12月，我国网络直播用户规模达7.51亿，较2021年12月增长4728万，占网民整体的70.3%；其中，电商直播用户规模为5.15亿，较2021年12月增长5105万，占网民整体的48.2%；游戏直播的用户规模为2.66亿，较2021年12月减少3576万，占网民整体的24.9%；真人秀直播的用户规模为1.87亿，较2021年12月减少699万，占网民整体的17.5%；演唱会直播的用户规模为2.07亿，较2021年12月增长6491万，占网民整体的19.4%；体育直播的用户规模为3.73亿，较2021年12月增长8955万，占网民整体的35.0%。2016年因直播平台的迅速增多被称为"中国网络直播元年"，短短几年，网络直播迅猛发展，成为不容小觑的媒介形态。

第一节　网络直播概说

一、网络直播的定义

"直播"并不是新鲜事物，随着广播电视的发展，"现场直播"早就出现在了人们的生活中，广播现场直播、电视现场直播都是过去大家常见的传播方式。新时代，移动网络异常发达，使现场直播常态化、日常化，加上智能手机的普及，2G到3G再到4G，如今逐渐实现5G全覆盖，于是催生出了"网络直播"这个新事物。

网络直播，即互联网直播服务，是一种全新的互联网视听节目，它是基于互联网，以视频、音频、图文等形式向公众持续发布实时信息的活动①。

网络直播便利了网络社交，只需要一个摄像头和一个直播平台就可以操作。网络直播打破了用户和主播、用户和用户之间的距离沟壑，跨越了空间和时间的阻隔，使交流方式更加灵活，互动性也更强。

网络直播便利了娱乐休闲，在人人可以当主播的背景下，演艺直播、才艺直播、表演直播等无限丰富。网络直播在当下承担着其他方式难以替代的娱乐休闲功能。

网络直播还大大推动了电商行业。直播带货是直播中的重要类别，通过直播，电商的销售额爆炸式上涨，为电商营销注入了强大的动力。

网络直播还丰富了信息传播。通过网络直播传递信息，用户参与度高，互动性强，信息来源无限丰富，信息表达风格多元。网络直播成为当前最火爆的信息传播方式。

二、网络直播的历史

网络直播的流行并非突如其来，仔细梳理其发展轨迹，能发现网络直播的发展既有前期的充分酝酿，也极大地依赖技术的发展，包括网络技术、计算机技术和智能手机技术。我们可以根据其不同时期的呈现特点将它分为图文直播、秀场直播、游戏直播、移动直播四个阶段②。

1.图文直播

虽然业内将2016年称为"直播元年"，事实上这仅仅是对移动直播而言，早在20世纪90年代已经出现了互联网直播，只不过形式和现在看到的大不相同。当时中国刚刚开始普及互联网，用户主要采用拨号上网的方式接入，即使后来慢慢发展为带宽上网，受带宽局限，也只能通过互联网浏览新闻网站（主要是文字和图片）、聊天、看论坛贴吧，因此这个阶段的互联网直播主要使用图文直播的方式。直播主要由各大门户网站提供，如新浪图文直播、搜狐图文直播等。在图文直播阶段，图文直播也有细分，仅仅是体育直播就分为足球图文直播、英超图文直播、篮球图文直播等。另外，一些贴吧论坛也会提供一些图文直播。

这个阶段，主要由门户网站记者、图片记者为主导，可以说是传统纸质媒体向

---

① 中华人民共和国国家互联网信息办公室：《互联网直播服务管理规定》，2016年11月4日，http://www.cac.gov.cn/2016-11/04/c_1119847629.htm.

② 秋叶主编，勾俊伟、张向南、刘勇编著：《直播营销》，人民邮电出版社，2017年，第6—8页。

互联网媒体逐步过渡的阶段。图文直播较传统纸质媒体，时效性大大增强，但是图文直播仅仅能满足那些习惯收看文字和图片的读者，形式还不够多样，互动还不够丰富，没有形成全社会范围的关注度。

2. 秀场直播

随着宽带带宽的提升，视频的传输和播放变得迅速流畅，孕育着新的直播形态。2005年"9158"网站成立，以文化娱乐为主，汇集了大量草根明星和平民偶像，逐步发展成网络红人、歌手、草根明星的发源地之一。2006年"六间房"网站成立，与"9158"网站共同成为视频直播的早期主流平台[①]。

秀场直播经历了2005—2021年的萌芽期，2013—2014年的成长期，2015—2017年的爆发期，2018年至今的成熟期。其成长、成熟的历程，和秀场直播从电脑端走向手机端密切相关。

在秀场直播时期，主播具有明显的非专业、草根特点，大多数是单枪匹马的独立作战，没有团队和策划，甚至有的粗制滥造，低俗无聊。即便如此，当时一些知名主播也能赢得几十万人的粉丝群体。

截至2014年底，仅"六间房"一家娱乐平台就有超过千万次签约主播进行直播表演，日均浏览量过百万，吸引了过亿观众参与在线互动[②]。如今，秀场直播依然活跃。

3. 游戏直播

游戏直播在初期是游戏玩家进行沟通的形式，大家使用较多的平台是YY语音。YY语音最早用于魔兽玩家的团队语音指挥通话，最后发展为穿越火线游戏用户必备的团队语音工具。2009年初YY娱乐用户已经形成了可以和游戏用户抗衡的用户群，YY语音的娱乐公会开始逐步超越游戏公会，人气也日渐增长。2013年YY游戏直播上线，2014年斗鱼直播上线，主打游戏竞技直播。2014年11月24日，YY直播正式更名为虎牙直播，依旧以游戏竞技为主。之后，一时间各大游戏平台迅速问世，如今游戏直播不断发展并热度依旧。

4. 移动直播

随着4G网络和移动设备的进一步发展，移动直播应运而生。利用移动设备可以随时随地直播生活琐碎、创意发明、突发情况、唱歌跳舞、搞笑模仿、聊天购物等各种内容。2015年，映客、熊猫、花椒等纷纷入驻直播市场，一系列主营移动直播

---

① 秋叶主编，勾俊伟、张向南、刘勇编著：《直播营销》，人民邮电出版社，2017年，第7页。

② 尤元学：《网络在线直播秀场存在研究》，《青年文学家》，2015年第3期。

的平台和公司也纷纷成立，当年市场上出现了300多个直播平台。2016年，移动直播迅速发展，2017年花椒直播、映客直播等用户数量较多的平台经过大浪淘沙，不断做大做强，一些小的直播平台则昙花一现。

电商直播更是在进入大家视野后迅速蹿红，热度空前。2019年、2020年央视及各大卫视的春晚，反映电商直播题材的作品比比皆是，就是这种"直播带货"热的反应。电商直播元年是2019年。到了2020年，移动直播将网络进一步推进到"全民时代"，人人皆可直播（只要合法合规）。

三、网络直播的分类

网络直播发展至今，已具有一些较稳定的基本形态，但网络直播本身就具有新陈代谢迅速的特性。网络直播的分类既要考虑当下既有影响力的主要类别，又要眼观未来，合理进行划分和归并。根据此原则，将网络直播分为五个类别。

1.电商直播

直播带货，主要是指通过某些大型平台（如互联网、展会、节庆活动等），使用直播技术进行商品线上或现场展示、咨询服务、引导销售的新型商业服务方式，具体形式可由店铺自己开设直播间或由展会参展商自设展台，由职业主播、企业相关人员或者明星、嘉宾等联合进行推介[1]。

直播带货商业模式主要由电子商务和电视购物等商业模式演化而来，与直播娱乐行业的兴起密切相关。直播带货有三种主要形式：现场直播带货、网络直播带货、线上线下融合直播带货。

电商直播，是一种购物方式，在法律上属于商业广告活动，主播根据具体行为还要承担"广告代言人""广告发布者"或"广告主"的责任。如果消费者买到假货，首先应联系销售者即卖家承担法律责任，主播和电商直播平台也要承担相应的连带责任。

电商直播可以追溯到2016年。当年3月作为直播电商首创者的蘑菇街在全行业率先上线视频直播功能。不久，淘宝也推出了"淘宝直播"平台。"淘宝直播"依托其阿里巴巴成熟的基础，形成了直播电商的完整生态，用户可以在直播间内直接购买产品。2019年起，电商直播进入普通大众的生活，形成了更细分的格局，出现

---

① 赵树梅、梁波：《直播带货的特点、挑战及发展趋势》，《中国流通经济》，2021年第8期。

了更多样的形式，特别是"短视频+直播"的营销模式，为电商直播注入了极大活力。如今，直播带货已经成为电商的标配。截至2020年12月，电商直播用户规模为3.88亿，较2020年3月份增长1.23亿，占网民整体的39.2%。不过随着电商行业发展，电商直播面临着产业的整合和规范，相信经过市场竞争和相应规范的建立，它将在垂直化的基础上找到更健康的发展路径。

2.游戏直播

游戏直播可以作为泛娱乐直播的一个分支，也可以独立成类。由于游戏直播具有固定的直播内容和粉丝，用户行为较其他泛娱乐直播用户具有明显区别，这里单独列出。

游戏直播从内容上区分，有三大类：一是电竞赛事，主要是线上线下各个级别电竞比赛，围绕主流电竞游戏展开比赛。二是游戏节目，包括专业媒体组织的游戏节目，以及个人爱好者制作的用户原创游戏内容。三是个人直播，主要是日常游戏过程，以及主播解说其他视频。除此之外，各家游戏平台并不只是游戏直播，还有户外直播、唱歌直播、搞笑直播等，甚至慢慢加入了体育、音乐现场的直播，可谓是五花八门，应有尽有。可以看出，游戏直播也在向"泛娱乐化"转型[1]。

3.泛娱乐直播

泛娱乐直播是与娱乐产业相关的直播，包括全民移动直播和垂直领域直播，包含以才艺表演直播为主的直播内容，以游戏、电竞赛事直播为主的直播内容，以网红、明星直播为主的直播内容。泛娱乐直播与主播高度相关，直播的主要内容在于观众和主播的交流互动，带有较强的情感色彩与社交属性。

泛娱乐直播中明星和头部主播是重要的资源。明星的流量提升效应明显，而头部主播的"吸金"能力也是极其强劲。明星资源一般带有较高的"吸金"能力，自带粉丝基础，通过直播与粉丝交流互动、拉近距离，在提高自身粉丝的黏性同时，在短期内为平台带来大量的用户流量。但直播行为消耗时间较长，明星个人是无法保持高曝光频率的。对于头部主播来说，活跃度较高且变现能力较强，平台一般会与其签署协议而保证其长期留存。

4.演唱会直播

演唱会网络直播，一般是歌手在举行演唱会的同时，通过网络直播现场画面，网友通过免费或付费方式观看的直播。随着演唱会网络直播的发展，除了发送直播

---

[1] 王欢、王勇：《我国游戏直播行业现状浅析》，《新闻传播》，2016年第2期。

信号，平台还提供了各种互动手段，如弹幕、星钻雨等互动方式。

演唱会网络直播不用购买价格昂贵的演出票，也免去来回演出场所的交通成本和时间成本，坐在家里就能观看歌星的演唱会，还能和歌星在线互动。

2014年8月，汪峰鸟巢演唱会在演出及网络行业引起了不小的轰动。不是因为现场效果如何震撼，而是因为它与乐视网合作开启的网上付费收看模式大获成功。当天观看视频直播的有4.8万人次，在之后两天选择回看的有2.7万人次，按照每次30元的价格，乐视网此次获益超过200万元。这是国内音乐现场演出网络直播史上前所未有的成绩。

由于线上直播的收看用户没有天花板，其产业潜力和成长前景较大。

5.体育直播

以体育赛事、体育明星及体育活动为内容的直播，因有着激情、阳光、健康、年轻、时尚等元素而成为网络直播行业选择的新宠，尤其是以赛事直播为主的网络直播平台成为行业发展的前沿阵地。

最早的网络图文直播还是从NBA的实时赛况图文直播开始的，在1986年NBA的转播出现以后，经过近20年的发展推广，培养了人数众多的NBA球迷群体[1]。智能移动媒体彻底打破了比赛视频传播的时空限制，收看方式也从传统电视媒体的被动接收转向移动互联网终端的主动选择。

体育网络直播和其他直播相比，对头部主播没有单一依赖，其关注度和成长指数主要依靠体育赛事，所以重要赛事的转播版权成为体育直播的核心竞争力。因此，体育直播特别是赛事直播要靠资金雄厚的平台运营。如PPTV聚力体育收购龙珠直播、乐视体育买断章鱼TV都是借助彼此平台或资本、或内容、或特色、或流量入口的优势，强强联合打造超级体育直播平台的典型案例[2]。

在我国体育产业蓬勃的背景下，体育网络直播行业或成为下一个后起之秀。

除了以上这些主要类别，网络直播从内容上还可以分为美颜装扮直播、才艺搞笑直播、教学直播、美食直播、户外直播、外语直播、宠物直播等，内容纷繁，种类多样。正是网络直播内容广泛、形式多样的特点，吸引了众多用户。

---

① 肖鹏、郑景惠、张旭东：《体育节目网络直播历程及发展探讨》，《山东体育科技》，2008年第1期。
② 孟文光：《体育网络视频直播行业发展的困境与突围》，《浙江传媒学院学报》，2018年第2期。

第二节 网络直播的法则

一、网络直播的特点

网络直播具有互动性、即时性、直达性、移动化、平台化、社区化的特点。

1. 互动性

网络直播实时播出、实时互动，传播和接收在时间上没有延迟，弥补了以往传播中的时间"缝隙"。这种时空特点大大激发了直播中的互动诉求。甚至可以说没有了实时的互动，就很难成为真正意义上的直播。直播的互动性靠粉丝和主播、粉丝和粉丝之间完成，互动的重要媒介就是弹幕、留言等。弹幕是直播间最主要的互动方式，弹幕内容呈现在直播屏幕上。

2. 即时性

直播时事情的发生和传播同步进行，即时反映人物、时间等的直接情况，包括留言、互动也会直接反映在直播间中。电商购物中，红包、抽奖、下单也会同步到达直播间，这种即时性是网络直播的显著特点，也是网络直播具有吸引力的地方。

3. 直达性

网络直播没有经过中间剪辑、制作环节和人为加工，将现场原汁原味的情况都展示出来，所有传播内容和现场变化都直达观众或网民。不过这也是对直播技术的挑战，需要主播和团队对直播进程、直播内容、相关预案做周密的安排。

4. 移动化

第51次《中国互联网络发展状况统计报告》数据显示，截至2022年12月，我国手机网民规模达10.65亿，网民使用手机上网的比例为99.8%。移动手机上网的普及是直播移动化的重要基础，使用手机看直播视频，也是现代人的生活、社交和娱乐方式。智能手机和5G带宽的普及，随时随地可以直播，随时随地可以观看直播。如"章鱼哥户外真实赶海"发布的一系列直播，都是直播赶海的过程和收获。移动直播打破了空间的阻隔，且没有滞后和人为加工。

5. 平台化

直播的平台是直播产品的"超市"，我们在选购生活用品时，超市因其作为各类商品的集合地而成为首选，即使没有购物需求，众多的商品也可以提供信息满足。平台就是网络直播的"超市"，是网络直播产品的集合地。网络直播平台化是网络直播走向专业化、职业化的必然结果，网络平台也反过来推动网络直播的发展。

6.社区化

随着网络直播的发展，主播和粉丝逐渐形成了不同的社区和圈层。每个社区或圈层都是兴趣一致的人群的聚合，这里的每一个个体在社区或圈层中因某一爱好聚集，从而满足现实世界也许很难实现的精神满足。网络直播的社区化也使主播和粉丝的沟通、互动更加密切，使用户黏性更强，也使粉丝的聚合力更强。如"魔兽世界"的游戏直播会聚集喜欢该款游戏的粉丝，进而使主播、粉丝形成一个虚拟的社区，大家因游戏爱好聚集，有相对固定的话题。

二、网络直播的变现模式

虽然网络直播已经深深影响着我们的生活，更成为不少人获取重要信息、娱乐休闲的一种方式，但不少人仍然疑惑，众多的网络主播和短视频拍摄者如何变现赢利，以保证持续创作呢？确实，网络主播新陈代谢更新极快，一些缺乏持续创新动力、直播场次不足、内容低俗单一的主播很快就被淘汰，而历经市场考验的直播逐渐走向垂直细分。总体来说，网络直播的变现有以下五种模式。

1.平台补贴

为了鼓励创作者积极发布内容，直播平台会发放一定的补贴。这种激励政策是各大直播平台、短视频平台常用的方式。补贴金额往往和粉丝数量、观看人数以及直播场次密切相关。不过作为"补贴"而不是薪酬，金额往往不大。这当然也不是主播们的主要收入来源。

一些主播具有巨大的粉丝群和影响力之后，身价就会大大提升，为了留住他们，平台也会和他们签订商业合同，商定薪金，这时薪金就比较可观了。这也是为什么主播们竭尽所能提升粉丝数量和流量。

2.粉丝打赏

直播时粉丝打赏、送礼物是直播收入的来源之一。但是打赏行为容易走向非理性，产生超过消费能力的打赏行为。有的主播为了刺激粉丝打赏，一味迎合，也可能出现一些低俗甚至无底线的直播内容，相关的负面新闻层出不穷。粉丝打赏虽然可以成为直播变现的一种途径，但是相关部门和平台也在不断出台规范措施，防止出现打赏乱象。

3.付费直播

付费直播是通过发布付费资源赚取利润，主要有付费咨询、付费专栏及其他付费增值服务。付费咨询，就是主播对付费方提出的问题有偿回答，主播一般都是"大V"，相当于有偿顾问。付费专栏，就是开辟出一些精品直播内容，只有付费才能开通收看通道，如一些教育类直播课程。其他付费增值服务，是通过直播引流到其他微信、公众号或网络平台等，以实现直播增值。网络直播给知识付费提供了便捷的渠道。

4.直播带货

直播带货是当下最火的消费方式，头部主播直播带货的变现能力也是相当可观。

直播带货的变现模式又有细分，有纯佣金模式，就是主播负责视频内容并进行推广，不向企业收取门槛费，直接根据销售额按之前商定好的比例获取佣金。还有服务费外加佣金的模式，服务费根据主播的用户数量确定，大家也叫作"坑位费"，也就是企业进驻直播间展示产品的门槛费用，不过一般会有销售合同，达到一定销售额才会收取。而佣金则按照成交量按比例获取。另外，随着直播带货的火热，竞争也趋于白热化，不少直播开始结合短视频进行营销和投放，形成"直播+短视频"的传播模式，以增加流量，刺激消费。

5.植入广告

植入广告指主播和企业合作，将直播和广告相结合，或者以硬广告的方式（冠名、赞助广告、文字广告、实物摆放等），或以软广告的方式（植入式、剧情融合式等），对企业产品进行推广宣传，从而达到广告目的，收取一定的广告费用。

三、网络直播的基本原则

1.明确定位

虽然任何人、随时、随地都能进行网络直播，但是成为大IP并非易事。随着网络直播行业的竞争逐渐激烈，明确形象定位，打造个人IP更成为吸引和留住粉丝的重要因素。主播IP，就是指围绕主播打造的品牌形象[1]。主播IP的价值越大，个人影响力越大，越能够吸引粉丝，其商业变现能力越强。

---

[1] 刘东明编著:《直播电商全攻略》，人民邮电出版社，2020年，第43页。

明确主播的形象定位，既要考虑主播本身的优势特长，又要结合观众喜好，符合市场需求。具体来说要从直播内容、画面（背景、景别、灯光、道具等）、音乐及其他声响、主播语言及形象、主播才艺等方面考虑。如抖音郭聪明，位居抖音十大顶级主播之列，他的定位是聪明、阳光，像一个邻家大哥哥，他的主要直播内容是歌舞演艺。郭聪明具有辨识度的定位荣获了广大网友的认可，在2019年，他荣获"最具影响力主播"称号。

直播平台也是个人IP打造的重要一环。有实力的直播平台能助力主播IP的形成，又会进一步挖掘IP潜力以留住高流量的主播。最佳的状况是，平台本身具有很强的影响力，同时，个人主播能够在平台的生态系统里获得很好的成长，使得个人能够与平台进行深度捆绑，实现1+1>2的双赢局面。如微博直播"超级主播大V计划"与一直播"金牌约"共同整合大批资源扶植主播，对不同级别入驻主播进行梯度扶植，就是这一逻辑的体现。

2.深耕内容

"垂直化"是网络直播的明显发展趋势，是"垂直"而不是"横向"拓展内容，在一个相对具体集中的领域，有针对性地深耕，以不断吸引和稳定流量。虽然网络直播在传媒内容上没有限制（主要合规合法），但是垂直细分，也就是专注于目标人群，有相对集中的领域。如演唱直播还可以细分为摇滚直播、朋克直播、乡村直播等不同内容。有专注的领域，粉丝的黏性更强，也更加有利于商业价值的实现。垂直化少不了专业化的支撑，专业化可以带给观众更多期待和满足。

中国垂直类网络直播的圈层传播要求挖掘并且培养高素质主播。经过大洗牌之后的垂直平台趋于白热化，随着资本的涌入愈演愈烈，网络主播成为平台争抢的关键。网络主播一旦有了名气就自带流量，头部主播能够给直播平台带来粉丝、流量和收益的保障，优质的网络主播成为各大直播平台的核心资源之一。

3.渗透正向价值观

网络直播在短期内井喷式发展，一时间出现了诸多乱象，一些主播为了追求流量，有的一味猎奇，有的虚假夸大，有的直播内容和语言低俗，行业隐患诸多。2016年国家新闻出版广电总局发布《关于加强网络视听节目直播服务管理有关问题的通知》，网络直播逐渐向有序、健康的方向发展。经过几年的整治和管理，直播行业认识到：只有展现正确价值观、传承中华优秀传统文化、富有人文情怀和健康娱乐观的直播，才能真正凝聚人心，引发共鸣。因此网络直播必须渗透正向价值观，主播必须秉承正确价值观。

如 2019 年底疫情暴发后，抖音、小红书、KK 等直播平台进行了大量号召大家居家隔离以及歌颂医务工作者无私奉献的直播，起到了较好的舆论引导作用。再如斗鱼直播平台专设"正能量"板块，推出一系列公益活动，网络主播做公益直播，将网友的打赏全部捐献给贫困儿童。在乡村振兴和决战脱贫的背景下，网络直播也成为助农的有效手段，甚至局长、县长、市长都纷纷亮相直播室，为农业产品代言，推动了农村电商的蓬勃发展。像这样传播正能量的直播，几乎登上了所有大型网络平台的直播间。

第三节　网络直播的准备

网络直播前需要进行一些必要的准备，比如软硬件的准备，账号、平台的注册开通，相关操作的熟悉，以及人员团队的组建。这里以热度最高的直播带货为例，具体讲解直播准备。其他类别直播的准备大同小异。

一、入驻平台

以直播带货为例，首先要入驻平台。电商直播的主要平台有淘宝、抖音、快手、小红书等。

首先，各个平台会有入驻门槛，符合要求就可以申请。如淘宝区分了商家和非商家的不同身份，门槛也不同。非商家需要淘宝达人账号层级达到 L2 级别，并通过新人主播基础规则考试才能申请开通。商家身份也有一定的门槛要求，如果符合要求可在淘宝客户端申请入驻。抖音则要求实名认证，且主页视频数大于或等于 10 个，粉丝数大于等于 1000 个才能开通。小红书的门槛相对较低，申请开通视频直播的限制较少。

其次，要选择直播商品，并将直播商品的标题、主图和基本信息添加到商品橱窗，再添加到直播间。

当然，各个平台都会有详细的规范、常见问题、视频教学，直播前要认真阅读。想要提升流量也可以多平台入驻，但是每个平台有自己的特色和用户特点，如小红书具有社区化特点，快手用户具有同城社交特点，抖音具有刷新率高的特点，入驻过多平台也会造成用户画像不清，直播定位不明。

二、搭建团队

1.核心人物：主播

网络直播中直接出声露面的是主播，主播是在直播最前沿，与用户面对面的岗位。成为一个好的主播要具备多种能力素质，包括有特点的外在条件（一些美妆、服装类时尚直播对主播的外形有更高的要求），语言表达力，个人亲和力，对直播的节奏把控和应变能力，对直播内容了解熟悉，还要具备一定的运营分析能力。

主播的形象、特色、定位等直接影响直播的成败，大 IP 主播在直播中具有天然的号召力，是直播成功的保障。随着网络直播竞争的加剧，一些知识型、才华型的主播往往具有稳定的吸粉力，而一些明星也逐渐加入直播大军，给网络直播带来了巨大粉丝效应。

2.协调力量：主播助理

主播助理是主播的助手，在直播前、直播中、直播后都有大量烦琐的工作。直播前要帮助主播梳理材料，整理文件，安排直播场地，进行设备测试，进行相关沟通，帮助确定直播中的一些互动方式。直播带货时，还要确定商品信息，核对优惠券发放方式和时间。直播中主播助理要紧跟主播节奏，辅助直播间操作，进行道具梳理和衔接，协助推进直播话题和流程，与粉丝互动，活跃直播间气氛，实时回答问题等。直播结束后还要进行数据跟踪、分析，直播带货还要参与复盘总结，处理订单。

3.重要岗位：策划

策划是提前规划贯穿在整个直播执行中的方案。直播中环节复杂，手段多样，没有事前的充分策划，很容易失误。缺乏策划，还容易使直播随意化，很难做出高质量的直播内容。以直播带货为例，策划要确定直播的目的，是为了推广自身，还是为了卖货，还是积累粉丝；策划直播的内容，有没有主题，适合这个主题的产品是什么，产品的功能和特点是什么；策划还要设计直播形式，时间，地点，优惠方式（如秒杀、抽奖、折扣、红包等）；随着直播互动技术的不断发展，策划还要设计互动环节，不断创造或引入新的互动玩法，以不断刺激用户收看；策划还要对直播进行营销策划，对推广渠道和形式进行设计。所以策划是直播中的重要岗位，产出直播执行的直接依据。

三、直播设备

直播需要的硬件包括：

手机或电脑，有的直播还需要多台设备；

宽带或无线网络，尽量选择高频带宽和网络质量好的 Wi-Fi，还可以使用电信公司的"流量卡"提供网络热点；

支架，三脚架、手机支架，多平台直播支架、手机稳定器，云台等；

摄像头，自带或外接，特殊需求时要配置红外摄像头、高清摄像头；

声卡，根据需要选择；

麦克风，直播最好选用电容麦克风，歌唱类直播则需要购买专业的电容麦克风；

补光灯，选用冷光和暖光补光画面效果更佳，市面上的补光灯种类众多，根据打光范围和画面需求购买；

收音，可以用蓝牙耳机收音，也可以额外接收音话筒；

提词器，可以用转换器和投影仪，将手机屏幕上的内容投影到显示器上，帮助提词，如果使用频次不高也可以使用白板等提词；

摄像机，如果想画面效果更好，可以使用高清摄像机；

推流器，推流器和摄像机配合，将信号传输到直播平台。

第四节　网络主播的技巧

一、网络主播的语言技巧

1.可信的语言

一个网络主播要想得到用户的认可和拥护，必须具有一个可信的形象。这种可信的形象首先来源于可信的语言。语言就像人的第二张面孔，网络用户特别是手机用户在看屏幕时，过屏快，转换多，给受众一个突出的第一印象至关重要，关系到用户是否继续关注。除了外形，语言就是形成第一印象的最重要因素，所以主播的语言要可信。

可信的语言首先要有可信的声音，声音自然、大方，不能刻意做作。不同于传统广播电视主播字正腔圆的要求，网络主播不需要专业语音训练，也不追求艺术、唯美的嗓音，但是说话清晰、大方得体、语调自然，富有个性也是必需的。吐字清晰，用户才能有效接受传播内容，虽然常常有字幕辅助，但不清晰的语音会造成接收困难，降低体验感。主播的语音可以做符合目标受众的微调，但是做作刻意不可取。

可信的语言还要有可信的内容，用词用语要准确、明快、生动，众多成功的直播都证明说话内容对直播的影响。说话啰唆难以满足快节奏的受众需求，也不能过于夸张，否则在短暂的猎奇满足之后，就会失去粉丝的长久信任。

可信的语言还要注意一些禁忌，如过于鲁莽的语言，人身攻击的语言，过分的玩笑，不文明用语，过于刻薄的说辞都是语言禁忌。作为向公众传播的主播，必须时刻提醒自己不要随意说不该说的话。

2.亲切的语言

亲切的形象首先来源于亲切的语言，网络直播中主播和粉丝的交流是沟通，不是争辩，主播应谦和亲切，即使粉丝提出一些尖锐的问题，也要平心静气地回应。对于一些非原则性问题，也不是必须分个高下，毕竟很多人收看直播都是想在娱乐休闲的同时，得到一些信息。

亲切的语言，首先是礼貌和谦虚的，礼貌用语、谦辞是直播间出现频率比较高的词，甚至创造出了"宝宝们""家人们"等直播词汇。另外，许多主播也会用自黑的方式，增强亲和力。当然，过于卑微也会引人不适，亲切应适度。

亲切不是仅仅停留在语言表层的，也是一种对待事物的态度。比如共同的兴趣爱好，对事不对人，主动为别人着想，站在对方立场思考问题，这些才是真正的亲切。比如一些主播虽然语气柔和，语言亲切，但是直播时负能量爆棚，也很难有亲和力。特别是对于粉丝的挑剔，也要有宽容的态度，毕竟在网络中，任何人都有表达的权利。

内心的亲切比用词用语的亲切更重要。央视主播朱广权在参与直播带货时，巧妙地将古代诗词和武汉风情结合在一起，如，"烟笼寒水月笼沙，不止东湖与樱花，门前风景雨来佳，还有莲藕鱼糕玉露茶"。不仅没有"掉书袋"之嫌，也不会感到油嘴滑舌，反而给人可亲可爱的感受，这是因为主播结合新媒体环境进行了语言表达的创新，将武汉的文化巧妙融入，表现出主播对武汉文化的热爱，从而实现语言"亲切"。相反，如果只是表面使用"家人们"等套词献媚，背后却缺乏真诚、尊重，更有甚者售假欺瞒，就很难建立亲切的形象。

因此，主播的亲切是内外作用结合的结果，一个能为用户和粉丝着想，并且举止文明亲切的主播，才可能有持久的吸粉能力。

3.幽默的语言

幽默是网络直播中最受追捧的特点，收看网络直播的用户需求主要是放松休闲，幽默风格更符合他们的收看期待，因此幽默的语言能令直播增色不少。要想能自如使用幽默的语言，首先，要在生活中积累幽默的素材，既要主动去寻找和关注一些幽默的段子、影视片段等，也要把随时出现的生活幽默进行记录和积累，如果灵活使用一些热梗，能更好引起共鸣。其次，要了解自己的目标用户，不同人承受玩笑的程度不同，主播要明确用户的禁忌点和底线，以免玩笑过度引起厌烦。再次，幽默是积极乐观的人生观的外在体现，而不是刻薄、攻击、讽刺、扮丑等，要实现高层次的幽默，就要以积极的人生观为基础，结合语境灵活调用积累的素材，激发用户乐观面对生活。

幽默是一种人生态度，也是一种人格特点，刻意模仿别人的生硬幽默，反而适得其反，要想更好锤炼幽默的语言，需要主播从生活中滋养自己的内涵和特长，在直播中不断磨炼和总结。

4.个性化的语言

在网络直播发展初期，特别是"秀场直播"期，"颜值"一度是吸粉关键，但是随着网络直播的良性健康发展，"看脸"时代悄然降温，仅仅靠颜值和身材已经不能旗开得胜，"有趣的灵魂"成了新的宠儿。因此主播要有鲜明的特色和富有个性的语言。

语言的个性化源于独特的人格。性格温柔的，语言也是柔和可亲的；善于思考的，语言也是理性严谨的；乐观外向的，语言也是幽默搞笑的……富有个性化的语言是鲜明的个人标签。

比如开播语言，如果是简单的"欢迎大家来到XXX直播间"，会索然无味。应根据自己的特点，结合目标受众进行语言变化，就可以呈现不同的个性。如YY直播的李先生用"萍水相逢未必三生有幸，歌舞升平却能动人心弦"来引导开场。

然而也应看到，直播语言同质化现象也越来越严重，一旦一种风格流行之后，就会引发大家跟风模仿。事实上，独特是直播的核心竞争力，模仿不是长久之计，还是要探索属于自己的个性，并不断锤炼语言的个性化。

二、网络主播的非语言技巧

1.服装

为了吸引流量，主播往往会在外形上下足功夫，特别是众多的女主播更会在着装上挖空心思。

主播大多数以坐播出镜，服装的腰部以上是着重考虑的部分，由于坐下时比站立时，衣服更易出现褶皱，所以过于宽松、柔软的面料，容易显得臃肿、随意，应选择硬挺的面料。过于紧绷的面料也不合适，所以选择服装要以坐下后的效果为参照。一些服装类的带货直播，也会全身出镜，那么就要考虑全身的搭配。

衣服的颜色应简洁大方，由于是近距离拍摄，颜色过于花哨，或密集的波点、斑纹等都容易造成观看的不适。为提升画面整体亮度，衣服的颜色可以选择饱和度高的。色彩的搭配也以醒目为佳，但要把握好分寸。

不同的内容和场景下，要选择适合的服装。如评论类的直播，着装大方简洁即可；歌唱类的直播，要选择方便歌唱的稍具时尚感的服装；美妆类的，要选择和妆容搭配的，衬托肤色的服装；时尚类的，要体现最新的潮流；户外直播，则要选择方便活动和与场所相适应的服装；有的主播服务于小圈层，如汉服爱好者，服装会有自己的特点；有的主播以内容取胜，就尽量不用服装分散用户注意力，选择基础款的服装。

但是主播的服装也有很多禁忌，必须注意，不要为了吸引眼球，触碰底线。着装不能过于暴露，否则有被禁播的危险；由于多数主播坐着直播，女性的裙子也不宜过短，否则容易走光；过度的奇装异服，反而引人反感；不佩戴夸张饰品等。

2.妆发

主播的妆发是其形象的重要构成部分，是主播塑造独特形象的重要手段，所以除了仿妆类，或确实需要变化造型的，一般情况下，妆发都会相对固定，以增强辨识度。一些头部主播，都有自己相对稳定的妆发风格。

不同主播的妆发差别较大。有的主播特色就是平民路线，妆发更加日常，整个形象"地气"十足；有的主播是泛娱乐类，妆发品位和直播成败息息相关；有的带货主播，主要目的是带货，妆发服务于货品，如服装带货，妆发要配合服装；户外直播的妆发，则轻盈自然；美妆类的妆发本身就是其直播特色，则有更高的要求。

当然，现在的直播都有"滤镜"加持，用美颜功能提升妆发效果，是主播们普遍使用的方式。爱美是人之常情，主播和用户都是美的追求者，但使用美颜、滤镜应适度。

3.姿态

对于多数主播来说，直播主要是坐在手机或摄像机前，得体的坐姿就是主播的必修课程。

坐姿要想挺拔优雅，首先，要做"半臀"，也就是坐在座椅的前部，半臀坐，这样背部容易挺直，如果整个臀部结结实实坐满座椅，容易含胸弯腰，显得没有精神。其次，还要腰部略前推，后腰形成明显曲线，这样看起来更加昂扬挺拔。另外，由于长期直播，一些直播会选择高椅背的舒适座椅，要注意不能依靠椅背，否则显得过于松弛，没有热情。

还有一些不雅的坐姿需要避免，如跷二郎腿。如果是着裙装的女主播，也要注意坐时双腿收紧。

站姿要自然挺拔，站立时有几个要点需要注意。首先，腰部略前推并收腹，使腰部挺直，腹部回收。其次，挺胸，同时双肩略向后推，这样能使背部挺直，胸廓充分打开。再次，双臂自然下垂，肩部不能过紧。最后，双腿自然发力，重力平均分布在双腿，双腿略收紧，双脚可前后分立，但距离不能太开，以双脚三分之一交叠为宜。

走动时的要求是：自然，挺拔；动作幅度不宜太大；动作指示清晰，目的鲜明；尽量减少细碎的小动作；尽量不要背对镜头。

三、网络主播的互动技巧

直播中的互动是留住粉丝，锁住流量的重要环节。为增强粉丝参与度，在内容设计和互动形式上都要始终有互动意识。可以从以下四个方面入手。

1.利用问题互动

主播可以设定一些开放性或选择性的问题，在合适的直播环节甩出问题，给粉丝一些自主表达的空间，以形成主播和粉丝的互动。如"下一步怎么做""你们知道为什么吗""你会选黑色还是白色呢"等等。开放性的问题不是随意发出，要注意"两个结合"，一是结合直播目的，要能对直播有推动作用，对直播效果有增强作用，不相关的或者缺乏逻辑的问题，反而让人一头雾水；二是要结合用户，提出的问题最好也侧面表达对粉丝的关心，如"你们遇到这种情况会不会崩溃？""你们会不会遇到相同的困惑？有的扣1。"或者是让粉丝有回答欲的问题，如"有些食物喜欢的人爱得不得了，不喜欢的人见了就怕，比如说臭豆腐，大家觉得有什么食物是这样的呢？"如果问题太自我，容易流失粉丝；问题太专业，也容易让人望而却步。

另外问题的提出还可以结合一些奖励，如答题可以抽取红包，可以免单等，这样能进一步激发粉丝参与回答，推进直播热度。从各种直播来看，抽奖等能获取奖励的互动方式总是能收到较好效果，不过直播的奖励总额还要量力而行。

2.激发情感共鸣

在直播中利用一些互动形式，能快速实现粉丝互动。但如果想在整场直播中，始终不冷场，有热度，还要靠情感的力量。激发受众情感共鸣，受众才能有不断的互动欲。

激发情感共鸣可以从大家都关注的实物入手，借助热门影视剧中的情节或人物，引发共鸣；也可以从娱乐八卦入手，寻找共鸣点，但是要注意，对明星的评价要得当；也可以从社会热点话题入手，如关注度高的新闻、流行语、热点人物等，这就需要主播对新闻资讯和社会热点有关注和积累，这样才能手到擒来，应对自如；也可以从有共性的烦恼入手，这样显得坦诚真挚；也可以从之前直播中粉丝的诉求入手，回应粉丝需求，使他们感到被尊重和关注，以引发共鸣。

激发情感共鸣的前提是真情实感，而不是假意逢迎，虚假的伪装再高明，也有"露馅"的一天，反而会迅速"脱粉"。

网络世界本就有社区化的特点，网络直播更是聚集成了一个个圈层，能形成社群就意味着有共同的兴趣爱好和文化追求，因此善于引发情感共鸣，主播的形象就很容易建立，也更容易受到追捧。

3.巧妙应对提问

积极巧妙回答粉丝问题，能帮助直播保持热度。粉丝的问题被主播回答后，能得到很大满足感和归属感，相反，问题总是无人响应，则会失落放弃。

在评论区和粉丝互动，是常见的方式，或通过现场，或通过文字，要尽可能地回复粉丝。那些得到回复的粉丝往往更愿意继续互动，贡献活跃度。回复还需要及时，因为粉丝对回复的期待值会随着时间的推移逐渐消失，延迟的回复，效果大打折扣。回复的语言也要幽默、可爱、生动、简洁。对肯定性的问题，要表示感谢；对批评性的问题，要宽宏容纳，可以用自嘲的方式巧妙处理；对咨询性问题，要做出清晰准确的回答。粉丝就是在不断的维护中，逐渐沉淀的。

在直播中现场回答问题，更能刺激粉丝的热情，不过这也考验主播的临场能力。主播要做好充分的准备，对有可能的问题做足功课，以自如应对任何突然的问题。正是这种越来越专业的互动需要，使得主播要对自己的主播领域不断熟悉，不断更新知识。在垂直化趋势下，专业型的主播更受青睐。

但是应该注意的是，不懂装懂、胡乱应答、顾左右而言他都是不可取的，会大大削弱主播在粉丝中的可信度。事实上，遇到确实无法回答的问题，或通过幽默的方式暂缓告知，或如实告知，并不会产生太大影响。

回答问题也要注意时机，看到问题就回答容易打乱本来的直播流程，使直播不够顺畅。最好的办法是，如果能正好配合直播流程，通过回答问题自然而然进行过渡和说明的，就立刻回答，有共通性的问题，也可以立刻做出回答。但是如果影响直播流程，引起逻辑分叉的问题，可以让客服或助理做好记录，在一个直播段落之后集中作答，但不宜让粉丝等待太久。

4.制造热点话题

网络直播的时间往往较长，有的长达几个小时，如果主播单方面说个不停，势必影响粉丝兴趣。再好的内容，长时间输出也会让人感到疲惫。可以用制造热点话题，并不断推进讨论的方式，来提高粉丝参与热情。

话题可以是事前准备好的，也可以是临时起意的。话题可以是小话题，也可以是一个大话题。话题的选择要能引发多数人的讨论，但又不至于触及敏感问题，或引起争吵。如直播带货扶贫产品时，可以结合当地的旅游、文化等，讲一些相关的故事、传说、习俗，这样既能保持直播热度，又产生对产品的移情效应。这种开放性的互动，把不同的粉丝的观点也带入其中，大大增加直播信息量。

话题可以从轻松的、较简单的话题入手，根据互动情况，逐步推进。话题的选择要适合粉丝群，比如粉丝群为女性，可以多从女性话题入手；粉丝群是游戏爱好者，则要结合游戏话题。一些适用性比较广的话题，一般是结合当下背景的，如节日、国家大事、毕业季等。话题也要结合主播的特长，让主播的魅力有发挥的空间。

另外，还可以向粉丝征集话题，这样既能集思广益，又充分激发粉丝积极性，给粉丝创造更多表达自己的空间。

四、网络主播的能力要求

1.才艺特长

想成为优秀的主播，首先要有一技之长。Papi酱的口才和模仿能力，刘宇宁的唱功……只要你有才艺，就能在网络直播中找到自己的舞台，这也是众多年轻人趋之若鹜的原因。网络直播的特长是一个广义的概念，并不单独指艺术特长，除了唱歌跳舞、乐器表演、书法绘画以外，游戏竞技、搞笑创意都能作为特长吸引粉丝注意。不少主播还结合短视频营销，不断展示特长，强化特色。甚至近些年一些明星也纷纷加入直播队伍，展示自己的歌舞、演艺特长。

2.语言能力

主播要具有有效沟通的语言能力，能充分表达自我，又善于倾听（倾听也是一种语言能力）。主播和粉丝交流，看似是主播拥有话语权，事实上，粉丝才是主体，目的是通过直播满足粉丝的心理需求，使之获得精神满足。因此，语言的互动沟通是关键。

3.颜值外形

主播需要颜值，但每个人的审美不同，对颜值的感受也不同，正确的颜值认识应该是多元的、健康的。随着粉丝对主播的了解，颜值外形的影响会越来越小，而逐渐集中到对主播个性的关注。

4.个性性格

主播有独特的个性、健康的人格至关重要，也是持续获得粉丝关注、增强用户黏性的关键。

5.自我推广

主播需要对个人品牌进行推广，以吸引更多粉丝。社交平台是目前最有利的传播渠道，微信、QQ、微博等都是可以利用的推广平台。

自我推广要展现自己的特色和优势，让人容易记住。还要学会借力发力，如借助一些热点话题。要不断提出有特色的、有创意的推广文案。

第五节　网络直播的营销

广义的网络直播营销指的是企业以直播平台为载体进行营销活动，达到品牌提升或销量增长的目的①。

一、基本营销模式

1.利用多平台组合营销

在不同的媒体平台上投放营销信息。不同的平台热衷不同的形式和内容，如传统媒体的网络平台热衷视频片段，网络综合平台热衷标题党式文案，专题网络平台热衷软文、植入等。要想自己的直播更有知名度，就要圈定几个重点媒体平台，打造有针对性的营销方案，进行固定投放。

2.强调主播颜值进行营销

在网友快速浏览直播资源时，颜值是决定他们目光是否停留的重要因素。

3.利用平台活动进行营销

平台的活动可以聚集更多人气，产生更大影响。借助平台的活动，专门策划营销方案，可以起到事半功倍的作用。如"双十一天猫购物狂欢节"就是阿里巴巴打造的营销节，在此期间，各个商铺都会配合进行自己的营销活动，知名主播也纷纷上场，卖力表现，打造了全民性的购物盛会。

一些平台还会不断推出主题活动、发布会、体验会、见面会等，为主播搭建表现自我的舞台。

4.借助名人效应进行营销

名人自带流量，借助名人效应能够帮助直播迅速聚拢人气。

---

① 秋叶主编,勾俊伟、张向南、刘勇编著:《直播营销》,人民邮电出版社,2017年,第3页。

二、多种营销技巧

1.利用短视频引流

短视频传播效果好，辐射范围广，内容突出，能快速吸引眼球，在吸引流量上作用明显。通过"短视频+直播"的组合，产生搭配效应，短视频"种草"，直播"拔草"。还可以将主播特色、直播风格、内容介绍等做成生动、幽默的短视频，方便用户在碎片时间观看，起到预热和营销的作用。将主播微博或直播间账号写入简介，这样当用户产生兴趣时，会关注你的视频直播账号，最好各种社交媒体互相关联，互为营销，达到引流的效果。

在电商直播中，使用底价引流是最行之有效的方式，底价对于消费者永远具有诱惑力。不过，底价引流也要保证商品质量和注意成本控制。如果成本能充分转化，才能良性发展。

2.购买直播推广

各大平台，如淘宝、抖音、快手、花椒等都有官方的直播推广，平台进行宣传推广，再按引流数量收费，相当于付费推广。

网上直播平台就像一个商品超市，种类齐全，货品齐聚，合作方多。一些细分的主题平台，如美妆、食品、服装等，在专业上也有得天独厚的优势。因此平台本身具有较大的引流能力。平台推广引流有先天的优势，如能迅速增加曝光率。

3.借势引流

在其他流量高的视频、直播中，可以充分借用他人之势，利用弹幕进行营销引流。不过要选择和自己的目标受众一致，又不存在直接竞争的对象，否则会引发对方粉丝的不满。如果是过于热门的视频或直播也不宜选择，否则大量弹幕会覆盖引流弹幕。

在"大V"直播间刷礼物发红包赢得观众也是借势的办法。通过给大主播发红包、刷礼物，赢得曝光机会。

4.多账号推广

通过多账号矩阵来挂钩推广，是很多主播都会使用的方法。通过使用多账号转发、评论、点赞的方式，制造声势，来集中创建一个IP核心，以增加粉丝数量。首先通过积累使核心IP具有一定的流量，不断用其他账号为其打榜、引流，再对内容和用户进行细分，将不同号对应不同粉丝，形成矩阵效应，以增强用户黏性。

但是这样的操作也有被降权，甚至被禁的风险。因此这些账号不能仅仅用来打榜、点赞，而要有实体内容，有垂直细分，有专门领域，但是又和主IP内容有关联。多号矩阵，有利于多重探索，在探索中不断精准把握市场。

5.进行直播预热

在直播前3—5天发布预告视频，最好利用短视频的方式，在内容中加入醒目的直播日期、主题、主播情况等信息；直播前15—45分钟，再发布预热短视频，最好是用悬念的方法将预告进一步推进，增强网友的期待感。除此之外，还可以在相关网络社群、微博、微信群、公众号、媒体等发布信息，提醒粉丝进入直播间。

随着5G时代的到来，网络直播的舞台更加广阔。作为新兴行业，许多法律、法规、行业规范还亟待建立，同时网络直播参与者也应自觉地遵守职业道德和社会公德，毕竟进入网络，就不再是私人"自留地"，而是公共话语空间了。

健康向上的直播环境是保证直播行业良性发展的必然条件，除了从上到下的管理，从下到上的自律公约，更多技术手段也开始应用于网络监管中，通过自动识别来监控直播内容。

人工智能、智能穿戴、区块链、曲面屏等技术，都在为网络直播的发展注入更新鲜的血液，最终，只有符合社会需要的，反映真善美的，内容精致、形式完美、特色鲜明的直播才能立于不败之地。

第十章 影视短片创作

从 1895 年世界电影诞生开始，电影创作一直以胶片为主要介质记录和保存影像，并以其独特的综合艺术形式完成叙事的电影化。电影语言以视听感官为主要路径，以声画一体为形式表征，以人类叙事经验为结构，以主题彰显和情感表达完成创作者的自我表达。影视短片作为电影诞生最初的文本形式，在电影的长期历史发展中不仅成为重要的电影类型之一，也是众多初入影视行业的创作者首选实践探索的形式。影视成像、存储技术历经胶片、磁带、闪存甚至是云存储，成像、存储技术的进步成为影视创作发展的一个切面，技术的进步不断降低影视短片创作的难度。特别是数字技术的发展推动传播媒介的变革，自媒体、UGC（User Generated Content，用户原创内容）等新型内容生产方式使更多人参与影视创作成为可能。

影视短片以其较短的时间长度容纳完整的影视叙事，与电影长片的工业化生产相比更具有可操作性；与短视频相比则有更充沛的叙事时空以建构影像文本。影视短片创作模拟影视作品生产的全部流程，包含选题策划、编剧、导演、摄制及后期制作五大模块。本章结合创作案例与实操详细梳理影视短片创作的制作流程及技术要点，并完成影视短片创作实践。另外需要强调的是，电影技术应该为电影叙事服务，影视创作技术作为文学语言的视听转化，其首要功能是完成导演意图和影片主题表达，优秀的创作技术可以构成电影独特的形式美学。

第一节　影视短片的主要类型及特征

一、影视短片的主要类型

影视短片没有严格意义上的时长标定，行业默认时长小于40分钟或45分钟的影片即被认定为短片[①]。影视短片包含完整的情节结构，在较短的有限叙事时间中完成故事时间与故事空间的建构。影视短片综合题材类型和创作方法来分，主要可分为微电影、纪录短片、专题片三种。

（一）微电影

微电影是互联网媒介生态下产生的以网络媒体传播为主要路径的电影叙事文本。与电影长片对应，微电影以较短时长容纳完整电影故事，具备故事情节的起、承、转、合全部过程，涉及电影人物较少，情节集中。电影学者丁亚平将微电影称为"第三电影"，是"融入了开放性、即时性、互动性的特点，可以理解为相对于基础性电影的功用性电影"[②]。

（二）纪录短片

纪录片与故事片是世界电影的两大主要类型。世界电影诞生初期，电影形态即衍生出卢米埃尔兄弟（Louis and Auguste Lumiere）的记录模式与乔治·梅里埃（Georges Méliès）的戏剧模式。前者在纪录片之父罗伯特·弗拉哈迪（Robert Flaherty）《北方的纳努克》的叙事形态定型后，经约翰·格里尔逊（John Gricrson）正式完成"Documentary"的命名。

[①] 对于短片的时长界定不一。国内FIRST青年电影展竞赛将短片界定为时长60分钟以下，包括完整片头片尾演职人员字幕；戛纳电影节将短片限定为15分钟以内，维也纳短片电影节要求时长为30分钟以内，罗德岛国际电影节要求40分钟以内。

[②] 丁亚平：《"大电影"视域下的微电影的发展》，《艺术评论》，2012年第11期。

（三）专题片

专题片是中国电视艺术创作发展的特殊产物。在新闻纪录电影的基础上，中国电视事业结合电视片的创作灵活性，吸纳新闻纪录电影主题先行的叙事策略以及视听语言技法，是以电视为主要传播媒体的影视作品类型。专题片与纪录片虽然都取材现实生活并以真实性为创作原则，但是专题片创作中的主题先行及功能指认使专题片渗透着强烈的主观意识。因此，不能将专题片简单地等同于纪录片。随着数字媒介平台的发展，专题片以宣传、汇报、总结的功能性影视文本面貌出现在大众媒介上。

二、影视短片的特征

影视短片作为具有可操作性的影视创作实践，以其独特的创作、风格、传播特点成为媒介融合发展的时代语境愈发活跃的影视类型，体现着强烈的时代特性。

（一）创作实践"三微"

影视短片以"微时长""微周期""微投资"的"三微"特征在创作实践层面降低了难度和成本，是影视短片创作活跃的核心动因。影视短片的"微时长"减弱了创作者对长片叙事节奏把握的难度和素材量。较短的时长可容纳的情节有限，因此情节上只能去粗取精，有效凝练了核心叙事，更利于剧情的推进和叙事把控。较短的时长降低了创作的素材量，创作时间的跨度上体现出"微周期"。影视短片创作故事体量小、情节集中、人物较少，适合小团队规模创作，一般创作周期都集中在几天之内完成，可以实现短片的快速生产。影视短片的"微投资"降低了创作投资的规模和风险，使个人创作成为可能。随着近年影视短片需求的增加，更多媒介平台和资本也进入影视短片的创作，稳定的资金投入一方面保证了影视短片的高质量创作，另一方面，推动了影视短片PUGC（Professional User Generated Content，专业用户生产内容）的专业化生产模式。

（二）影像风格更多样

创作难度的降低、资金投入的减少使创作主体更加多元，影像风格也呈现多样性的特征。电影技术装备的高技术性，不仅使电影创作体现出强烈的专业性和艺术性，而且也成为普通受众参与电影创作的技术鸿沟。电影、电视生产的体制化、市场化运作，在一定程度上迫使创作者向政治、文化、市场妥协。随着媒介平台的开放性、自我表达的内驱以及影视创作技术数字化，不同创作主体依据不同的价值预期参与影视短片的创作，呈现出选题多样、风格多元、价值多向的创作景观。悬疑、惊悚、喜剧、纪实等多重风格在网络媒介上相互交织，体现着作者更强的自我表达性。特别是《我和我的祖国》《我和我的家乡》等一系列集锦片的出现，在影视短片与长片的互动中展现出短片快速生产、组装灵活的创作特点。

（三）移动传播特点更鲜明

数字媒介技术的发展不断提升传播效率，压缩时间延迟与空间距离。万物互联、多屏互动的媒介融合传播新语境，使大众传播彻底摆脱了单向传播的封闭模式。5G时代来临，数据成本的急剧下降和传输速率的日渐提升促进新媒体内容的再生产与再传播。短视频、直播、即时通信应用等依赖小屏传播积聚了大量受众，成为影视短片传播最大的潜在窗口。传播媒介的无线化、小屏化激活了移动传播，影视短片随时随地可拍、可剪、可传、可看。受众既是消费者也是影像生产者，使影视短片的故事更加贴近受众，叙事及语言更生活化。移动传播的另一个特点是互动传播，数字媒介的发展不仅改变了传播的形态，也改变了传受的互动关系，并深刻影响社会关系的重构。互动传播使生产与接收的时间错位不断压缩，受众的反馈成为影响影视短片创作的重要因素。弹幕、评论、转发等大数据信息为影视短片创作提供方向，影视短片在传播互动中快速转型迎合受众需求。最后，碎片传播完成了受众时空空隙的填充，短视频随时、随地都可到达屏幕媒介。

第二节　影视短片创意技巧

一、影视短片选题

（一）选题的取材

影视短片的取材非常丰富，文学作品改编、现实生活故事移植及虚构创作都是影视短片取材的重要途径。对于初试影视短片创作的团队来说选择生活中的故事更具可操作性。生活故事的戏剧性更贴近现实，更能引起观众的共情，而且生活故事发生的场景不需要特殊布景，演员也可直接从生活中选取，大大降低了投入和难度。剧本写作中应学会在生活中汲取故事，观察生活中小人物的喜怒悲欢，体会生活的艰辛百态，可以使剧本创作更有真实感，更有情感的力量。

（二）短片的主题

选定题材后即将面对的问题就是明确故事主题。故事的主题是剧本的精神内核，决定着剧中人物以及故事情节的发展。剧本的主题将一以贯之于整个剧作过程中，准确、明晰的主题有助于我们更加合理地规划和布局整部作品。"情感"是主题表达的重要内容，就个体情感来讲爱情、亲情、友情等情感都是剧本的常见主题。个体情感的主题表达要注意避免爱情的幼稚化、亲情的煽情化以及友情的肤浅化，避免与生活脱节，影响短片的主题表达。就社会情感来说，个体情感的升华可以有效提升社会情感的高度，正义善良、扶危助困、舍生取义等情感的表现可以彰显影片的家国情怀与人性价值。当然影视短片的主题不局限于情感表达，也可以关注社会现实和传奇故事，不同的价值预期决定了影片不同的主题。

（三）故事梗概

确定了剧本的主题，接下来就是要对整个故事进行概括。故事梗概是将故事的主要人物及矛盾冲突概括出来，以吸引读者。故事梗概也是考验剧作者把握故事结构、凝练主题的关键。写好故事梗概要回答好以下几个问题：他是谁？他要做什么？他为什么要这样做？做这件事情的阻力是什么？他的最终目的能否实现？故事梗概作为剧本构思的基本思路，可以大致规划出整个剧本的情节结构。

（四）戏剧技巧

剧本创作阶段是故事展开的具体环节，它包括剧中的人物设置、环境设置和情节设置等。剧本创作没有固定范式，但是经典的剧作结构和戏剧故事可以为剧本写作提供指导。本部分以剧本创作中的关键要点为基础，通过戏剧技巧的运用提升剧作情节的张力。

1.人物设置——欲扬先抑

人物是剧本动作的承担者，剧本创作中人物的设置决定了剧中人物的互动关系，从而直接影响戏剧情节的推进。在实际创作中戏剧情节的推进就是人物关系动态发展的结果。

（1）人物设置要精练。对于影视短片的剧本来说，人物的数量应该控制在三到五个人，着重塑造两到三个主要角色。篇幅较小的微电影剧本无法承载大量的人物，否则会削弱主要人物特点。贾樟柯导演的微电影《一个桶》中核心人物集中于母亲和儿子，儿子离家前母亲烦琐的准备正是为影片后半部分抒情的铺陈。

（2）创造角色冲突。角色冲突是情节矛盾的主要体现。它包括角色与角色之间的冲突，还包括角色内心的自我冲突。角色与角色之间的冲突形成了剧本的外在冲突。在微电影剧本构思中剧中人物关系的动态性发展一般表现为四个阶段：排斥—接近—理解—依靠。人物在相互的冲突中逐渐相互了解，最终实现相互理解和并肩战胜阻碍的结局。人物内心的冲突是剧作故事的内在情感线，主要人物内心的矛盾冲突能够体现其核心价值观念和主题。内心冲突是人物行动的直接驱动力，其语言、动作、神态都是性格特点的外化，体现着强大的情感张力。合理的内心冲突是维护角色性格特征稳定的基础，也是合理戏剧性的保证。人物内心冲突的起承转合也直接映衬着故事情节的起承转合。一般来讲，人物内心的冲突需要视听语言的外化或人物的深度表演，是对导演及演员影视创作水平的考验，具有一定难度。

（3）设置压力情境。设置戏剧性情境的关键就在于让人物在情境压力中进行抉择。情境压力越大，对人物性格的揭示就越深刻。动态的情境，新的人物上场，新的事件进入，人物关系波动，环境变化等，都可能带来压力的改变，打破原有的平衡。陈可辛导演的微电影《三分钟》借助火车短暂的停车时间，将母子见面的珍贵机会限定在倒计时的三分钟里。时间的流逝向戏剧的外在结构施加压力，迫使人物合理运用时间。而母子之间的行为错位则从反向增加了时间流逝的紧张感。儿子希望母亲听到他完成加法表的背诵，而母亲则希望跟儿子有更多的互动，最终双方愿望都未达成，却将母子之间的浓厚亲情刻画出来。在火车渐渐远去的长镜头中，导演将母子短暂重聚的故事转化为奔波在外重返故乡人们的群像，使观众共感共情。戏剧意味浓烈的情境，会包含一种潜在的角力，各种力量在其中，你进我退，我退你进，此起彼伏。压力越大，人物决定做这件事的代价就越大，揭示就越深，更能真实地表达人物的本性。

（4）人物悖论。人物悖论主要包括人物自身的反差、人物关系的逆转，使用的方法是欲扬先抑。人物自身特点的欲扬先抑能够使单个人物表里不一，或者使多个自相矛盾的特征在戏剧情节推进中逐渐累积，在反转中实现人物的再塑造。后者则是人物关系的颠倒、换位，造成情理之中意料之外的戏剧效果。编剧常常用拼贴的手法，将相反的特质并置在一起。人物悖论的四个层次：一是人物动机的错位，二是动机与效果的错位，三是表象与真相的错位，四是人物关系的错位。电影《我和我的祖国》中《北京你好》篇章，利用张北京在家庭生活中的困境与北京奥运中国人的精气神并置，这种错位产生的幽默感不仅成为整个篇章的戏剧基调，也更丰富立体地刻画了张北京这样一个多重身份的小人物。

2.情节结构——一波三折

戏剧情节，一般是指作品中人物与人物之间、人物与环境的关系所组成的生活事件、矛盾冲突的发展过程。古典戏剧中将情节理解为一个有一定长度，由因果关系导致的一系列行动而产生的故事。

（1）戏剧情节的构成。古典戏剧追求"三一律"，即故事应该发生在一天之内，在一个地点，围绕着一个情节展开。在影视短片剧本创作中这个原则非常适用。戏剧情节的典型构成三段式结构：一个开头、一个明确清晰的过程及一个结尾。情节的开头部分，用以介绍事件与人物的特性；情节的中间部分，打破事件的平衡，引起矛盾冲突并将其激化，最终导致危机的出现或矛盾爆发的高潮；在第三部分也就是情节的结尾部分，矛盾得以解决，冲突得以消解。

（2）情节结构安排——悬念、突转与发现。"悬念亦称"紧张"。根据观众观看电影时情绪需要得到伸展的心理特点，编剧或导演对剧情作悬而未决和结局难料的安排，以引起观众急欲知其结果的期待心理。它是戏剧创作中使情节引人入胜，维持并不断增强观众兴趣的一种主要手法。突转，也称陡转、突变，指剧情向相反方面的突然变化，即由逆境转入顺境，或由顺境转入逆境。"[1]而发现则是指，"从不知到知的转变，即使置身于顺达之境或败逆之境中的人物认识到对方原来是自己的亲人或仇敌"[2]，或发现事实的真相。电影情节的设置应当符合亚里士多德所言的"可然律"或"必然律"，即事情按照情理和运行规律可能发生或必然发生，避免故事情节过于脱离现实造成观众接受的脱节。

3.开放式结局——想象空间

影视短片的结尾应是对整个情节结构的回收，交代危机的解除和矛盾的消除。中国戏剧及文学小说大都以"大团圆"作为结局，影响了中国家庭伦理剧善得报偿、恶得严惩的叙事逻辑。但是，过分完美的结局消解了戏剧冲突的张力与观众的

---

[1] 陈燕：《中国电视语态的改变给电视生态带来的影响》，《电视指南》，2017年第19期。

[2] 亚里士多德著，陈中梅译注：《诗学》，商务印书馆，1996年，第89页。

反思，形成了泛娱乐化的消费观念。近年来越来越多的电影创作开始尝试开放式的情节结局，将电影情节的结局交给观众想象、讨论，不仅增加了电影故事的可看性，也将观众纳入情节创作的行动中来，开掘电影主题的深度，营造想象空间，拓展电影的意境。

二、影视短片剧本写作

确认选题后，影视短片创作进入剧本写作过程。剧本的改编是对文学作品的再创作，不同的创作态度决定了对原作的还原程度。剧本的改编应当立足影视作品的叙事特征和主题，将文学语言转化为视听语言，并创造性完成文学故事的再讲述。改写、反写、续写虽是影视剧本创作的常用手法，但是对文学作品处理都应符合时代观念和人性价值。

在作品改编中特别需要强调的是无论长片还是短片创作都应遵守法律对知识产权的保护，尊重原作者的著作权，在创作的每个阶段都应明确版权意识。对原著改编、借鉴都应在最终品中明确并获得作者授权，避免知识产权纠纷。下面以文学故事《就我没白吃》①为例进行影视剧本的改编：

就我没白吃

黄艳梅

今天是周末，我们高中同学要在天安酒店搞一次同学聚会。自从毕业后，好多同学都混得有模有样，我却默默无闻，在一家工厂当制图员，每月和丈夫一起靠着不多的收入共同撑着这个家。我本不打算去，可禁不起同学们的一片盛情，只好答应。

丈夫正在帮儿子复习功课，儿子就要上初中了，为了上一所好中学，这段时间丈夫没少操心，东奔西走，至今还没着落呢。看了儿子一眼，我走出了家门。

天安酒店是高级酒店，我走进包房的时候，同学们都已到齐。还没坐稳，一张张名片就飞了过来，一看一个个不是总经理就是带"长"的，就连以前成绩总是甩尾的阿辉也当上了派出所所长。望着服务小姐端上眼花

---

① 黄艳梅:《就我没白吃》,《故事世界》,2007年第14期。

缭乱的菜肴，我真感叹自己孤陋寡闻，光这一桌就足以抵我三个月的收入了。阿辉像宴席的主人一样不停地招呼大家吃，不时地为这个斟酒、为那个夹菜，嘴里还说："只管吃，算我的。"大伙也没任何拘束，一轮接一轮地交杯把盏、海阔天空地闲聊。

酒足饭饱之后，天色已不早，此次聚会该结束了。可究竟谁埋单，我看大伙好像都没有要慷慨解囊的意思。这时候阿辉掏出手机，按了一串号码，然后说："小李，今晚所里扫黄抓到人没有？哦！刚抓到———好！好！随便送一个到天安酒店来给我埋单。"说完，他得意地把手机放进了口袋，一旁的同学跟着哄笑起来。

十五分钟不到，一个中年人就进来了，他看了账单，不禁皱了皱眉头，看来他身上的现钞也不足。他随即也拿出手机，拨了一串号码，说："张工吗？我是马校长呀！你儿子要读我们学校的事，我今天就给你拍板定下来了……不过我今晚请朋友吃饭，你过来埋单好吗？在天安酒店203包厢……"

二十分钟后，有人敲了敲包厢的门，门被打开了。当我见到戴着副高度近视眼镜的丈夫站在门口时，我晕倒了。

文学故事《就我没白吃》短小精悍、情节集中、立意深刻、画面感强，是非常适合作为影视短片剧本改编的素材。改编过程中应以电影叙事的思维进行情节的再构思，根据短片创作的场景转换重塑新的情节结构。

第1幕

周末傍晚，陈旧、拥挤的客厅。

丈夫正在帮儿子复习功课。丈夫穿着破了洞的背心歪着头看着认真计算的儿子，不时与儿子讨论题目的算法。儿子很听话，丈夫很耐心。夕阳从阳台的玻璃照在爷俩的背上，在墙上投下了重重的影子。

小梅穿着工厂的工装推门进来，一边将房门钥匙挂在门后的挂钩上，一边脱下印着"信义印刷"的工装随手挂上。

"妈妈回来了！"儿子低着头继续做作业。

"快写完了吧，我来做饭。"小梅捋了捋碎发，转身走进厨房。

第2幕

陈旧白瓷砖的厨房，灶上烧着水，火苗悠悠晃动。

小梅切着菜。丈夫凑到她跟前，洗着中午剩下的碗。

"我去找五中的校长了，他让我等消息。"丈夫悄声说道，不由自主地张望写作业的儿子。

"还是没松口？"

"他说再跟领导研究一下。"

"每次都这样推脱，下次我也跟你一起去！"

"你一个女人家的，怎么跟他开口？"

小梅沉默，没有答话，用菜刀熟练地切着土豆，发出哒哒哒的节奏。

第3幕

客厅，儿子还在做作业。小梅端着菜放在桌子一角。

"吃完再写吧，快吃饭。"

三口之家围着桌子一角吃饭，另外一边还放着儿子没有完成的作业。

这是一栋老旧的职工公寓，笨重的显像管老电视上落了一层灰。墙上的挂钟旁边是儿子满月时的全家福。那时的小梅脸上写满了青春的幸福。

"妈，你晚上不是跟同学吃大餐吗？"

"我吃一口再走，你们爷俩写完作业记得出去锻炼。"

小梅胡乱扒拉了几口饭，起身把围裙解下丢在餐椅上。

"嘉铭把菜吃完"，小梅边说边走进卧室。

儿子和丈夫有说有笑聊着学校的事情。

几分钟后小梅穿着一身裙子从卧室走出来，化了淡妆，头发也披散了下来，手上拎着前年丈夫出差买的手提包，精致极了。

第4幕

小梅挎着手包挤上公交车。晚高峰车上人很多，小梅站在后门口拉着拉环，身体轻微地跟着车子晃动，陷入了沉思。

第5幕

初中班主任办公室。班主任吴老师与小梅坐在办公室。

"嘉铭的成绩不能上五中太可惜了。"

"是啊，吴老师，今年学区划片，我们小区没有划进来。"小梅无奈地说。

"我听说五中的王校长有路子，班上几个学生的家长都找过他。"

公交车的报站声打破了小梅的沉思，小梅下车。

第6幕

天安酒店门口停满了车，小梅走进大厅，一群服务生向她鞠躬问好，吓了小梅一跳。

服务员热情地引着小梅走向包厢，远远地听到大家在寒暄。

呼朋唤友声，此起彼伏。

…………

三、影视短片分镜头设计

分镜头脚本是将文字稿本的内容分切成一系列可以摄制的镜头，并将这些镜头依照一定的逻辑关系组成一个个段落。通过对每个镜头的精心设计和段落之间的衔接，表现出导演对节目内容的整体布局、视听语言的叙事预想，细节的处理及蒙太奇的表现技法[①]。分镜头脚本是以镜头为基本单元对未来作品进行详细的案头规划，是摄影师进行拍摄，剪辑师进行后期制作的依据和蓝图，也是演员和所有创作人员领会导演意图、理解剧本内容、进行再创作的依据[②]。

编写分镜头脚本最主要的任务是将文学形象变成视觉形象。它要求导演和摄制组人员在认真分析、研究文学稿本及有关材料的基础上，用影视语言把稿本中的生活场景、人物行为及人物关系具体化、形象化，使这一切都可以在电影屏幕上看到和听到，并赋予影片以独特的艺术风格。编写分镜头本，以文学稿本为基础，但绝不是对文学稿本的简单分解，而是复杂细致的艺术再创造。

分镜头脚本是将文字脚本的内容按照镜头序列编号加工成明确具体的、可供拍摄的镜头；确定每个镜头的景别、角度、运动；预想镜头的组接方式和转场效果；用简要语言概括画面内容，有条件时可根据文字内容画出画面线稿；按照叙事节奏安排语言；根据情境构想音乐、音响效果及起止时间等。

分镜头脚本一般按镜号、景别、角度、运动、画面内容、对白/解说、音乐、音响、长度等顺序，画成表格，分项填写。分镜头脚本格式不一，有详有略，通常采用表格的形式，如表10-1所示。

---

① 参见蔡希瑶、邓建辉：《浅谈分镜头脚本的创作》，《中国医学教育技术》，2008年第1期。

② 参见李聪：《探讨动画的分镜头》，《现代装饰(理论)》，2012年第8期。

表10-1　分镜头脚本基本格式

镜号	景别	角度	运动	画面内容	对白/解说(字幕)	音乐	音响	长度	备注

详细对应说明如下。

镜号：镜头拍摄时的顺序。在拍摄时，编导根据内容表现的需要，多把场景相同的镜头抽出组在一起拍，而场记只要记住镜号就可以了。后期的剪辑，可根据镜号查找某一场景的镜头，方便影片的拍摄与剪辑。

景别：由摄影机与被摄主体之间的距离或光学镜头的焦距决定，分为远景、全景、中景、近景、特写，在一个镜头内如果景别发生变化应加以注明。每个镜头用什么样的景别，是由所表现内容和所突出的重点来确定的。

角度：摄影机与被摄主体在水平和高度上形成的视觉角度关系。分为正面、侧面、背面；俯视角、仰视角、平视角。不同的视角对主体的形象建构有着强烈的差异和情感色彩。

运动：摄影机改变位移或光学镜头变焦产生的画面运动变化，分为固定镜头和运动镜头。运动镜头又可细分为推镜头、拉镜头、摇镜头、移镜头、跟镜头等，运动镜头可以打破镜头静止的凝滞感，拓展画面空间和创造叙事节奏。

画面内容：用文字阐述所拍摄的具体画面，对故事情节以及画面中的场景、人物、动作、状态的文字阐述，有时可用图表来表示。

对白/解说：画面中人物之间的对白内容，或者解说词。

音乐：注明音乐的内容及起止位置，是对音乐选择及运用的具体要求，恰当选择富有表现力的音乐，并设计强弱和起伏变化。

音响：在相应的镜头段落中，标明使用的效果声，比如动作音响、环境音响和特殊音响等。

长度：指镜头的时间长度，镜头时间长度的确定需要综合考虑画面的情节内容以及解说词的长短。

备注：特殊标注，用于记录拍摄地点、特殊要求、注意事项等。

分镜头脚本实例如表10-2所示。

表10-2　旅游宣传短片《美丽中国》分镜头脚本

镜号	景别	角度	运动	画面内容	对白/解说	音乐	音响	长度
1	近景	侧面	固定	火车窗外夕阳西下	英语报站	无	火车声	2s
2	近景	侧面	固定	Tom坐在火车上低头看书	英语报站	无	火车声	2s
3	中景	侧面	固定	Tom坐在火车上低头看书,售货员经过	无	无	火车声	2s
4	近景	侧面	固定	Tom抬头,黑场	无	吉他	无	2s
5	全景	正面	固定	美丽中国LOGO	无	吉他	无	5s
6	近景	背面	固定	三轮车上司机开车向前	无	吉他	无	2s
7	特写	侧面	固定	Tom兴奋地向外张望	无	吉他	无	1s
8	近景	正侧	固定	Tom向窗外摆手打招呼	无	吉他	无	1s
9	近景	后侧	固定	Tom向窗外摆手打招呼	无	吉他	无	1s
10	近景	正侧	跟	Tom游走在大街上	你好	吉他	无	3s

第三节　影视短片摄制技术

一、摄影器材

（一）常用的摄像设备

1.摄像机

摄像机是最常使用的摄制设备，与早期电影摄影机胶片成像不同，摄像机将光学信号转换成电信号并以模拟（到磁带）或数字（到闪存）的形式将声画保存至存储介质。摄像机包括镜头、机身和存储三大功能部分。随着成像技术的数字化和存储介质的微型化，摄像机也呈现出小型化的趋势，成像更清晰、拍摄更稳定、功能更全面、携带更方便，如图10-1、图10-2。

图 10-1 松下广播级数字摄录一体机 AG-DVX200MC

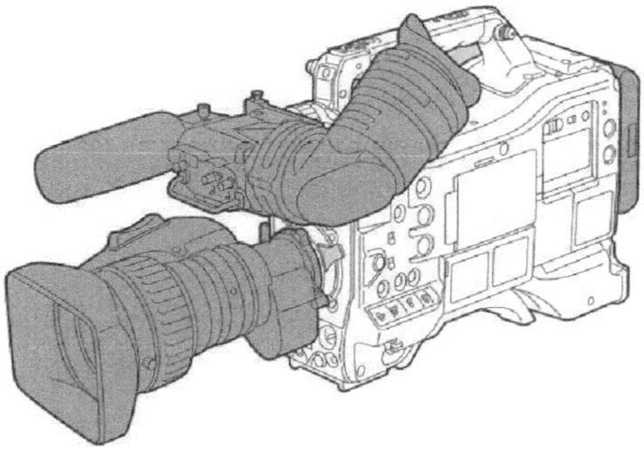

图 10-2 松下广播级数字摄录一体机 AJ-PX5100MC

2.单反相机/微单相机

传统单反相机成像效果的提升促进了其摄像功能的拓展，目前绝大部分新款单反相机/微单相机都具备摄像功能，尤其是便携性和镜头的可更换性使单反相机/微单相机成为当前影视短片创作的主流设备。从佳能经典机型5D MARKⅡ系列起单反相机开始以优异的成像画质和性价比优势进入影视行业，甚至成为某些院线电影拍摄的设备。目前主流的单反相机/微单相机有佳能 EOS 5D Mark Ⅳ、松下 DC-GH5、索尼ILCE-7RM4A 等，如图10-3、图10-4。

图 10-3 佳能 EOS 5D Mark Ⅳ

图 10-4　松下 DC-GH5

3.无人机

航空摄影作为较早电影创作手段，以超常规的视角俯瞰大地，与生俱来带有视觉冲击力。俯视视角产生的视觉奇观与陌生化的心理感受，刺激着观众的眼睛，这种视觉凝视也将这种视角带入电影叙事的空间想象之中。无人机的发展为航拍带来了便利，不仅解放了电影创作视角，也正成为一种影像类型。大疆公司作为全球民用无人机生产制造商频繁推出新型无人机产品，成像技术、操控性、稳定性越来越强。目前大疆公司主要有御 Mavic 系列、DJI FPV 系列、精灵 Phantom 系列，三个系列各有优劣，在价格和性能上存在差别，如图 10-5 ~ 图 10-7。

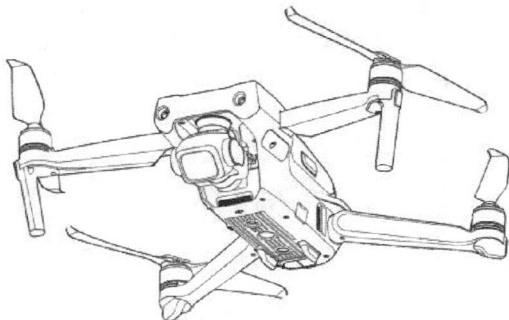

图 10-5　DJI_Air_2S

图 10-6　DJI_FPV

图 10-7　DJI_Phantom 4 Pro V2.0

4.手机

手机作为现代人必备的通信工具，其功能拓展已经超出了通信的基本功能。手机摄像功能的提升不仅在可变镜头、成像器件的技术进步，更体现在算法优化对影像高感光、高清晰、高帧率等方面带来的巨大飞跃。在手机摄影辅助配件的协同下，手机作为影视短片创作的工具早已成为可能，目前国内主流手机都将成像功能作为其重要卖点之一。苹果公司先后邀请陈可辛、贾樟柯、西奥多·梅尔菲拍摄《三分钟》《一个桶》《女儿》，已经从实践层面验证手机创作电影的可能。

（二）摄像辅助器材

1.三脚架

三脚架是影视短片创作最基础、最实用的辅助器材。三脚架通过自身三角支撑的稳定特性为摄像机提供稳定支持。常见的三脚架有塑料材质、碳纤维材质和金属材质，云台也有机械云台和液压云台之分。以利拍 RSP-750 为例（图 10-8），三脚架可分为云台和脚架两个部分。云台部分以快装板连接并固定摄像机，手柄操作三脚架进行上下、左右摇动。特别需要注意的是三脚架在每次新的使用场景中必须调平。影视创作使用的三脚架对操控性和稳定性有较高的要求，务必与摄影三脚架区分选购。

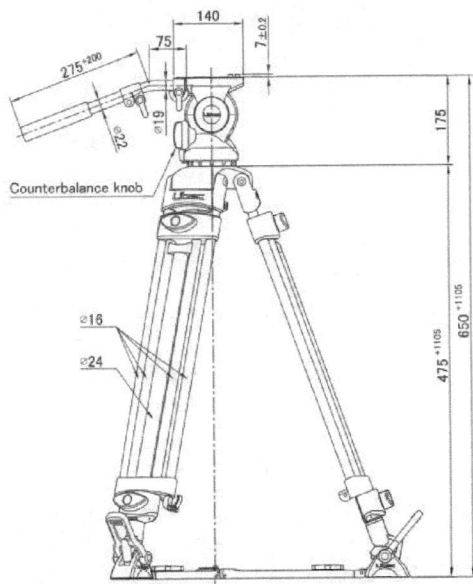

图 10-8 利拍 RSP-750

2.稳定器

稳定器是便携性相机机械稳定装置，与电影拍摄中斯坦尼康的作用相同，都是为摄像机的运动拍摄提供稳定支持。稳定器既解放了三脚架的空间限制，也提供了摄像机更丰富的运动形式。丰富的运动形式成为电影转场和极限镜头的实现手段，不断更新电影技术语言的内容。主流的稳定器有以主打便携功能的口袋相机（图10-9）、以主打功能拓展的手机稳定器（图10-10），以及专业相机辅助的影像增稳系统（图10-11）。

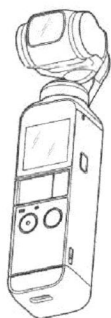

图 10-9 DJI Pocket 2

图 10-10 DJI OM 4

图 10-11 DJI RS 2

二、影视短片的拍摄

影视短片拍摄中的摄像器材多种多样，种类繁多，但是拍摄过程中的核心要点和关键技术要领都大同小异。本部分以松下广播级数字摄录一体机 AG-DVX200MC（以下简称松下 DVX200）为例进行操作说明和过程指导，其他型号的相机、摄像机仅存在菜单构成和按键位置的差异，请结合对应相机的使用说明操作即可。

（一）摄像机的使用

1.调试

摄像机使用前需要对摄像机的按键位置、参数进行确认和设置，以确保摄像机以最佳设置完成拍摄任务。快速查看摄像机的所有参数可按机身 MODE CHK（模式检查）键查看。

（1）拍摄格式设置。

摄像机拍摄格式设置是对最终影像的清晰度和格式标准进行对应设置，主要包括文件格式、分辨率和码流。文件格式决定了影片在编辑中的解码方式，主流的文件格式有 .MOV/.MP4/.AVI 等（部分机型记录格式为默认不可调），.MP4 较为常用，既可以保证影片的清晰度也可以兼顾文件大小。分辨率是图像采集清晰度的最直接参数设置，其数值是画面宽度像素×画面高度像素，分辨率越高画面清晰度越高。目前按清晰度分为标清（720×576）、高清（1920×1080）、4K 高清（3840×2160），特殊分辨率也可在菜单设置中自定义，具体如表 10-3。目前电视节目和网络视频的标准分辨率 1920×1080，其对摄像机和后期编辑设备的要求不高，是主流常用设置。4K 分辨率对摄像机成像、存储、剪辑都有较高要求，特别是在后期剪辑中高清晰度带来的数据高码流，需要较高的硬件配置，可以借助低码流数据代理剪辑实现低配置流畅剪辑。当然清晰度越高画质越好，影视作品呈现的细节、色彩越丰富。

表 10-3　不同清晰度对应参数

清晰度	分辨率	宽高比	应用场景	简称
标清	720×576	4:3	模拟信号电视	480P
高清	1920×1080	16:9	互联网、数字电视	1080P
4K 高清	3840×2160	16:9	院线、互联网、数字电视	2160P

码流，是成像编码时数据压缩后单位时间（秒）内的数据量，码流越高数据量越大，影像越清晰。以菜单中"FHD1080/25.00p 50M"为例，可解读为：全高清分辨率 1920×1080，每秒 25 帧，码流为 50M/s。码流并非越高越好，根据实际应用场景

选择相应码流，控制文件大小。

（2）白平衡。

白平衡，是摄像机成像时对红、绿、蓝三基色合成白色精确度的一项指标。白平衡标定了摄像机在还原其他颜色时的标准，白平衡不准确会造成画面偏色。不同场景不同光源摄像机对白色的呈现不同，因此摄像机在使用前都需要在对应光源下进行白色校准。

白平衡的设置：摄像机手动模式下（图10-12按钮K），将WHITE BAL（按钮E）开关设置到PRST（A/B），将标准白色色卡（特殊情况可用白纸、白墙替代）置于被摄主体所处的场景中，摄像机对准色卡调节镜头焦距使其充满画面并完成对焦，按住AWB（按钮I）不放直到屏幕显示"白平衡设置完成"，检查摄像机中白色的还原是否正常。

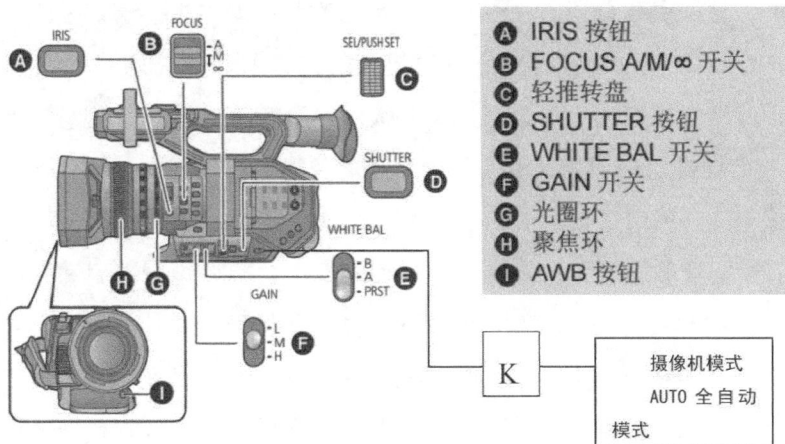

图10-12　摄像机按钮说明

WHITE BAL（图10-12按钮E）PRST挡可在菜单中预设常用色温值以快速调整白平衡，按动AWB（按钮I）切换选择。常用的白平衡色温如表10-4所示。

表10-4　常用的白平衡色温

清晨	钨丝灯	晴朗白天	正午	阴天
1600K	3200K	5000K	5200K	6000K

自动白平衡，单反相机和摄像机上有自动白平衡选项，摄像机根据现场环境识别色温自动设置白平衡。该功能使用方便，但在复杂光线环境（如舞台）中会导致白平衡频繁修改，影响画面质感。

白平衡偏色，在表达特殊气氛时可使用非准确白平衡实现画面特殊的色温质感。

如拍摄温馨的场景时可在正常色温（如5000K）环境中将摄像机白平衡调值高（如5600K），使画面色调偏暖；拍摄惊悚或清晨的场景时，可在正常晴天（如5000K）环境中将摄像机白平衡值调低（如3200K），使画面色调偏冷。

（3）水平。

摄像机定好机位后装入三脚架，将三脚架调至合适高度，调节云台下方旋钮放松云台，调整云台水平至液泡中心，水平调整结束（图10-13）。无三脚架手持摄像时注意画面中正对镜头的水平线或垂直线是否横平竖直（注意镜头畸变带来的线条扭曲）。

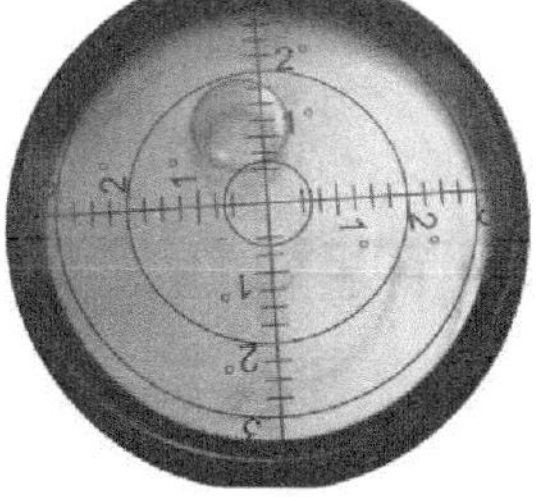

图10-13　三脚架水平液泡

2.拍摄

影视短片的拍摄过程是电影艺术与摄影技术结合的阶段，准确的镜头表达是电影叙事的基础。从技术操作来讲，本阶段包含焦点、曝光、景深三个要点。

（1）焦点。

摄像机的焦点是画面中最清晰的点，一般被摄主体应处在画面的焦点上。不同的焦距、物距、光圈都会影响画面的焦点，在影视创作中将被摄主体始终保持在焦点上叫作跟焦。

手动对焦模式：摄像机机身选择手动对焦M挡（图10-12按钮B），转动镜头对焦环（图10-12按钮H）使画面中主体清晰；当主体在画面中移动时手动转动对焦环保持跟焦。使用单反相机或微单相机拍摄时，部分型号稳定器提供无线对焦可实时保持跟焦；若无法兼顾对焦时可采取大景深放宽主体清晰的范围，并与被摄主体保持相对固定的距离使被摄主体始终处于焦点范围之内。

自动对焦模式：摄像机提供自动对焦模式可实时对被摄主体跟焦。摄像机机身选择自动对焦A挡（图10-12按钮B），此时摄像机自动分析画面主体并实时跟焦。当主体所处的环境较为复杂时，摄像机对主体的辨认错误会导致虚焦或连续对焦影响画面质感，因此，在条件允许的情况下影视短片创作应尽量选择手动对焦。

特殊的焦点处理：影视短片创作中并非要求主体必须完全处于最清晰的焦点之上，特殊的焦点处理可以实现镜头画面的动感和主题表达。利用浅景深中焦点的变化可以实现画面焦点的移动（移焦），强制观众的视点或关注点跟随摄像机的焦点移动，推动叙事的发展。另外，通过画面中焦点的失焦（虚焦）产生模糊的意境，也是焦点的特殊处理。

（2）曝光。

曝光是摄像机使用中最基础的操作，合理的曝光既能呈现画面的层次，也能最大限度保留主体的细节，特殊的曝光处理还能创造电影的风格。影响摄像机曝光的关键因素有光圈、快门、感光度（ISO）和增益。

光圈是摄像机控制进光孔径的装置，决定了单位时间内通过镜头进入摄像机内部光的总量。光圈越大，画面的亮度越高。光圈的大小与光圈值成反比，光圈值越大光圈越小（即大光圈对应小数值，小光圈对应大数值）。完整的光圈值系列有f/1.0，f/1.4，f/1.8，f/2.0，f/2.8，f/4.0，f/5.6，f/8.0，f/11，f/16，f/22，f/32，f/44，f/64。

手动光圈设置：在摄像机手动模式下，选择光圈模式按钮（图10-12按钮A），选择切换手动光圈模式。手动光圈模式转动镜头光圈环（图10-12按钮G）控制光圈大小，设置合理曝光。手动曝光符合精确曝光要求。单反相机的部分镜头没有光圈环，是通过数字系统控制光圈的大小。单反相机调整光圈时通过机身对应的拨盘转动实现，无论是摄像机还是单反相机虽然控制光圈的装置不同，但是光圈对画面的成像原理及效果是相同的。

自动光圈设置：在摄像机手动模式下，选择光圈模式按钮（图10-12按钮A），选择切换自动光圈模式。自动光圈模式下摄像机根据拍摄场景亮度与主体亮度自动配置光圈大小，实现合理曝光。但是，在拍摄场景中最亮部与最暗部形成的光相差比较大时，摄像机较难准确根据剧情需要设置光圈，曝光容易出现部分过暗或部分过曝的情况，因此，在影视短片创作中条件允许的情况下尽量选择手动曝光。

快门是摄像机内部通过快门开启和闭合的时间长度控制曝光量的装置，决定了在单位通光孔径下进入摄像机内部光的总量。快门速度越快，曝光时间越短，进入相机内部光的总量越少，画面越暗。快门速度的单位是秒，决定了单帧画面的曝光时长。常用的快门速度有1、1/2、1/4、1/8、1/15、1/30、1/50、1/60、1/125、1/250、1/500和1/1000秒等。

手动快门速度模式：在摄像机手动模式下，选择快门模式按钮SHUTTER（图

10-12按钮D），选择切换手动快门速度模式。手动快门速度模式转动拨盘（图10-12按钮C）控制快门速度大小，设置合理曝光。手动快门速度符合精确曝光要求，也能对表现画面内运动物体的质感产生影响。拍摄快速移动的物体时快门速度越快记录物体移动的距离越短，画面越清晰；快门速度越慢，记录物体移动的距离越长，产生模糊拖影的视觉效果。视觉效果没有绝对标准，清晰和拖影都可以创造特殊的表达效果。

　　自动快门速度模式：在摄像机手动模式下，选择快门模式按钮SHUTTER（图10-12按钮D），选择切换自动快门速度模式。自动快门速度模式下摄像机根据拍摄场景亮度与主体亮度自动配置快门速度，实现合理曝光。自动快门速度无法识别主体的运动速度，在表现运动时产生不合适的视觉效果，因此，在表现特殊运动主体时应根据现实需求手动调整快门速度。

　　特殊快门速度的处理：摄像机在拍摄电视、电脑或手机屏幕时会出现频闪和条纹，这是由于摄像机的频率与屏幕的刷新频率接近而产生的特殊画面效果，可调节快门速度拉开刷新频率减弱或消除频闪和条纹。

　　感光度（ISO），是胶片时代衡量胶片感光敏感度的参数，单反相机继承了这一参数，并通过数字系统控制感光器件对光的敏感程度。大部分摄像机没有此参数，本部分单独从单反相机操作讨论。单反相机的感光度有100、125、160、200、250、320、400、500、640、800、1000、1250……12800、16000甚至更高。感光度值越高，成像器件对光的敏感程度越高，画面亮度越高。感光度在合理范围内调整对画质的影响不大，但是，伴随着感光度的提升画面噪点越来越多画质会越差。所以，一般单反相机感光度设置在低感光度100～800之间，在光圈、快门无法满足曝光要求的情况下才选择提高感光度。当然随着算法优化提升，越来越多的单反相机在高感光度下画质表现依然优越。

　　增益与感光度的效果相似，是通过数字算法影响画面亮度。高增益也会影响画面质量，产生噪点。增益选择按键（图10-12按钮F），L、M、H分别对应低增益、中增益、高增益。默认情况下摄像机保持低增益模式，当光圈、快门、感光度及灯光都无法满足画面亮度或曝光时可提高增益。

　　通过对光圈、快门、感光度和增益的操作说明可以明晰，四个参数从不同的原理影响曝光的实现，也对画面产生不同的影响（表10-5）。

表 10-5　影响曝光的要素

参数	光圈	快门	感光度(ISO)	增益
控制	通光孔径	曝光时间	感光敏感度	数字算法
画质	基本无影响	基本无影响	有影响	有影响

（3）景深。

摄像机完成对焦后在焦点前后会形成一个画面清晰的范围，这个范围就叫作景深。景深是摄像机通过技术控制影响画面层次和质感的重要因素。画面中前后空间清晰范围大的叫作大景深，清晰范围小的叫作小景深或浅景深。景深的控制不是摄像机单一按钮或参数可控的，是通过光圈、焦距和物距多维影响调控的结果（表 10-6）。在调整时需要综合考量各项参数对画面亮度、构图的影响。

表 10-6　景深的控制

参数	光圈	焦距	物距
与景深的关系	反比	反比	正比
实际效果	光圈越大 景深越小	焦距越大 景深越小	物距越大 景深越大

景深的作用：大景深可以展现更多的画面信息，使画面中大部分内容都处在清晰的范围之内，符合人的视觉感知，具有纪实性的效果。小景深可以模糊画面中的前景和背景，简化画面内容，使画面更干净，避免杂乱的空间对叙事产生影响，突出主体。如图 10-14。

小景深

大景深

图 10-14　电影《我和我的祖国》截图

3.构图

构图是摄像机取景时对摄像机的角度、景别、运动以及画面内的主体位置、元素线条、光线、色彩布局等内容进行的规划、安排。合理的构图既可以传递画面的形式美感，也可以参与电影叙事，表达特殊的影片主旨。构图是摄影师对摄像机进行技术操作基础上的主体艺术能动性的体现，是考察摄影师对摄像机的综合应用以及其艺术修养的体现。

（1）基本构图方法。

景别是以被摄主体在画面中所占的比例为主要参考依据界定画面之间区别。决定景别的因素有两个：焦距与物距。需要强调的是无论景别如何变化，电影画面的实际大小均未发生改变，电影镜头与成像器件/胶片共同决定了景框的大小。构图就在固定的景框中展开，而当景框被确定"选择"就已经发生，景框之外的空间就被强制性遮蔽起来。众所周知，景别被划分为远景、全景、中景、近景和特写，不同的景别承担着不同的电影叙事功能。一般来说景别的择取有以下三个要点：

"远景取其势，近景取其神"，远景作为开阔的镜头视角适合环境和空间的展示，突显画面中的"势"；而近景对主体的细节展示更为清晰，人物的神态、动作甚至心理空间都得以呈现。

"两极镜头，极端对比"，电影叙事中一般按照景别递进或递减的顺序形成有序的叙事推进，这是创作中常讲的"镜头成组"概念。当镜头顺序成为范式或公式时，电影语言的丰富性和变化性就会减弱，使影片变得刻板。因此，在正常叙事中维持一般的景别序列，而在特殊表达时不妨突破成规，将大景别与小景别组接在一起，两极镜头形成强烈的视觉反差。

"中近景叙事"，按照人们交流的习惯，人与人之间应保持适当距离，太远交流不流畅，太近又缺乏安全感，因中近景所容纳的多人镜头成为电影叙事的主要功能性景别。

对称式构图是将画面内的视觉元素按照左右、上下或对角线形式产生均衡对称画面的形式感。对称式构图给人以平衡、稳定、庄重、和谐的心理暗示，但同时大量对称式构图的组接累积会产生呆板、僵化的形式感。一般来讲，重要人物的仪式化场面、庄重的建筑等内容的展现多采用对称式构图。如图10-15。

图10-15　电影《我和我的祖国》截图

黄金分割点构图。古希腊人毕达哥拉斯认为将对象不等二分为1∶0.618时，是最能引起人美感的比例，并将这种比例命名为黄金分割比例。电影画面方形景框做5∶8切分，上下左右连接线形成的交叉点即为黄金分割点，当被摄主体在黄金分割点位置上时，画面的形式美感最强。在黄金分割的基础上，为了快速方便构图还衍生出三分法构图，即将画面长宽各三等分，连线的交点接近黄金分割点，也具有画面的形式美感。如图10-16。

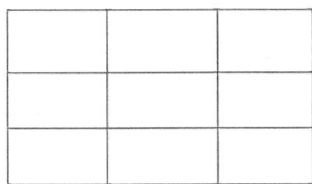

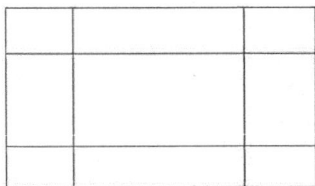

图10-16　电影《我和我的祖国》截图

前景和后景。为了增加画面层次感，在构图时往往借助前景标定画面前部空间，用后景标定画面后部空间，主体处于画面前景与后景形成的空间之中。前景和后景还可以增加画面的信息和美感，是常用的构图之一。如图10-17。

图10-17　电影《我和我的祖国》截图

（2）构图拓展。

运动构图。电影画面不是一成不变的，在复杂的镜头运动过程中，摄像机不仅要保证主体在画面中的位置稳定，还要动态调整画面构图，体现出画面构图的丰富变化。如图10-18。

图10-18　电影《我和我的祖国》截图

框架式构图。框架式构图是画面中图形的一种风格化运用，即借助画面空间中的门框、窗户、洞口等元素形成的框架，将画面主体置于框架之中，富有形式美感。如图10-19、图10-20。

图10-19　电影《我和我的祖国》截图

图10-20　电影《八月》截图

特殊构图。电影画面构图并非严格刻板，有时有意打破常规形成对画面形式的冲击和陌生化效果能表达更深层的电影主旨。第五代导演早期作品对电影画面构图的突破，形成了20世纪90年代前后中国电影形式主义的美学风格，具有很强的审美价值（图10-21）。我们的短片创作对画面构图的突破不能为了突破而突破，应适应于主体的表达和作品风格。

图10-21　电影《黄土地》截图

（二）场面调度

场面调度借用自舞台艺术导演对各元素的综合调度、安排，在电影创作中主要包括现场摄影机的调度和演员的调度。影视短片创作中的场面调度一般在脚本创作时期就已规划完成，要符合画面空间的位置关系和运动矢量，丰富画面动感，推动电影叙事。

1.摄像机的调度

摄像机的调度就是拍摄现场对摄像机的位置安排。摄像机的运动包括推、拉、摇、移、跟五种，复杂的镜头运动也是在此基础上的变化或融合。摄像机的调度中要注意运动中稳准平匀，运动初始和结束的起幅、落幅。

（1）稳准平匀。

稳，是指摄像机在拍摄时保持稳定不抖动、晃动，保证画面清晰，是摄像的基本功之一。

准，是指摄像机运动过程中被摄主体准确处在构图和视觉焦点上；特别是在摄像机快速运动中主体的切换、调整必须在运动过程中完成，画面落幅准确到位。

平，是指摄像机画面构图的水平符合人的视觉经验，使正对镜头的人物、线条横平竖直。

匀，是指在摄像机运动过程中镜头的摇动、推进、拉出、移动等运动形式保持稳定的加减速或匀速。

（2）起幅和落幅。

摄像机运动过程中并不是始终保持同一个速度，而是在镜头运动初始阶段缓慢加速，中段匀速，尾段缓慢减速的速度过程。在影视短片前期拍摄中要求摄影师要有剪辑思维，为镜头的运动和组接提前做好安排。因此，在起幅落幅之前和之后一般还会保持3—5秒钟的静止，保证演员表演与镜头运动都能为剪辑留下空间。如图10-22。

静止 | 起幅 | 匀速 | 落幅 | 静止

图10-22 起幅与落幅

单反相机与摄像机镜头不同，没有变焦马达，无法实现自动变焦。单反相机在镜头的推拉中很难实现稳定、匀速，所以摄影师要充分熟悉不同设备的优势和劣势，发挥单反相机的轻便灵活性，规避其在变焦等情况中的不足。

（3）固定镜头。

固定镜头是不做任何运动的最简单的镜头运动形式，容易被创作者忽视。特别是初学影视创作者，丰富的镜头运动更吸引摄影师尝试，导致整部作品的画面都在不停的运动中，为后期剪辑带来很大麻烦。固定镜头以稳定的画面呈现，很好地遮蔽了摄像机的存在，产生了一种冷静的凝视质感，被众多导演喜爱。

（4）打破规则。

影视短片创作的基本功是考验摄影师对摄影技术的掌握与艺术表达规律的把握，前文中所有的规则或要点可避免初试创作的失误。但是，在规则掌握的基础上打破规则会带来意想不到的效果。如晃动镜头产生的主观视角、急速变化带来的紧张情绪都是电影创作中常用的叙事表达技巧。当然，需要强调的是打破规则必须建立在掌握规则的基础上。

2.演员的调度

演员的调度指演员在镜头前的走位，演员在画面空间中的位置预示着不同主体的地位、权力和互动关系，良好的演员调度也可以增加画面动感，增加电影的观赏性。

（1）演员的走位。

电影画面空间虽然是二维的，但是通过演员的调度，可以交代空间的位置关系和布局。演员的出画和入画既能拓展画外空间也能很好地通过场面调度实现画面转场和场景转换。

（2）轴线。

轴线是被摄主体之间由交流关系形成的一条虚拟的直线。摄像机处于这条虚拟线的一侧180°内，改变位置，被摄主体在画面中的位置关系不改变；而当摄像机跨过这条虚线，被摄主体的位置关系对调，导致观众对画面空间认知混乱，影响电影叙事的流畅性。如图10-23。

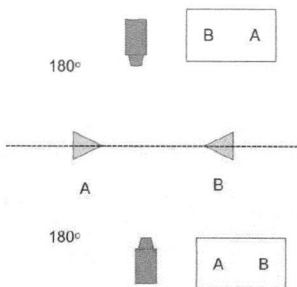

图10-23　轴线示意图

合理越轴，即摄像机通过运动或画面组接合理越过轴线。合理越轴的方法很多，常用的有：特写镜头过渡（两个越轴镜头间穿插无位置关系信息的特写镜头，经常用于新闻采访）、移动镜头越轴（镜头由轴线一边连续运动到轴线另一边，完整交代越过轴线的过程）、演员调度越轴（画面中跟随主题运动越过轴线）等方式。

3. 声音采集

影视短片创作中声音作为重要叙事维度，在一定程度上决定着影视短片的质感和质量。由于影视短片的投入少，建议尽量在拍摄时采用同期声录音。同期声录音既能保证表演与声音的协调一致，也更有环境感。对于小制作的影视短片后期配音难度大，成本高，对配音演员的要求也非常高。

（1）声音采集的技术要求。

清晰，即录音效果清晰可辨，人物对话与环境音层次分明，对话音量适中，无杂音。

完整，人物对话完整记录，无缺字；声音音量稳定，无忽高忽低。

空间感，录音能够准确还原画面中环境的空间感和人物主体的位置感。

（2）声音采集设备。

话筒是影视收音的专用设备。一般摄像机和单反相机机身都集成了收音话筒，能够满足一般的素材拍摄。对于影视短片创作来说，机器自带话筒的指向性较差，并不能很好地达到影视创作对声音的要求，甚至将机器运行、操作的声音记录进文件影像，因此需要添加外设录音话筒。影视短片创作中常用的话筒分为指向型话筒和全向型话筒。

指向型话筒仅对麦头指向的空间收音，能够定向拾取被摄主体的声音，保证主题声音的清晰，适用于人物采访。全向型话筒是围绕话筒收音麦头形成一个立体的收音范围，能够将话筒周围的全部声音采集出来，适合大环境、多人物对话的拾取。不同类型的话筒对声音的拾取各有偏向，选用时应根据具体环境具体分析。以罗德部分经典型号话筒为例，话筒既可以装入摄像机机身的热靴当中，也可以通过音频线实现场景应用。话筒与摄像机的连接协议，接口主要有3.5mm音频接口和卡农口音频接口。如图10-24～图10-29。

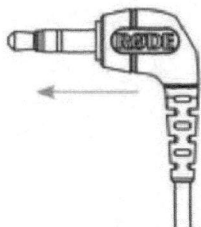

图 10-24　3.5mm 音频接口　　　图 10-25　卡农口音频接口

图 10-26　罗德 VIDEOMICRO①　　　图 10-27　罗德 VIDEOMIC GO

图 10-28　罗德 NTG2　　　图 10-29　麦克风机身安装示意图

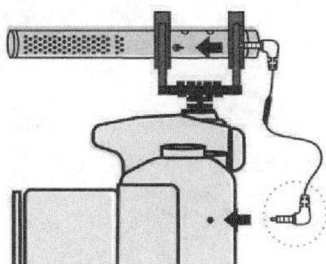

　　挑杆是将话筒脱离摄像机，尽量靠近被摄主体的工具，在电影创作中是必备的音频拾取辅助设备。挑杆可以根据主体的移动灵活调整话筒位置，保证话筒与被摄主体的相对位置稳定，确保声音的质量，也可避免因位置移动造成音量大小的变化。如图 10-30。

图 10-30　挑杆的使用场景

---

　　① 图 10-26~图 10-28图片取自 RODE 官方网站。

无线话筒是通过无线传输实现声音采集与接收的。无线话筒因其小巧、隐蔽性经常用于人物采访，移动方便，收音清晰。如图10-31。

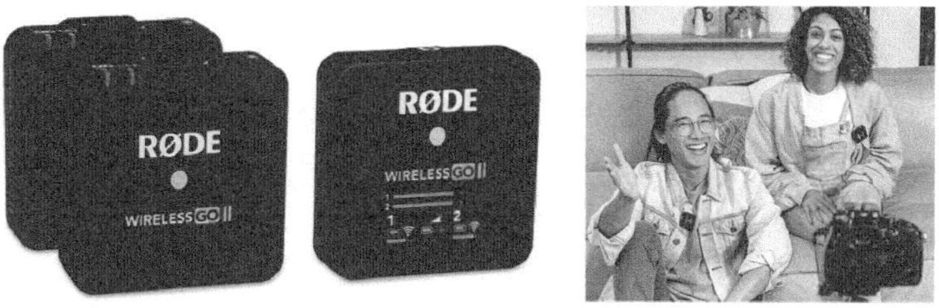

图10-31 无线话筒①

（3）摄像机拾音设置。

摄像机话筒通过音频线或无线接收器与摄像机相连。音频线插入对应音频输入接口后，可在对应菜单窗口观察在录制环境中的声音波形情况。以松下AG-DVX200MC为例，机身操作面板有INPUT1/INPUT2两路输入信号控制。每路提供三种信号输入选择：LINE指线路输入，即外接麦克风；MIC是摄像机内置话筒；+48V是需要摄像机提供48V幻象供电。如图10-32。

CH1/CH2对应右图框选区域的两路音频波形，即摄像机最终记录的信号。INT为内置话筒左/右声道；INPUT1指一声道录入输入接口一；同理选择INPUT2时，一声道录入输入接口二。

CH1：AUTO/MANU，对应自动/手动调整输入电平（音量）的大小。注意，声音采集时以不过爆（图10-33框选区域的两路音频波形不飘红），电平尽量大为宜。自动模式下摄像机在安静拍摄环境中会自动放大声音，造成底噪明显，因此无论摄像机还是单反相机都建议选择手动电平模式。

AUDIO LEVEL：声音电平调节旋钮。手动电平模式下，转动旋钮，调整对应声道声音电平。如图10-34。

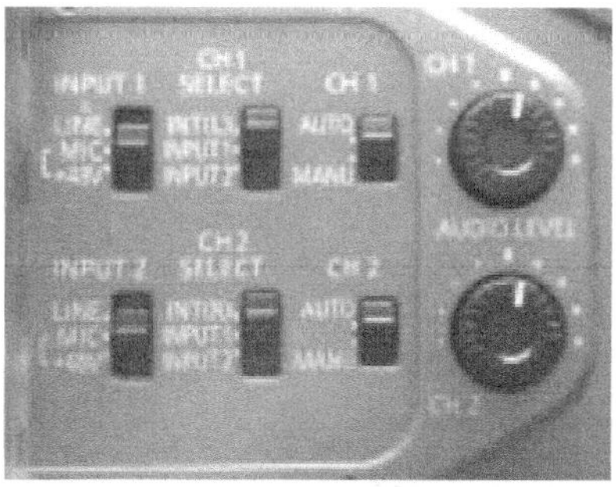

图10-32 摄像机机身音频控制面板

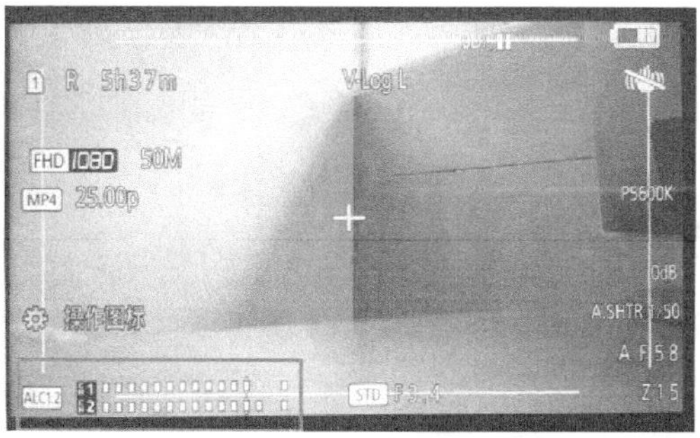

图10-33 摄像机屏幕音频波形

① 该系列图片取自RODE官方网站。

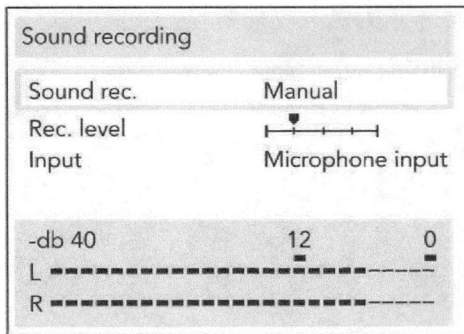

图10-34　单反相机音频控制菜单

监听，声音采集时务必使用高保真耳机实时监听摄像机或单反相机录音效果、电平大小。

4.光线控制

电影是光影的艺术。影视短片创作中光线除了提供摄像机曝光的基础功能，也能参与电影叙事，表达特殊的戏剧效果和主题深度。

（1）光线控制的技术要求。

提供照明，辅助曝光。光线控制的最基础要求就是结合环境光源为摄像机提供准确曝光。合理曝光可使主体细节丰富，环境层次分明。

突出主体。通过光源的控制使主体处于光位的焦点，在画面空间中形成亮暗反差，并使主体从扁平的二维画面环境中脱离出来，从而突出主体。

创造氛围，提升主旨。特殊的布光形式可以形成特殊的风格氛围，也可以塑造人物形象。

（2）常用的灯光设备。

聚光灯，是电影场景中修饰主体的主要光源。聚光灯能够将光源汇聚到被摄主体的指定位置，为人物提供主要照明。光的质感较硬，方向性强，亮度高，做主光源。聚光灯的方向性可模拟自然环境中的太阳、电灯等光源的照明效果。

散射灯，灯具表面做特殊处理或在灯前加装柔光设备，光线呈散射状态。散射灯为空间环境提供环境照明，无强烈阴影，可做主光源的辅助修饰照明，减弱聚光灯产生的阴影。散射灯的光质感柔软，亮度均匀。

RGB彩灯，灯具依靠LED灯珠发光，能调整光线色彩，从而在画面空间中创造冷暖反差和色彩反差，增加画面的氛围和空间感。

反光板，借助布料的反光处理将环境或灯具产生的光反射回被摄主体，以辅助修饰主体。

电影布光首要考虑曝光需求，然后考虑环境、氛围和叙事要求，布光方式多种多样，要与电影情节和视听呈现相契合。

第四节　影视短片后期剪辑

后期剪辑是影视短片创作过程的最后一步，在面临各种拍定的素材时，如何组合素材、架构影片叙事是一次电影的再创作过程。对于初入的影视创作者来讲，剪辑软件的复杂界面和操作过程让人望而却步。但是，就影视创作来讲务必要明确"剪辑是一种思维"，而"技术仅是这种思维的实现手段"。形象地说，后期剪辑就如儿童积木，面对同样的分散零件，不同建构思维搭建出来的形状完全不同。而剪辑技术就是搭建过程，极简凝练无非就是 C 键（剪辑软件默认 cut 的快捷键），素材的去粗取精，排列组合。而剪辑思维是要在大量观影和实践中探索形成，因此，经典的影视作品是形成剪辑思维的最好指导。

本节根据影视后期剪辑的技术操作要点简要展开，详细操作请参考相关教程。

一、后期剪辑的主要流程

（一）确立剪辑思路

剪辑思路是对整部影片的剪辑过程进行规划和对影片叙事结构的预想。在影视短片创作前期的镜头脚本是剪辑思路的最主要依据，导演和编剧对剧情的规划结合拍摄素材确立剪辑思路，指导剪辑工作。

（二）剪辑台本准备

剪辑台本是剪辑工作的文学脚本。解说词为剪辑台本最重要的类型，是纪录片、专题片剪辑工作的基础。解说词的撰写容易陷入先有解说词还是先有影片的逻辑困境，实际上，先有解说词还是先有粗剪影片是剪辑师个人工作习惯决定的。实际创作中两项工作可以同时进行，相互修正。

（三）文件管理

文件管理是影视短片创作中的重要工作之一。良好的文件管理不仅可以提升剪辑效率，而且保障数据安全。一般来讲，拍定的素材需要由专人管理并且附有场记的详细说明。而在实际创作中往往忽视素材的整理和安全，将素材随意放置在存储设备中，容易误删和损坏。因此建议剪辑工作前将素材按照一定规律梳理清楚，并将原始数据做双备份，一份供剪辑使用，一份供数据保存。另外，后期剪辑涉及的音乐和素材版权也要提前准备好，避免影片公开后造成知识产权纠纷。

（四）剪辑过程

剪辑过程是通过剪辑软件对影片进行生产的过程，主要是由易到难、分场剪辑、先图像后声音、先粗剪后精修，具体过程将在本节第三部分详细展开。

（五）后期包装

后期包装是在影片精剪完成后通过影视特效软件对影片进行特效、调色等技术包装，提高影片的视觉质感。常用后期包装软件有特效软件 Adobe After Effects 和调色软件 DaVinci Resolve Studio（达芬奇）。

二、后期剪辑软件

后期剪辑软件是剪辑思维实现的技术平台，通过对素材的择取、排列、组合完成影片各要素的处理。剪辑软件的应用不是独立的，其底层的技术逻辑与图片处理软件和影视特效软件存在区别和联系。在技术逻辑上 Photoshop 软件基于图层概念，Adobe Premiere 基于关键帧概念，Adobe After Effects 基于图层和关键帧两者的结合。明确技术逻辑有助于加深对剪辑软件的理解和运用。

（一）Adobe Premiere

Adobe Premiere 是由 Adobe 公司开发的一款视频编辑软件，简称 Pr。Premiere 以其强大的系统兼容性和工具箱，兼容目前所有主流操作系统和工作平台，完成多种视音频格式的解码和编码。另外，依托 Adobe 公司系列软件的内在兼容，使 Premiere 能够流畅地实现软件内部的工程调用，增加了便利性和协调性，是目前主流的剪辑软件之一。

（二）Final Cut

Final Cut 是美国苹果公司开发的一款专业视频非线性编辑软件，依托苹果电脑操作系统（macOS）的稳定性实现视音频编辑，是一款苹果电脑操作系统的专用视频编辑软件。

（三）EDIUS

EDIUS 是美国 Grass Valley（草谷）公司开发的非线性编辑软件。EDIUS 操作界面与 Premiere 相似，它的菜单简洁，工具较为齐全，对计算机硬件的配置要求较低，能够实时流畅地完成一般影片的所有剪辑工作。操作系统仅支持 Windows 系统。

（四）Adobe After Effects

Adobe After Effects 是 Adobe 公司开发的一款针对影视特效包装的图形视频处理软件，简称 AE。Adobe After Effects 可高效创建动态图形和视觉特效效果，在软件中实现 2D 和 3D 的图像生产和合成，拥有多种预设效果和动画。

（五）其他

影视后期编辑软件还有多种，如以工作站和硬件系统集成的大洋、索贝等广播级非线性视音频编辑软件，以音频处理为主的 Adobe Audition，以影视调色为主要功能的 DaVinci Resolve Studio（达芬奇）和以移动手机为主要系统平台的剪映。各种软件在使用时各有技术倾向，但实际的操作和逻辑基本相似。

三、后期剪辑软件的操作

本部分以 Adobe Premiere cc2017 为主介绍剪辑软件的基础使用，Premiere 后续版本及主流剪辑软件界面大致相同。

基本流程：新建项目→新建序列→剪辑→调整→输出。

（一）软件预设

为方便素材管理及提升剪辑效率，在正式进入剪辑操作前要做好预设工作。

1.三个文件夹

选择大容量磁盘做剪辑专用盘，以影片名称建立总文件夹，如图10-35，并在该文件夹下建立"工程文件""视频素材""音频素材"三个文件夹，将素材拷贝到对应文件中集中管理。这样做的主要目的是避免后期随着素材的增多，文件的分散和文件的移动造成素材丢失，减少剪辑时的非必要麻烦。

图10-35 "校运直通车"

2.新建项目

打开剪辑软件，点击新建项目→更改项目名称为"校运直通车"→位置修改为"工程文件"的文件夹（此操作将未来软件保存的工程文件定向存入该文件夹）（图10-36）。如图10-37所示，其他默认不动，点击窗口下方确定按钮。

图10-36 新建项目（一）

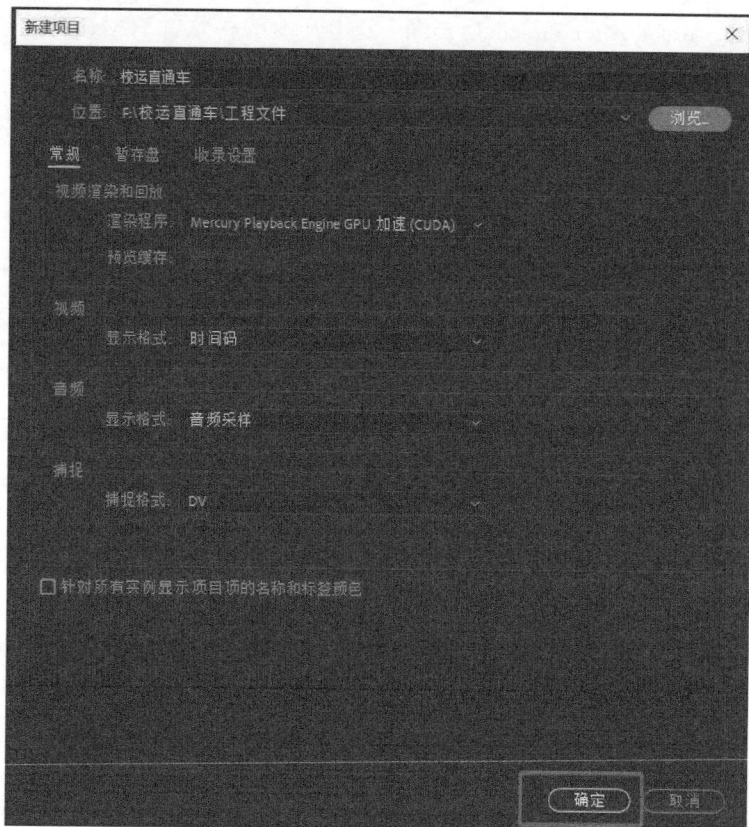

图10-37 新建项目（二）

（二）界面介绍

软件界面六大功能区（图10-38）：

1——素材预览、效果控制，素材库素材预览或关键效果控制窗口。

2——时间线监视窗口，影片在时间线上的效果显示。

3——素材库窗口，工程导入素材在此显示。

4——工具栏，剪辑时常用的剪辑工具如选取工具、剃刀工具（即剪辑cut）等。

5——时间线，素材需在时间线上排列组合，输出选区内时间线长度即影片长度。

6——音频波形窗口，监视时间线上素材音频电平大小。

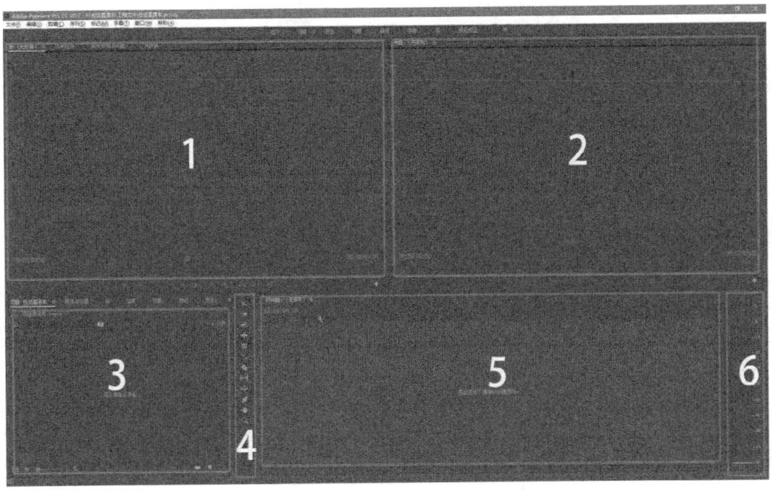

图10-38　软件界面六大功能区

（三）剪辑

1.新建序列

文件→新建→序列。序列预设中默认对应不同设备或解码方式预设多种序列设置，根据影片需要选择。本演示选择AVCHD 1080p25，对应详细序列信息为图10-39框选处所示：帧大小（分辨率）1920×1080，帧速率25帧/秒（电视、流媒体标准帧速率为25帧，与摄像机设置保持一致）。其他预设只要符合影片分辨率及编码要求，预设的选择对剪辑过程影响不大。

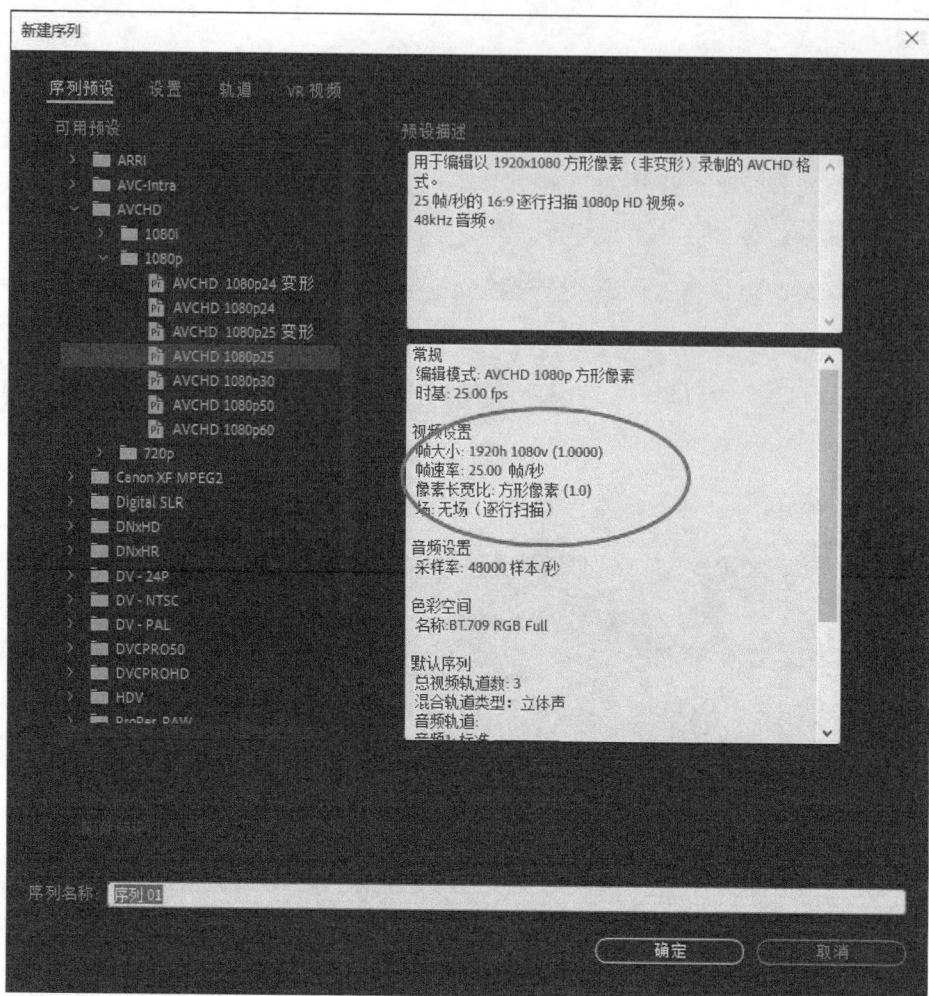

图 10-39 新建序列

2.导入素材

选中"视频素材"和"音频素材"，将整理好的素材拖入界面左下角的素材库窗口（图10-40），软件会对应文件管理的顺序在素材库中生成文件图标和索引（导入文件有多种方法，不一一赘述）。

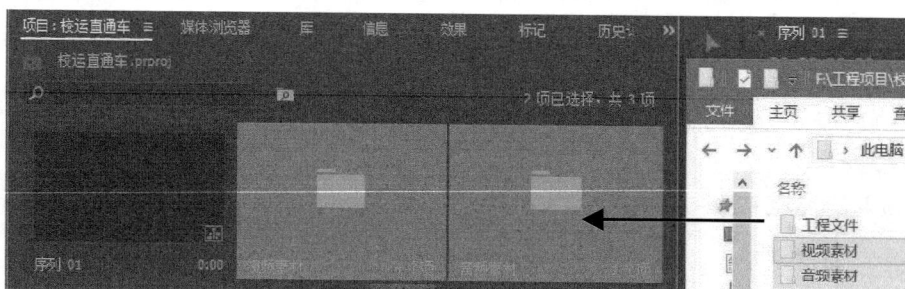

图 10-40 导入素材

双击"视频素材"文件夹，弹出文件夹中素材列表（图10-41），双击需要预览的文件即可在左上素材预览窗口查看。

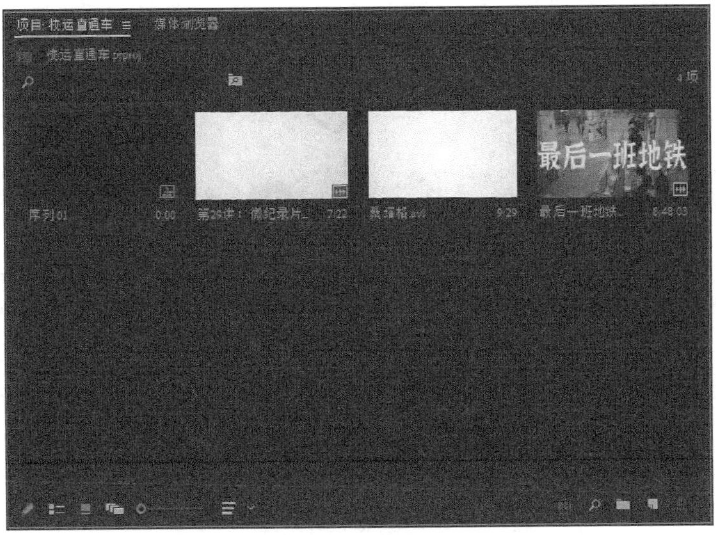

图10-41　素材列表

3.素材选取

键盘空格键播放，在所选取素材的开端点击"I"键（入点，in），在所选取素材结尾点击"O"键（出点，out），完成素材的选取（图10-42）。键盘左右方向键可逐帧精确选取素材入点或出点。

图10-42　素材选取

4.将选取的素材导入时间线

将鼠标移至素材预览窗口，按住鼠标左键拖动素材至工作界面右下方时间线处，将素材导入时间线。首次导入时，素材分辨率与序列预设分辨率不同会弹出下图窗口（图10-43），选择"保持现有设置"，相同时则不会出现该弹窗。

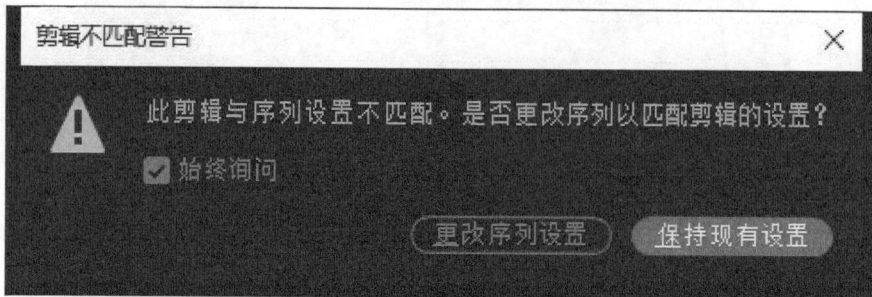

图10-43　剪辑不匹配警告窗口

按照剪辑思路将所要选取的素材按照顺序在时间线上组合排列。按空格键可播放时间线上素材，"+""−"键可以放大或缩小时间线。时间线上不同视频轨道和音频轨道可按需放置素材（图10-44）。在时间线上精确剪切素材按C键（快捷键均须在英文输入法下）配合鼠标和键盘方向键（←/→）完成素材精确截取。在时间线上拖动素材按快捷键V，配合鼠标完成。

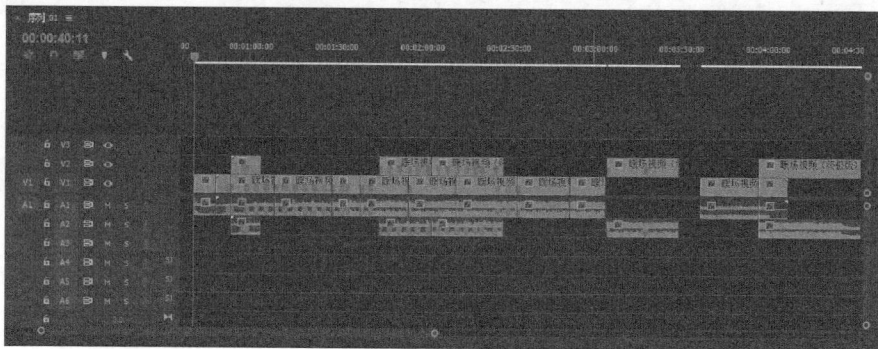

图10-44　按需放置素材

5.特效

点选素材库窗口右上"效果"（图10-45）显示剪辑软件预设特效、音频效果、音频过渡、视频效果、视频过渡等多种特效。特效需拖动至时间线上对应素材施加特效效果。

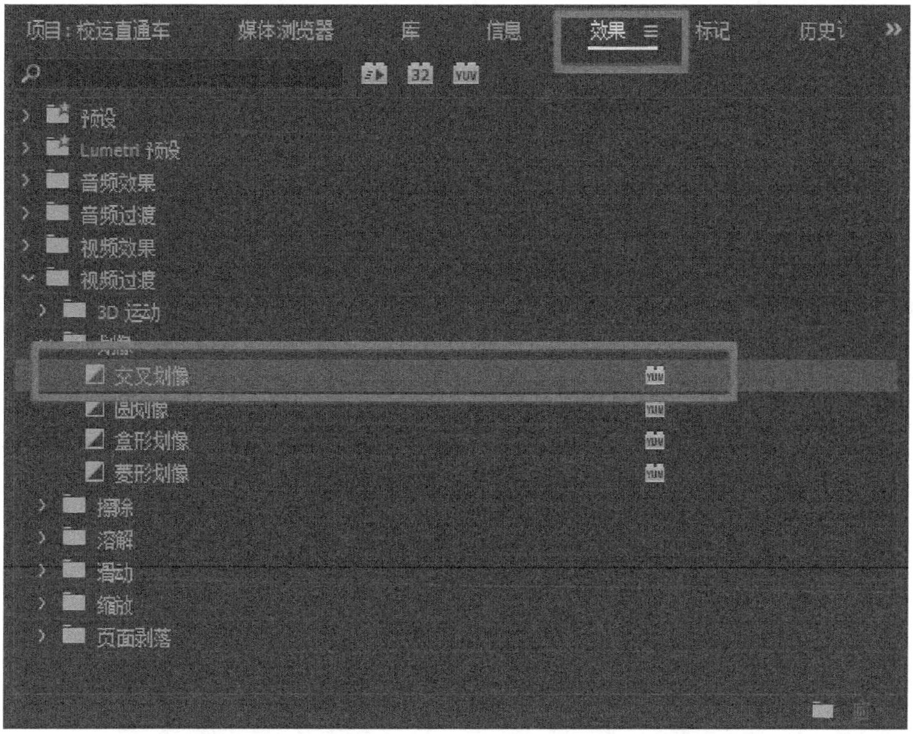

图 10-45　"效果"选项

特效在时间线上的显示效果（图 10-46）。

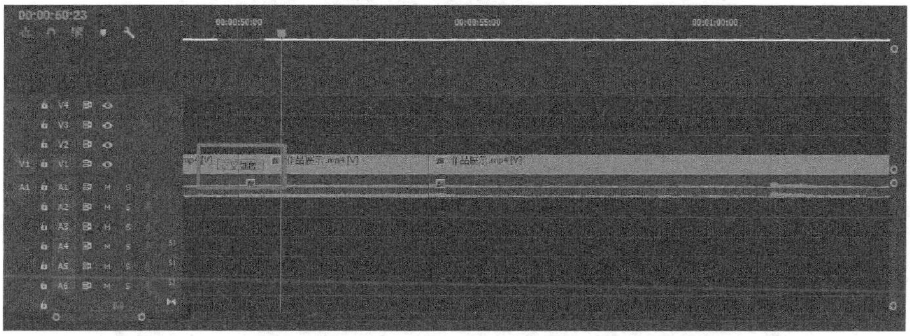

图 10-46　特效在时间线上的显示效果

添加特效"交叉划像"的视觉过渡效果，如图 10-47。

图10-47　"交叉划像"效果

其他类型特效操作方式类似。如需对特效进行精细调整，可点选时间线上特效，在左上预览窗口选择"效果控件"（图10-48），对应参数可精确控制视觉效果。

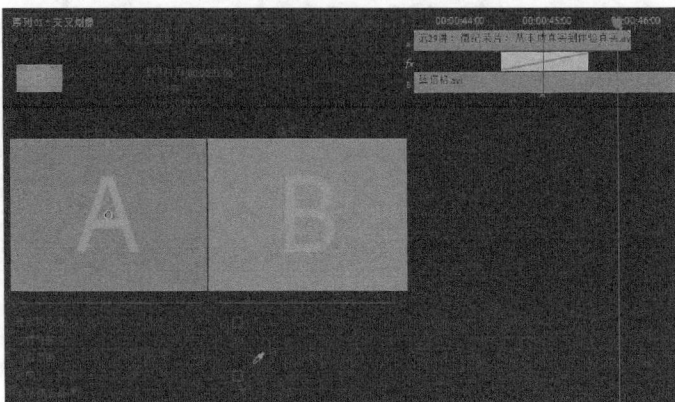

图10-48　"效果控件"选项

6. 关键帧

如需对某段素材进行运动、透明度、位置、缩放等控制时，点选时间线上该素材，操作界面左上选"效果控件"（图10-49）则显示对该素材的细节控制。

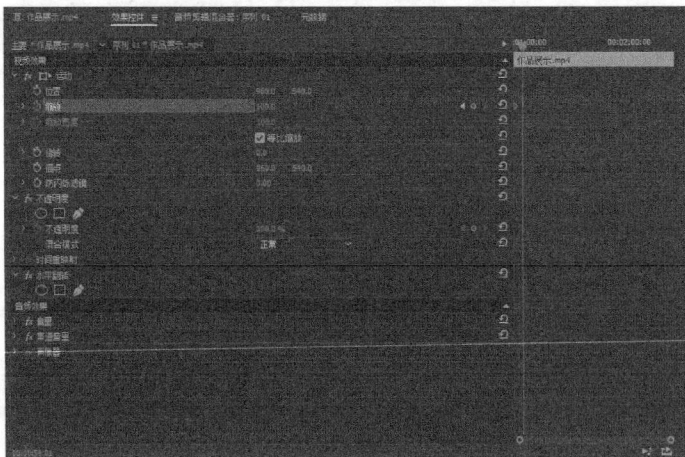

图10-49　"效果控件"操作

以对该段视频做缩放关键帧控制为例：

在时间线上需要添加关键帧的起点，点选"1"的关键帧开关（图10-50），此时软件对应在右侧框选处自动打下第一个关键帧，此关键帧记录缩放数据为"100"（可按需修改）。

将时间指针拖放至需要添加关键帧的素材位置，点选"2"中的关键帧添加按钮，修改缩放数据为"39"，效果如图10-51。

当时间指针在关键帧起点到关键帧结束点间播放时，画面则会匀速将画面在两个关键帧标定的时间长度内完成从100～39的缩放动画。多关键帧及其他关键帧设置操作相同，效果不同。

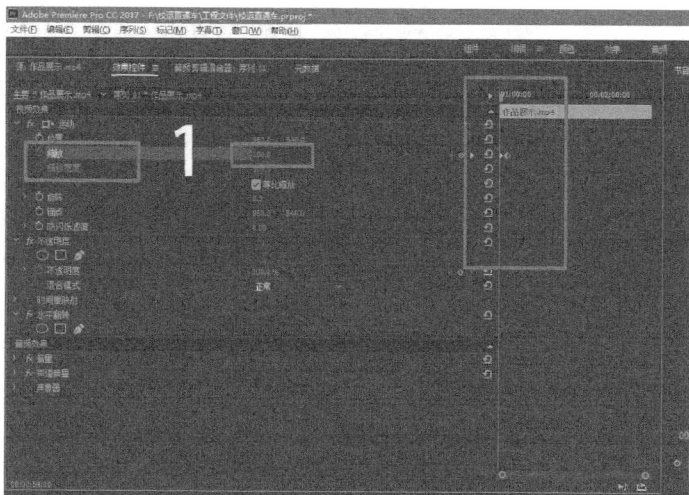

图10-50 添加关键帧起点

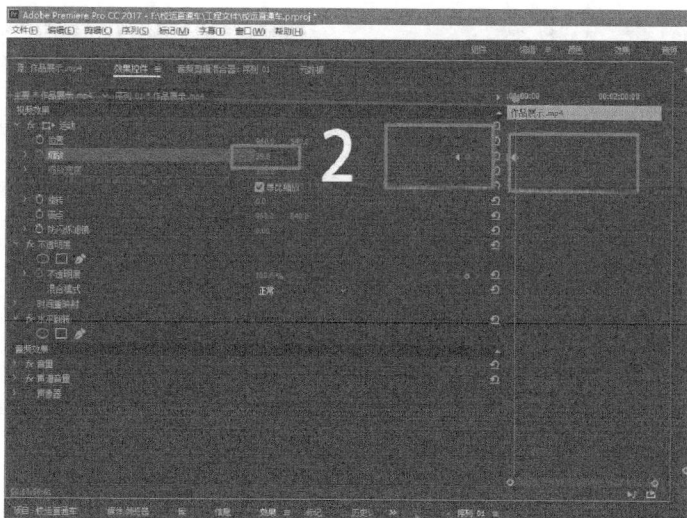

图10-51 修改缩放数据

7.声音处理

剪辑软件不仅可以对视频做剪辑和添加特效，对声音也可以用类似方法剪辑和添加特效，不再赘述。在短片完成剪辑之际需要对影片中的声音做统一电平处理，保证人物正常状态下对白的音量尽量统一，不能忽高忽低。调整方法：点选操作界面左上"效果控件"旁"音频剪辑混合器"，"1"对应右侧时间线上A音频轨道，鼠标拖动"2"控制声音电平大小，声音是个动态范围，电平的大小要符合人们普遍的听觉经验（图10-52、图10-53）。

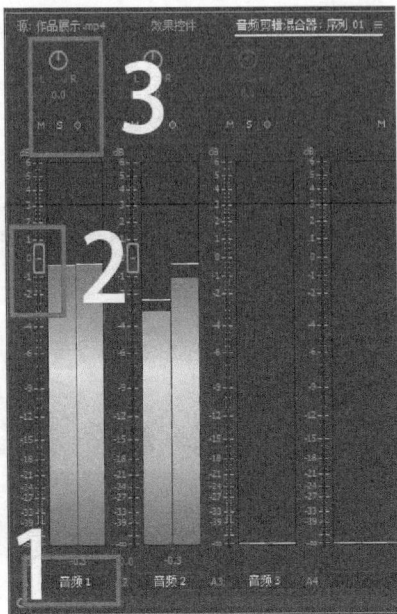

图10-52　音频剪辑混合器

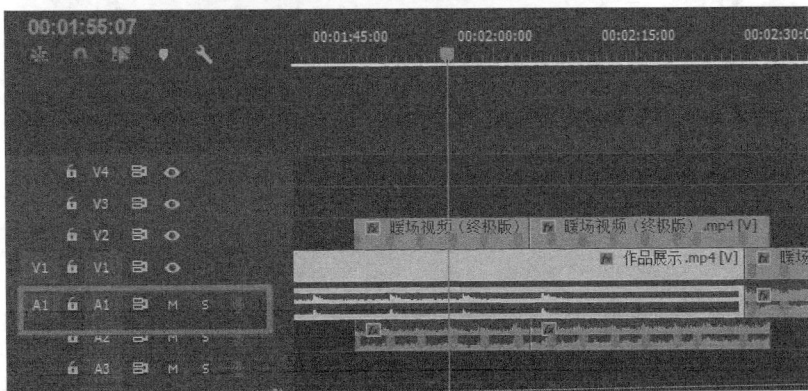

图10-53　剪辑后效果

8.字幕

操作界面菜单栏"字幕"→"新建字幕"→"默认静态字幕"，弹窗设置默认，点击确定。字幕编辑步骤如下：点击"1"处文字工具，在右侧"2"处屏幕位置输入"校运直通车"，选中输入的文字，在"3"处对应的文字控制控件，详细修改字体、字号、间距、行距、填充、阴影等，具体方法如 word 对字体的编辑（图10-54）。

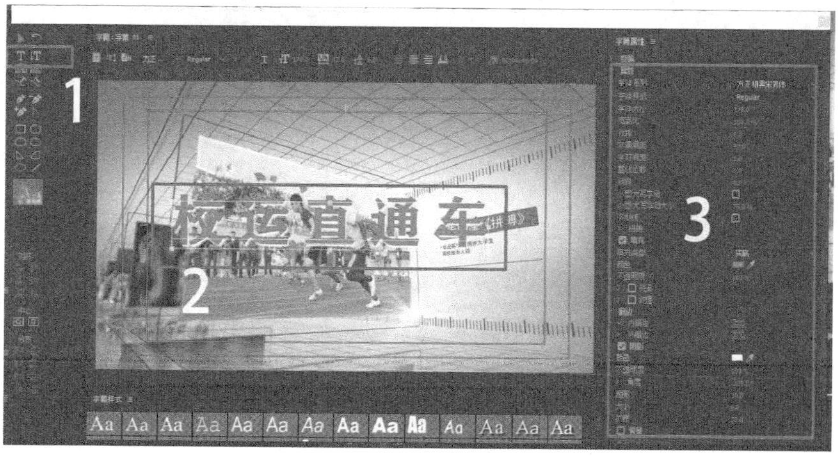

图10-54　字幕编辑

编辑完成后点击字幕窗口关闭按钮，在左侧素材库"1"中找到对应字幕"2"，拖动至右侧时间线的合适位置"3"，效果显示在"4"（图10-55）。

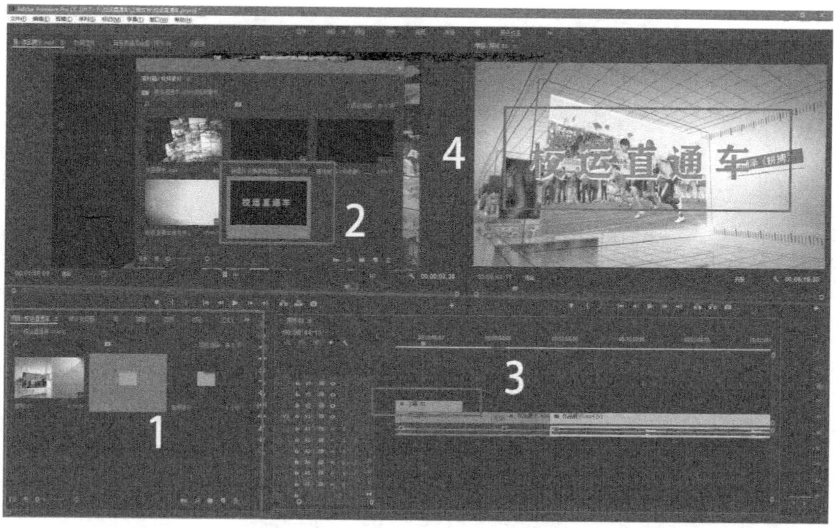

图10-55　字幕编辑完成后效果

9.输出

所有剪辑和包装完成后，即可输出短片。步骤如下：在时间线上将短片开始的第一帧打入"I"（入点，in），在影片结束的最后一帧打入"O"（出点，out）（图

10-56）。

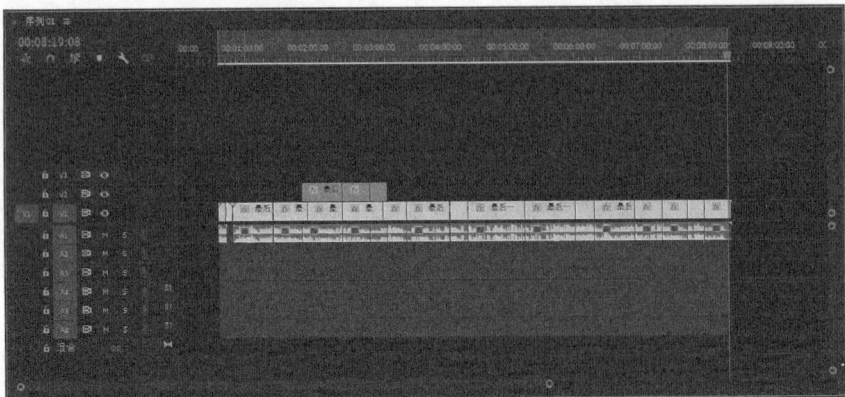

图 10-56　输出短片

操作界面菜单栏"文件"→"导出"→"媒体"，调出导出设置（图 10-57）：

1——输出格式设置，常用 .mp4 格式为对应 H.264 编码格式，其他格式按需设置。

2——文件输出位置和名称，点击选择指定文件输出位置，更改输出文件名称。

3——输出文件详细信息。

4——输出，全部确认后点击"导出"，完成影片制作。

图 10-57　导出设置

后　记

本教材由"安徽师范大学研究生教材建设项目"资助出版。

本教材各章执笔人如下：

第一章：马原；第二章：王友群；第三章：朱晓凯；第四章：赵忠仲；第五章：高月；第六章：孙翔；第七章：杨帆；第八章、第九章：张荻；第十章：卞祥彬。

本书由朱晓凯负责统稿。

随着传媒技术的日新月异，当前媒体融合速度也愈来愈快，由于受到作者自身各种条件的局限，本教材必然会存在着不足，恳请广大读者提出宝贵意见和建议，待再版时予以修正和完善。

感谢安徽师范大学新闻传播学院执行院长马梅教授、副院长秦枫教授以及杨柏岭教授对本教材出版所提供的多方面支持，同时感谢安徽师范大学出版社编辑为本教材出版所做的大量细致的工作。

朱晓凯

2023年6月于安徽师范大学